KB206291

신성종 목사

핵심스마트설교 ⑨

핵심스마트설교 ⑨

기회를 잃은 자의 최후

신성종 목사 지음

도서출판 한글

핵심 스마트 설교(9)

기회를 잃은 자의 최후

2022년 6월 10일 1판 1쇄 인쇄
2022년 6월 15일 1판 1쇄 발행

저　자 신성종
발행자 심혁창
마케팅 정기영
교　열 송재덕
디자인 박성덕
인　쇄 김영배
펴낸곳 도서출판 한글
우편 04116
서울특별시 마포구 신촌로 270(아현동)
수창빌딩 903호

☎ 02-363-0301 / FAX 362-8635
E-mail : simsazang@daum.net
창　　업 1980. 2. 20.
이전신고 제2018-000182

* 파본은 교환해 드립니다
* 정가 20,000원
*

ISBN 97889-7073-604-4-93230

‖ 머리말 ‖

당신은 왜 사는가?

신성종 목사(크리스천 문학나무 편집인)

우리가 살다 보면 왜 사는지 종종 잊을 때가 있다. 그래서 가끔은 자신에게 나는 왜 사는가 하고 물어볼 필요가 있는 것이다. 사실 산다는 것은 생각처럼 간단하지 않다. 많은 일들이 연결되기 때문에 마침내는 삶의 목적과 목표를 혼동할 수가 있다. 그래서 많은 사람들이 불행해지고 인생에 실패를 한다. 나는 아침에 일어나면 오늘은 무엇을 해야 할 것인가 하고 그날의 계획을 세워 본다. 가장 좋은 방법은 묵상기도를 통해 자신의 모습을 살펴보면서 나를 향한 하나님의 뜻을 찾으면서 목표를 세우는 것이다.

여기서 중요한 것은 인생의 목적과 목표는 다르다는 점을 분별하는 일이다. 목적은 내 인생의 궁극적 이유를 말하는 것이고, 목표란 그 목적을 이루기 위한 구체적인 수단과 방법을 말하는 것이다. 목적은 추상적인 것이 일반적이지만 목표는 구체적인 것이 특징이다. 그러나 많은 사람들은 이 목적과 목표를 혼동한다. 그래서 돈 버는 일에 일생을 다 허비하고 사업을 한다고 허비를 한다. 그러다가 늙고 죽을 때가 되어서야 내가 살아온 목적이 잘못된 것을 발견하고 후회를 하지만 그때는 이미 늦는다. 필자는 대학에 들어간 후에는 등록금을 벌기 위해서 가정교사를 하기도 하고 미국에 가서는 방학 때 농장에 가서 노동을 하기도 했다. 정원에 가서 풀을 깎기도 하고, 식당에 가서 접시 닦는 일을 하기도 했다. 그러나 등록금을 번 후에는 다시 공부하는데 전념했다. 박사 학위를 받은 후에는 가르치고 책을 쓰기 위해서 공부를 지금도 계속하고 있지만 다행히도 목적과 목표를 혼동하지는 않았다. 그러나 방황이 전혀 없었다고 하면 그것은 거짓이다. 그래서 노년이 되어 자신을 살펴보면 남들처럼 벌어놓은 재물은 없지만 한 번도 굶은 적은 없었다. 빈손으로 왔다가 빈손으로 가는 인생이니 후회는 없다. 그러다 보니 그동안 4만여 권의 책을 읽었고 백사십 권이 넘는 책을 썼다.

　나의 인생의 목적은 나의 설교와 강의와 글을 통해 하나님의 영광을 드러내려고 최선을 다한 것이다. 내가 살아온 것이 성공인지 실패인지는 후세가 평가하겠지만 확실한 것은 곁눈질하지 않고 열심히 외길로 살아왔다고 생각한다.

　나는 목표를 시간적 순서에 따라 정한다. 어떻게 보면 좀 따분한 삶이기는 하지만 그러나 후회는 없다. 지금까지 살아온 대로 다시 살라고 하면 그렇게 열심히 살 것 같지는 않다. 하나님께 영광이란 목적을 위해 때로는 목회를 했고, 때로는 학교에서 강의를 했고, 선교를 하기도 하였다. 나의 잡념을 정리하기 위해 시를 쓰다가 시인으로 등단하기도 했다.

　사랑하는 형제자매들이여, 당신들의 삶의 목적은 무엇이며 그것을 이루기 위해서 어떤 목표를 세우고 있는가? 과연 당신의 목표가 목적과 상충되지는 않는가? 우리들의 삶의 목적은 하나님이 기뻐하시는 것인가? 목표는 당신의 목적과 직접 연결이 되고 있는가? 혹시나 방황하고 있지는 않는가? 인간이 산다는 것은 간단하지 않기 때문에 방황할 때도 없지 않지만 그러나 그것이 하나님께서 기뻐하시는 것인가를 자신에게 자주 물어보아야 한다.

　그때 필요한 것이 묵상기도이다. 많은 사람들은 예배 때만 묵상기도하는 것으로 알고 있지만 아침마다 일어나서 매일 매순간 점검해 보지 않으면 허송세월을 할 수 있음을 잊지 말자.

　이번에 심혁창 장로님의 도움으로 그동안 내가 설교했던 내용들을 모아 수십 권의 책들을 출판하게 된 것을 주님께 감사한다. 별로 잘 쓴 글들은 아니지만 많은 후배 목사들에게 자신의 설교와 비교해 보고 또 요약해서 자신이 살을 붙이면 좋은 자신의 설교가 되리라 믿고 감히 나의 치부들을 내놓는다. 일반 성도들은 가족들과 함께 큰소리로 읽어보면 큰 은혜가 될 것이다.

작은 종 신성종 드림.

목 차

너는 내 것이라

(사43:1-7)

사람과 물건은 누구에게 쓰이느냐에 따라 그 가치와 용도가 달라집니다. 하나님에 의해 쓰이면 인류의 역사를 변화시키는 인물이 되지만 마귀에게 쓰이면 남을 해롭게 하고 하나님의 영광을 가리다가 지옥에 갑니다. 그런데 본문에 보면 하나님은 '너는 내 것'이라고 말씀하셨습니다. 우리가 왜 하나님의 것인가요?

첫째는 하나님에 의해 창조되었고,

둘째 하나님의 은혜로 구원 받았고,

셋째 하나님의 자녀로 인침을 받았기 때문입니다.

그러므로 하나님이 쓰시는 인물이 되어야 합니다.

마 9:36-37 "무리를 보시고 민망히 여기시니 이는 저희가 목자 없는 양과 같이 고생하며 유리함이라. 이에 제자들에게 이르시되 추수할 것은 많되 일꾼이 적으니." 기억해야 할 것은 오늘도 하나님은 그의 소유물로서 봉사할 일꾼을 찾으신다는 점입니다.

1. 하나님이 쓰시는 인물

(1) 네가 진리의 말씀을 옳게 분변하며(딤후2:15)

하나님은 성경을 사랑하는 사람을 원하십니다. 왜냐하면 하나님에게 쓰임 받으려면 진리의 사람, 원칙이 있는 사람을 원하시기 때문입니다.

분변한다는 것은 '똑바로 자른다'는 뜻입니다. 바울이 천막을 수리하면서 배웠던 과거를 말해줍니다. 오늘같이 카오스의 시대에는 정말 필요합니다. 왜 하나님이 아브라함을 쓰셨을까요? 아브라함은 영적 분별력이 있는 사람이었기 때문입니다. 누가 이런 사람이 될 수 있나요? 그것은 진리 되신 예수 그리스도를 마음에 소유한 사람이어야 합니다. 그래야 진위를 구별할 수 있습니다.

(2) 부끄러울 것이 없는 일꾼으로 인정된 자는 누구인가?

여기서 인정된 자라는 말은 금을 제련하여 순금을 가리는 것을 말합니다. 우리는 불신자, 성도, 하나님에게서 인정받아야 합니다. 하나님이 인정하는 사람은 어떤 사람인가요? 충성된 자가 되어야 합니다. 마 25장에 "충성된 종아 네가 적은 일에 충성하였으매 내가 많은 것으로 네게 맡기리라." 깨끗한 그릇이 되어야 합니다. 딤후 2:21절에 "그러므로 누구든지 이런 것에서 자기를 깨끗하게 하면 귀히 쓰는 그릇이 되어"라고 하였습니다.

(3) 자기를 하나님 앞에 드리기를 힘쓰는 헌신자를 쓰심

(예화) 오병이어의 예 : 어린아이가 바친 오병이어로 오천 명을 먹이고도 12 바구니가 남았다. 하물며 내 자신을 바치면 몇 배의 이적이 나타날까?

(4) 겸손하고 온유해야 함

(예화) 사울의 경우 : 잃은 암나귀들을 찾아 사무엘에게 왔을 때 그를 이스라엘의 왕으로 삼을 것을 말함. 삼상 9:21절에 "나는 이스라엘 지파의 가장 작은 지파 베냐민 사람이 아니오며 나의 가족은 베냐민 지파 모든 가족 중에 가장 미약하지 아니하나이까. 당신이 어찌하여 내게 이같이 말씀 하시나이까? 그러

나 나중에는 교만하여짐. 7일을 길갈에서 기다리다 사무엘을 대신하여 번제를 드렸습니다. 그 때에 사무엘은 왕이 망령되이 행하였도다라고 책망했습니다. 그러나 사람은 개구리 올챙이 적 생각 못 하듯 성공하자 망령되고 교만해졌습니다.

어거스틴 : 겸손과 온유는 "가장 귀한 그리스도인의 도덕"이라고 했고

바실 : 겸손과 온유가 "모든 미덕을 담는 보석 상자"라고 했습니다.

모세 : "내가 누구관대 바로에게 가며 이스라엘 자손을 애굽에서 구하여 내리이까"라고 한 것은 그의 겸손과 온유를 말해줍니다.

이사야 : "화로다 나여 망하게 되었도다. 나는 입술이 부정한 사람이요 입술이 부정한 백성 중에 거하면서" 이것은 그의 겸손과 온유를 표현한 것입니다.

베드로 : 그의 겸손과 온유는 "주여 나를 떠나소서 나는 죄인이로소이다"라고 하는 고백에서 볼 수 있습니다.

2. 하나님은 우리를 어디에 쓰시는가?

(1) 문화명령
생육하고 번성하여 땅에 충만하라. 땅을 정복하라

(2) 복음전파
복음전파에 쓰신다.(마28:19-20)

맺는말

1. 마 9:37절 "추수할 것은 많되 일꾼은 적으니." 이 말씀은 오늘의 형편을 말씀한 것입니다.

2. 사 6:8절 "내가 누구를 보내며 누가 우리를 위하여 갈꼬?" 사명자를 찾으시는 하나님의 음성입니다.

마틴 루터의 경우 'Here I stand'. 이 말은 소명자가 해야 할 대답입니다.

3. 너는 내 것이라. 사 43:1절, "내가 너를 구속하였고 내가 너를 지명하여 불렀나니 너는 내 것이라." 하나님께서 이사야에게 하신 말씀이지만 지금도 우리를 향해 하시는 하나님의 말씀입니다.

내가 정금같이 나오리라

(욥23:10)

1. 이 세상에는 여러 가지의 그릇이 있습니다.

(1) 변하는 그릇과 변하지 않는 그릇이 있습니다.

우리는 큰 그릇이 되어야지 작은 그릇이 되어서는 안 됩니다. 그러나 더 중요한 것은 변하지 않는 그릇이 되어야 합니다. 변하는 그릇은 얼마 쓰지 못해서 버리게 됩니다. 참 큰 그릇 같은데 변해서 못 쓰게 된 그릇이 참 많습니다.

(2) 가장 좋은 그릇은 어떤 그릇입니까?

금 그릇입니다. 그런데 본문에 보면 '내가 정금같이 나오리라'는 약속이 있습니다. 여러분들이 바로 정금같이 나올 수 있기를 축원합니다. 그러나 이것은 그냥 되는 것이 아닙니다. 비결이 있습니다.

2. "나의 가는 길을 오직 그가 아시나니"

(1) 본문은 먼저 인생의 길 가는 나그네임을 말씀하고 있습니다.

대부분이 어디로 가야 하는지를 몰라서 방황하고 있습니다. 그러나 분명한 것은 우리는 다 죽음의 정거장을 향해서 가고 있다는 것입니다. 그리고 그 후에는 심판이 있다는 사실입니다. 양과 염소를 구별하듯이 곡식과 쭉정이를 구별하는 때가 올 것입니다.

(2) 세상에서는 아무도 자기의 가는 길을 모릅니다

누가 잠시 후에 일어날 일을 알 수 있습니까? 그러나 아시는 분이 계십니다. 오직 그가 아신다고 했습니다. 바로 우리를 지으신 하나님이십니다. 우리 자신도 모르지만 하나님은 아신다고 하였습니다. 왜냐하면 그는 우리를 지으신 자이시기 때문입니다. 그러므로 가장 현명한 사람은 모든 것을 다 하나님께 맡깁니다.

3. "그가 나를 단련한 후에"

(1) 하나님께서는 우리를 단련하신다는 점입니다.

여기서 중요한 사실은 하나님께서는 우리를 단련하신다는 점입니다. 왜 우리를 단련하실까요? 이유는 우리를 정금같이 나오게 하기 위해서입니다.

왜 하나님은 우리를 단련하실까요? 큰 그릇으로 만들기 위해서입니다. 하나님이 쓰시기 위해서입니다. 그러므로 고난을 당한다고 괴로워 마세요. 진주가 그냥 만들어지는 것이 아닙니다. 많은 아픔이 있어야 합니다. 많은 연단이 있어야 합니다. 왜냐하면 우리는 너무 그릇이 작아 하나님의 모든 축복을 담기에 부족하기 때문이고, 그릇이 더러워 하늘의 축복을 담을 수가 없기 때문입니다.

(2) 나를 단련한 후에 주실 것입니다

다음으로 중요한 것은 나를 단련한 후에는, 즉 '후에는' 후가 중요합니다. 전과 후가 같으면 정말 살맛 안 납니다. 그러나 하나님의 사람들은 전과 후가 다릅니다. 믿기 전과 믿고 난 후가 다릅니다. 은혜를 받기 전과 받고 난 후가 다릅니다. 바로 여기에 소망이 있습니다.

4. 우리는 고난과 괴로운 일이 생길 때 어떻게 해야 합니까?

(1) 참고 견디어야 합니다.

애기를 낳는 산모는 참고 견딥니다. 마찬가지로 우리들에게 고난이 다가올 때에도 참고 견디어야 합니다. 하나님께서 해산의 고통을 면해 주실 때까지 참고 기다려야 합니다.

(2) 고난의 의미를 찾아야 합니다

고난의 의미가 무엇인지 기도하는 가운데 찾아야 합니다. 그냥 생각해서는 안 됩니다. 그냥 생각하면 이성적으로 생각하고, 세상적으로 생각합니다. 그러므로 우리는 영안을 가지고 보아야 합니다. 그러려면 기도하는 길밖에는 없습니다.

(3) 하나님이 그릇을 준비한 후 주실 것을 기다려야

하나님이 그릇을 준비한 후에 큰 축복을 주실 것을 기다려야 합니다. 기다리는 사람에게 축복은 임합니다. 그냥 기다리지 마시고, 찬송하면서 기다리시기를 주님의 이름으로 축원합니다.

내 아들아, 내 아들아

(삼하18:31-33)

본문에 나오는 다윗의 탄식은 우리의 마음을 아프게 하는 구절 중에 하나입니다. 아들이 자기 아버지의 보좌를 뺏고 아버지의 생명을 빼앗 기 위하여 반역을 하고 또 아버지는 그 아들을 죽여야 하는 슬픈 사건 은 비극 중에 비극이라고 할 수 있습니다.

다윗의 "내 아들아 내 아들아" 하는 이 통곡은 크게 두 가지를 말해줍 니다. 첫째는 아버지의 사랑이 얼마나 크다는 것과 둘째는 자녀를 잘 못 길렀을 때 부모의 후회가 얼마나 크다는 것을 가르쳐 줍니다. 그러 면 이제 세 가지 대지로 나누어서 함께 은혜를 나누려고 합니다.

1. 압살롬이 잘 있느냐는 다윗의 질문

"소년 압살롬이 잘 있느냐?"는 다윗의 질문이 뜻하는 의미는 무엇인 가요? 다윗은 사독의 아들 아히마아스가 전쟁에서 승리한 기쁨을 가지 고 왔을 때 제일 먼저 물은 질문은 "소년 압살롬이 잘 있느냐?는 질문 이었습니다.

원수들이 다 죽었느냐? 나를 배신한 자들은 어떻게 되었느냐? 하고 묻지 않았습니다. 소년 압살롬이 잘 있느냐? 이 질문은 자기 자녀들에 대해 먼저 물어야 할 질문입니다. 과연 내 자녀들은 이 시간에 잘 있는 가? 육체적으로뿐 아니라 영적으로도 과연 안전한가? 저들의 교육은 과연 제대로 되고 있는가? 설마가 사람 잡는다는 말이 있습니다. 설마 잘 있겠지, 하고 무조건 안심하면 안 됩니다. 우리는 적어도 6가지에 대해서 우리 자신에게 물어 보아야 합니다.

(1) 자녀와 교육

내 자녀들은 과연 학교에서 잘 있는가? 교육을 제대로 받고 있는가?

(2) 자녀와 직업

내 자녀는 직업에 있어서 과연 하나님이 원하는 직업을 택하고 있는가?

(3) 자녀와 친구

친구들을 사귀는데 잘 하고 있는가? 아니면 나쁜 친구들을 사귀고 있지는 않는가?

(4) 자녀와 취미

내 자녀는 취미생활이나 오락을 잘하고 있는가?

(5) 자녀와 교회

내 자녀들은 교회에서 잘 있는가? 형식적으로 왔다 갔다 하고 있지는 않는가?

(6) 자녀와 신앙

내 자녀들은 죽음의 순간에 하나님께서 인정하실 만큼 신앙을 가지고 있는가? 그가 가진 등에 성령의 기름을 준비하고 있는가? 한 번 우리 자신에게 물어 보아야 합니다.

2. 어떻게 할 때 우리 자녀들이 잘 있을 수 있는가?

(1) 가정에 대한 사랑이 무엇보다 중요

가정을 사랑하는 사람은 잠깐은 타락할 수 있으나 다시 돌아옵니다. 최근 비행 소년, 소녀들이 늘어나고 있습니다. 비행청소년들을 조사해 보니 거의가 가정이 불우한 아이들이고 또 어머니가 없는 아이들이 대부분이기 때문이라고 합니다.

(2) 근면한 습관

모든 일에 부지런한 습관을 가진 사람은 언제나 안전합니다. 사탄의 유혹이나 나쁜 친구의 유혹도 게으른 사람들에게 오는 것입니다. 흔히 '근면은 성공의 어머니'라는 말이 있습니다. 웹스터 영어사전으로 유명한 노아 웹스터는 이런 말을 했습니다. '나의 성공은 단순히 근면에 있습니다. 나는 일생 동안 한 조각의 빵도 결코 가만히 앉아 먹은 일이 없었습니다.' 쉴 사이 없이 일에 힘썼던 것입니다.

유혹 받을 시간이 어디 있겠습니까? 그런 것은 게으르기 때문입니다.

(3) 삶에 이상이 있을 때

삶에 이상이 있을 때 안전한 인생길을 갈 수 없습니다. 인생이란 캄캄한 바닷길을 항해하는 선원과도 같습니다. 따라서 이상이란 등불을 가지고 사는 사람은 어두운 밤에 배에게 불을 비춰주는 등대와도 같아서 배가 암초에 부딪쳐 파선하지 않습니다. 이상이란 무엇인가요? 아리스토텔레스는 말하기를 이상이란 눈 뜨고 꿈꾸는 것을 말한다고 하였습니다. 비전 없는 개인이나 나라는 망합니다. 김창인 목사님이 제일 좋아하는 구약의 가르침은 '요셉이 성공한 이유가 무엇인가?' 하는 것으로 꿈을 가질 때 성공한다는 것입니다.

(4) 안식을 거룩하게 지킬 때

안식을 거룩하게 지킬 때 안전한 인생을 항해 할 수 있습니다. 하나님께서 인간을 창조하실 때 6일간 일하고 하루 쉬도록 만드셨습니다. 이것은 육체적으로 뿐 아니라 영적으로도 그렇습니다. 인간은 7일 동안 계속해서 한 가지만 생각을 못하게 되어 있습니다. 그래서 한 주일에

한 번씩은 하나님을 생각하며 말씀을 들어야 하나님을 떠나지 않고 살게 되어 있는 것입니다. 그러므로 주일성수하는 사람 치고 타락한 사람이 없고 주일성수하는 사람 치고 망하는 법이 없습니다.

(5) 기독교 신앙을 가질 때 그 인생은 안전함

3. 다윗의 탄식이 보여주는 성경적 교훈은 무엇인가?

(1) 죄과는 자신을 괴롭힘

자신의 범한 바 죄과는 남아서 계속하여 괴롭게 한다는 것입니다.

다윗이 이런 일을 당하게 된 것은 길게는 밧세바와의 동침으로 음행을 하고 그 후에 우리아를 격전지에서 죽게 한 사건을 빼놓을 수가 없습니다.

압살롬이 배신할 때에 그의 참모로 있던 아히도벨은 밧세바의 할아버지였다는 것은 결고 우연이 아닙니다. 일종의 다윗에 대한 복수의 성격을 띠고 있습니다.

이처럼 죄는 하나님 앞에서는 용서를 받지만 사람 앞에서는 그 죄가 남아 있는 것입니다. 더구나 슬픈 것은 다윗 자신도 자신을 용서할 수가 없다는 점입니다. 내 잘못으로 압살롬이 배신케 되었고 죽게 되었구나 하는 후회가 계속해서 다윗을 괴롭혔습니다.

(2) 다윗의 탄식

다윗의 "내 아들아 내 아들아"하는 탄식에서 우리는 하님의 용서와 사랑의 모형을 볼 수 있습니다. 다윗은 반역자인 압살롬이 죽었을 때 그놈이 나를 그렇게 괴롭히더니 잘 죽었다 하며 기뻐한 것이 아니라 오히려 심히 아파 탄식하였습니다. 이것은 바로 하나님의 사랑을 말해줍니다. 나 한 사람이 주님을 떠날 때 하나님은 내 아들아, 내 아들아 하시면서 탄식하시는 것입니다.

(3) 늦었다는 후회를 하지 않도록

모든 일에서 "너무 늦다"는 말이 나오지 않도록 해야 할 것을 본문은 가르쳐 줍니다.

다윗은 압살롬을 편애하였으나 그를 바로 교육하고 훈련하지는 못했습니다. 또 압살롬이 자기의 누이 다말을 욕보인 배다른 형제인 암논을 죽이고 도망갔다가 돌아왔으나 2년 동안 압살롬을 만나지 않았습니다. 부모는 수시로 자녀와 대화하고 사랑을 나누어야 합니다. 그런데 다윗은 그러지를 못했습니다. 곡식은 새벽이슬을 받아먹어야 바로 성장하듯이 자녀는 부모의 사랑의 이슬을 받아먹어야 비뚤어지지 않고 바로 성장합니다.

(4) 자녀와 부모의 영향

선한 부모 밑에도 압살롬 같은 배신자, 압살롬 같은 비뚤어진 자녀가 있을 수 있다는 것을 본문은 말해줍니다.

그런데 이런 자녀가 나오는 것은 십대들이 넘어야 하는 계곡이 있는데 이것을 잘못 넘기 때문입니다. 십대들이 넘어야 하는 계곡이 무엇인가요? 그것은 가치관의 계곡이요, 신앙의 계곡이요, 친구들을 어떻게 택하느냐의 계곡입니다. 그러므로 압살롬 같은 반역자, 압살롬 같은 망나니를 만들지 않기 위해서 부모들은 우리의 십대들이 여러 계곡을 넘어야 하나의 인격을 갖춘 젊은이가 될 수 있다는 것을 알고 사랑의 손으로 저들을 꼭 붙들고 이 계곡을 넘어가시기를 바랍니다.

맺는말

다윗의 "내 아들아, 내 아들아"하는 탄식에서 우리는 지금도 변함없이 우리를 사랑해 주시는 하나님의 사랑의 모형을 발견해야 합니다. 아담아 네가 어디 있느냐 하시면서 찾고 계시는 그 하나님의 사랑의 음성을 들어야 합니다. 그뿐 아니라 내가 범죄하고 자녀 교육을 바로 하지 못할 때에 내 자손들 가운데서 압살롬 같은 반역자가 나온다는 것을 우리는 기억하면서 가정에 사랑을 실천하는 자녀, 부지런한 자녀, 꿈과 이상을 가진 자녀, 주일성수하는 자녀, 바른 기독교 신앙을 가진 자녀들을 길러내어 다윗처럼 만년에 후회하고 탄식하는 사람이 아니라 참으로 감사하고 기뻐하는 우리가 되시기를 주님의 이름으로 축원합니다.

내 집을 채우라

(눅14:15-24)

1. 하나님을 잔치를 배설하시는 분으로 비유

물론 궁극적으로는 하나님의 나라를 상징하는 것입니다. 사실 하나님은 지금도 우리를 위하여 잔치를 배설하고 있습니다. 하나님은 먼저 말씀의 잔치를 배설하십니다.

아모스 8:11절에 보면 "양식이 없어 주림이 아니며 물이 없어 갈함이 아니요, 여호와의 말씀을 듣지 못한 기갈이라." 인간의 영혼이 살기 위해서는 하나님의 말씀을 먹어야 합니다. 우리의 육신이 음식을 먹지 않고는 살 수 없듯이 우리의 영혼도 하나님의 말씀 없이는 살 수 없습니다. 그러나 더 중요한 것은 하나님은 이 땅에서도 천국잔치를 배설하신다는 사실입니다. 17절에 보면 "모든 것이 준비되었다"고 했습니다. 우리가 필요한 모든 것이 다 준비되었다는 말씀입니다.

예수님을 영접함으로 하나님의 천국잔치에 참여하시기 바랍니다. 가정에 천국을 원하십니까? 예수님을 가장으로, 세대주로 섬김으로써 가정의 천국을 이루시기를 축원합니다.

인간의 궁극적 행복이란 결국 하나님이 배설하시는 천국잔치에 참여함으로 이루어지는 것입니다. 그런데 여기에 문제가 있습니다. 초청받은 사람들이 다 일치하여 거절하였다는 것입니다. 또 여러 가지의 핑계를 대었다는 점입니다. 사실 인간은 핑계대기를 좋아하여 순종은 하지 않고 이 핑계 저 핑계를 대는 것을 좋아합니다. 이것은 아담 때부터 시작된 고질적인 병입니다.

2. 세 가지 핑계

(1) 밭을 사서 가 보아야 한다는 핑계

첫 번째 사람은 자기는 밭을 샀으매 불가불 나가보아야겠다고 사양했습니다. 이 사람은 새로 구입한 땅을 보러가는 것이 더 흥미가 있는 사람이었습니다. 그는 영적인 가치보다 물질적인 것에 더 관심을 가진 사람입니다. 말하자면 사업에 미친 사람입니다. 저는 기독교 실업인들을 십여 년 동안 성경을 지도해 왔는데 가끔 돈 독이 많이 든 사람들을 보았습니다.

이들은 교회는 이용하기 위해서 나오고 사업에만 관심을 가진 사람들이었습니다. 물론 성도들에게 있어서도 사업이란 대단히 중요합니다. 그까짓 돈은 아무것도 아니다 라고 생각하지는 않습니다. 그러나 무엇에 더 중요한 가치를 두느냐에 있습니다. 세상의 사업이란 인생의 목적이 아니고 인생의 목적을 이루는 수단일 뿐입니다. 그러므로 사업 때문에 잔치에 참여하는 것을 거절하는 것은 잘못입니다. 목적과 수단을 구분 못하는 잘못인 것입니다.

(2) 소를 사서 시험하러 간다는 핑계

두 번째 사람의 핑계는 나는 소 다섯 겨리를 샀으매 시험하러 간다는 것입니다.

이 사람은 기다리지 못하는, 참을성이 없는 사람입니다. 사실 금방 무엇을 이루려는 사람에게는 종교란 무의미합니다. 신앙생활이란 참을성이 있어야 합니다. 예수 믿는다고 금방 축복이 눈에 보이게 쏟아지는 것이 아닙니다. 마치 이슬비같이 하나님의 축복이 오기 때문에 믿음의 눈에만 보일 뿐 일반의 눈에는 보이지 않습니다. 신앙생활을 잘하려면 씨를 뿌리고 작물이 나오고 열매 맺기를 기다리는 농부처럼 해야 합니다. 제가 처음 예수를 믿었을 때 저희 집에서는 난리가 났습니다. 이제 우리 집은 망했다고 부모님들이 핍박을 시작했습니다.

그러나 중요한 것은 오랜 세월이 지난 다음 하시는 말씀은 예수 믿는 것이 이렇게 좋은데 왜 진작 안 믿었는지 모르겠다고 하시면서 한탄하시는 말을 들었습니다.

금방 축복이 안 보여도 참으시기 바랍니다. 분명한 것은 하나님은 절대로 약속을 지키시는 분이란 점입니다.

(3) 장가를 들어서 못 간다는 핑계

세 번째 사람의 핑계는 나는 장가들었으니 가지 못하겠다는 것입니다.

이것은 세상적인 쾌락 때문에 잔치에 불참하는 경우입니다. 물론 결혼이란 하나님이 무미건조한 광야 세상에서 합법적으로 즐기라고 주신 축복 중의 하나입니다. 그러나 이것이 잔치에 참여 못하는 이유가 되어서는 안 됩니다. 결국 개인적인 욕망 때문에 천국잔치를 거절하는 것은 개인적으로 큰 불행입니다. 세상에 핑계 없는 무덤이 없다는 격언도 있지만 하나님의 초청에는 그 어떤 핑계도 있을 수 없습니다.

3. 하나님이 대신 명하심

끝으로 인간들이 거절할 때에 하나님은 대신 한다는 점입니다.

21절에 보면 "이에 집 주인이 노하여 그 종에게 이르되." 그러면 하나님께서 어떻게 대신하였나요? 빨리 시내의 거리와 골목으로 나가서 가난한 사람들과 장애인들과 소경들과 저는 자들을 데려오라고 하셨습니다. 우리는 주인의 말씀에서 세 가지로 말씀한 것을 볼 수 있습니다. 첫째는 나가라는 것입니다. 둘째는 사람들 강권하여 데려오라는 것입니다. 셋째는 내 집을 채우라는 것입니다. 우리는 가만히, 편안하게 있어서는 안 됩니다. 나가야 합니다. 마 28:19절의 말씀대로 국경을 넘어가야 합니다. 이념과 사상을 초월해서 나가야 합니다. 내 안에 그냥 머물러 있어서는 안 됩니다. 교회의 울타리 안에 머물러 있어서는 안 됩니다. 우리 교회는 전통이란 울타리가 너무 높아 새로운 교인들이 들어오기 힘들다고 합니다. 그뿐 아니라 안에 있는 사람들은 밖이 안 보입니다. 그러면 어디로 가야 하나요?

시내의 거리와 골목으로 가라고 했습니다. 사람들이 많이 있는 곳으로 가야 한다는 말입니다. 그리스도를 필요로 하는 사람들이 있는 곳이면 어디나 가야 합니다. 다음은 길과 산울가로 가라고 했습니다. 혼자서 인생길을 걸어가는 사람들을 데려오라는 것입니다. 중요한 것은 강권하여 데려오라는 것입니다. 벧후 3:9절에 하나님은 "아무도 멸망치 않고 다 회개하기에 이르기를 원한다"고 했습니다. 그래서 바울은 "그리스도의 사랑이 우리를 강권하시는도다."(고후5:14)고 하였습니다.

맺는말

하나님은 '채우라'고 하셨습니다. 채우는 데는 우리가 채울 것이 있고 하나님이 채울 것이 있습니다. 우리는 기도로 채워야 합니다. 사람으로 채워야 합니다. 사랑과 봉사로 채워야 합니다. 열심히 채워야 합니다. 그러면 하나님은 먼저 은혜로 채워주시고, 다음은 성령으로 채워주십니다. 또 축복으로 채워주십니다. 채우시되 흔들어 넘치도록 채워주십니다. 우리는 어디를 채워야 할까요?

주님은 내 집을 채우라고 하셨습니다. 하나님의 집이란 먼저 성령의

전인 마음의 집을 말합니다. 다음은 가정을 의미합니다. 끝으로 교회를
의미합니다. 그러므로 마음은 기도로 채우고, 가정은 섬김과 사랑으로
채우고, 교회는 성도로 채워야 합니다. 그래서 하나님께서 여러분들의
마음에는 기쁨과 평안으로 채워지고 가정에는 행복과 믿음으로 채워지
고, 교회는 성도들과 은혜로 채워지기를 축원합니다.

나사로의 죽음

(요11:1-3)

　인류가 가진 세 가지의 문제점은 첫째는 죄의 문제요, 둘째는 죽음의 문제요 셋째는 의미의 문제입니다. 그 중에서도 가장 심각한 것은 죽음의 문제입니다. 왜냐하면 이 세상의 어느 누구도 죽음에는 예외가 없기 때문입니다.

　권력이 있어도, 지식이 있어도, 돈이 있어도 다 죽어야 하기 때문입니다. 사실 한 번 태어난 자는 한 번은 반드시 죽지 않으면 안 되는 것입니다. 그래서 죽음은 모든 사람에게 평등합니다. 어른이나 아이나, 영리한 자나 바보나, 가난한 자나 부자나, 죽음에 있어서는 아주 평등합니다. 그런데 죽음에는 순서가 없습니다.

　이 세상에 태어날 때에는 차례대로 오지만 갈 때에는 차례가 없습니다. 태어날 때는 할아버지, 아버지, 나, 동생. 질서 있게 왔지만, 그러나 갈 때에는 아들이 아버지보다 먼저 갈 때도 있고 동생이 형보다 먼저 갈 수 있는 경우가 많습니다. 그래서 차례가 없다는 것입니다.

　더 큰 문제는 이 죽음으로 인생이 완전히 끝나는 것인지 아니면 내세가 있는 것인지 아무도 정확하게 대답을 하지 못합니다. 또 죽을 때 어떤 고통이 따를 것인지도 알 수가 없습니다. 그러나 한 가지 분명한 것은 모든 사람은 반드시 죽는다는 것과 죽을 때에는 아무리 동반자살을 해도 결국 혼자서 겪어야 하는 죽음이란 것입니다. 또 죽음으로써 비로소 그 사람에 대한 업적이 끝이 나고, 역사적 평가가 끝이 난다는 것입니다. 그리고 죽은 뒤에는 인생을 다시 살 수도 없고 그렇다고 물건을 물리듯이 다시 물릴 수도 없다는 점입니다. 즉 인간은 일회적이란 것입니다. 그래서 죽음의 문제는 우리들에게 대단히 중요한 것입니다.

1. 베다니 촌의 나사로 가정

베다니는 제가 가보았는데 예루살렘에서 3킬로밖에 안 되는 아주 가까운 거리입니다. 저는 그곳에 몇 번 가보았습니다. 경치가 좋고, 역사적인 연고가 깊은 곳입니다. 바로 이곳에 마르다, 마리아, 나사로의 세 자매가 살고 있었습니다.

이 세 자매는 주님의 사랑을 받던 가정이었습니다. 예수님이 피곤하면 꼭 그곳에 가서 피곤을 풀곤 하였던 주님의 별장과 같은 곳이기도 하였습니다.

눅 10:38-42절에 보면 나사로의 가정의 모범적인 신앙생활을 잘 보여주고 있습니다. 마르다는 주님을 대접하기 위하여 분주히 다녔고, 동생인 마리아는 향유를 주님께 붓고, 머리털로 주의 발을 씻긴 기록이 있습니다. 즉 이 가정은 주님께 헌신하고, 봉사한 그런 모범적 가정이었습니다. 그래서 주님의 사랑을 제일 많이 받은 가정이기도 합니다.

그런데 우리말에도 호사다마(好事多魔)란 말이 있습니다만 이 가정에서, 주님이 사랑하는 가정에 나사로가 죽은 것입니다. 그야말로 청천벽력이요 절망이 극에 달한 것입니다. 물론 이들이라고 해서 모든 인생이 죽는다는 것을 모를 리 없습니다. 인생은 늙으면 병들고 죽습니다. 그런데 문제는 나사로는 이제 막 피어나는 꽃봉오리요 푸른 이상이 피어나기도 전의 젊은이입니다. 죽기에는 너무 이른 나이입니다.

저 자신 장례를 집례하면서 가끔 견딜 수 없는 고통을 느낀 경우가 있습니다. 소위 호상이 아니라 나사로처럼 아주 젊은 나이에 세상을 뜨는 경우에 그렇습니다. 어떤 분은 박사학위 논문을 통과한 후에 학위식도 하기 전에 죽고, 또 어떤 분은 먹을 것 못 먹으면서 돈을 모아 겨우 아파트를 샀는데 입주 전에 죽는 경우가 있습니다. 세상 말로 말하면 정말 억울합니다. 그러나 죽음은 이렇게 예고도 체면도 순서도 없이 갑자기 옵니다.

2. 죽음에 대한 세상 사람들의 견해

사람들은 모두 죽음을 인생의 종착역으로 생각합니다. 죽으면 한 줌의 흙밖에 더 되어지는 것이 없습니다. 그러니 살아서 잘 먹고 잘 살자는 허무주의를 가지고 있습니다. 옛날 사람들도 언제 죽을지 모른다고 생각하면서 죽음의 바로 문 앞에 기다리고 있다고 표현했습니다. 어려서 제가 살던 수안보에는 상두꾼이란 것이 있었습니다. 그들은 손에 종을 들고 아주 구슬픈 노래로 많은 사람들을 울렸습니다.

'에헤이 어화아, 저승길이 멀다 해도 대문 밖이 저승일세, 에헤이 어화아'.

그래서 세상 사람들은 죽음을 두려워합니다. 히 2:15절에 보면 "죽기를 무서워하므로"라고 했습니다. 그렇습니다. 사람들은 누구나 죽는 것을 무서워합니다. 그러나 생각해 보면 죽음 자체보다 죽음에 수반되는 것을 사람들은 더 두려워합니다. 왜냐하면 죽고 나면 그 사람의 모든 비밀, 음모, 간계가 그대로 베일을 벗게 되기 때문입니다. 특히 사람들은 혼자 죽는다는 것을 두려워합니다. 어둡고 험한 저승길을 어떻게 혼자 가느냐고.

몇 년 전 일입니다. 우리나라에서 가장 돈이 많은 억만장자가 세상을 떠났습니다. 유족들이 저승길의 노자를 위해 20만 원을 관속에 넣어주었습니다. 그랬더니 옆에 있던 어떤 분이, '아니 진짜로 가지고 가는 것도 아닌데 왜 아깝게 그것을 다 넣느냐' 하면서 3만 원을 깎아서 17만 원을 넣었다고 합니다. 저승길 노자를 준다고 차를 타는 것도 아니고 비행기를 타는 것도 아닙니다.

우리가 외국에 가려면 패스포드가 반드시 있어야 하듯이 저승길을 갈 때는 특히 패스포드가 꼭 있어야 합니다. 그것은 바로 믿음이란 패스포드입니다.

3. 죽음에 대한 주님의 말씀

11절 본문에 "우리 친구 나사로가 잠들었도다"고 했습니다. 다시 말하면 주님은 죽음을 잠자는 것으로 비유하셨습니다. 왜 주님은 죽음을 잠자는 것으로 비유 했을까요? 이유는 첫째로 다시 깨어나기 때문입니다. 그래서 잠자는 것을 죽음의 연습으로 보아야 합니다. 콧구멍의 이 작은 바람통에 바람이 들락거리지 않으면 누구나 죽은 것입니다.

따라서 인간이 누구나 죽는 것은 사실이지만, 그러나 그것은 인간의 종착역이 아니라 천국에 가기 위한 현관문이라는 것을 알아야 합니다. 물론 어떤 집에 가면 현관문이 좀 긴 집이 있고, 또 어떤 집에 가면 좀 짧은 집이 있습니다. 그러나 오십보백보입니다.

중국에 가보았더니 서태후 때 만든 현관문은 정말 아름답기도 하고 길었습니다. 거의 200미터는 되었습니다. 그러나 남보다 조금 더 길뿐입니다. 인생의 수명도 길어 봤자 순간일 뿐입니다. 그래서 예수님은 나사로가 죽은 것을 너희를 위하여 기뻐한다고 했습니다. 아니 누구 약을 올리는 것입니까? 아닙니다. 주님은 그 결과를 알고 있었기 때문입니다. 다시 살아날 것을 알았기 때문에 주님은 너희를 위하여, 즉 그들에게 믿음이 생겨지고, 부활의 소망을 갖게 되기 때문에 오히려 기뻐한 다고 했던 것입니다.

또 주님은 죽음을 왜 잠에 비유했을까요? 두 번째 이유는 죽은 영혼은 활동을 하지 않고, 휴식을 취하기 때문입니다. 그러나 엄밀한 의미에서 영혼이 수면을 취하는 것은 아닙니다. 왜냐하면 성도들은 죽은 뒤에 충만한 기쁨과 영원한 즐거움을 경험하기 때문(시16:11)이고, 하나님의 얼굴을 보며 기뻐하기 때문입니다. 실제로 영혼이 잠자는 것은 아니고, 주와 함께 깨어 있어서 무궁한 영광의 세계를 바라보면서 기뻐하고 만족할 것입니다.

그러면 우리 성도들은 어떻게 해야 합니까? 무엇보다도 지혜의 마음을 얻어야 합니다. 좀 더 구체적인 것은 시편 90편 9-12절에 그 해답이 나옵니다. 첫째로 우리의 평생이 일식 간에 다한다는 것을 깨달아야 합니다. 둘째로 우리의 연수가 칠십이요, 강건하면 팔십이라도 그 연수의 자랑은 수고와 슬픔뿐임을 알아야 합니다. 셋째는 우리가 날 계수함을 배워야 합니다. 그래서 우리 주님 재림하시는 날 공중에 들려 올림을 받는 우리들이 다 되기를 바랍니다.

또 개인적으로 주님 앞에 갈 때에 잘했다 칭찬받는 우리가 다 되시기를 주님의 이름으로 축원합니다.

꼭 해야 할 것 세 가지

살전5:16-18)

사람은 누구나 성공하기를 원하지만 성공하는 사람은 적습니다. 또 사람들은 누구나 행복하기를 원하지만 행복한 사람도 적습니다. 그것은 꼭 해야 할 것과 하지 말아야 할 것을 구별하지 못하기 때문입니다.

오늘 여러분들과 함께 성공의 비결, 행복의 비결을 함께 발견할 수 있기를 축원합니다. 본문에 보니 "이는 그리스도 예수 안에서 너희를 향하신 하나님의 뜻이니라"고 했습니다. 여기서 하나님의 뜻이란 말은 '꼭 해야 할 것'이란 말입니다.

1. 항상 기뻐해야

(1) 우리가 항상 기뻐해야 할 이유는 무엇입니까?

첫째 죄인인 우리가 용서받았기 때문입니다.

둘째 하나님의 자녀가 되어 그 특권을 누리게 되었기 때문입니다.

셋째 장차 받게 될 영광의 소망 때문입니다.

넷째 우리 안에 선한 양심의 증거가 있기 때문입니다.

다섯째 하나님과 무시로 교제할 수 있기 때문입니다.

여섯째 하나님께서 풍성한 은혜를 주시기 때문입니다.

(2) 우리가 항상 기뻐하지 못하는 이유

첫째 믿지 않기 때문입니다.

둘째 이기적이고 세상적인 동기를 가지고 살기 때문입니다.

셋째 잘못된 것을 구하기 때문입니다

넷째 하나님께서 주신 것을 보지 못하기 때문입니다.

다섯째 장차 주실 것을 의심하기 때문입니다.

(3) 항상 기뻐하려면 어떻게 해야 하나?

첫째 영원한 것을 사모하고 구해야 합니다.

둘째 우리를 슬프게 하고 괴롭히는 죄를 피하고 하나님의 섭리와 같
    은 불필요한 질문을 하지 말아야 합니다.

셋째 무엇보다 주님 안에 거하는 생활을 해야 합니다.

넷째 쉬지 않고 기도하고 범사에 감사하는 생활을 해야 합니다.

2. 꼭 해야 할 두 번째는 쉬지 않고 기도하는 것

여기서 쉬지 말고 기도하라는 말은 기도의 습관을 말합니다. 기도하
기를 쉬지 않는 것을 말합니다.

(1) 왜 우리는 쉬지 말고 기도해야 합니까?

첫째 우리 주변에는 매순간마다 위험이 도사리고 있기 때문입니다.

둘째 우리는 연약하기 때문입니다.

셋째 하나님과 교제하는 방법은 기도밖에 없기 때문입니다.

넷째 하나님께 복을 얻는 방법으로 하나님이 정하신 방법이 기도이기
    때문입니다.

(2) 어떻게 기도하면 하나님이 주십니까?

첫째 믿음으로 구해야 합니다.

둘째 하나님의 뜻대로 구해야 합니다.

셋째 회개하면서 구해야 합니다.

넷째 예수님의 이름으로 구해야 합니다.

3. 꼭 해야 할 세 번째는 범사에 감사하는 것

범사에 감사한다는 말은 모든 일에 즉 잘 안 될 때도, 심지어 실패할 때에도 감사한다는 말입니다. 이것은 하박국에서 잘 표현되었습니다. "비록 무화과 나무가 무성치 못하며 포도나무에 열매가 없으며 감람나무에 소출이 없으며 밭에 식물이 없으며 우리에 양이 없으며 외양간에 송아지가 없을지라도 나는 여호와를 인하여 즐거워하며 나의 구원의 하나님을 인하여 기뻐하리로다"(합3:17-17).

(1) 우리가 범사에 감사하는 이유는?

첫째 이미 받은 하나님의 은혜 때문에 감사하는 것입니다. 하나님은 우리를 창조하셨고 또 구원해 주셨으며 지켜주고 계십니다. 우리에게 삶을 주셨고 건강도 주셨습니다. 의식주 등 모든 것을 주셨습니다.

둘째 현재적으로 받고 있는 하나님의 은총 때문입니다.

물론 우리 중에는 자기의 뜻대로 되지 않았다고 불평하실 분들도 없지 않은 줄 압니다. 그러나 중요한 것은 하나님은 "모든 것을 합력하여 선을 이루신다"(롬8:28)는 점입니다.

(2) 장차 받을 하늘에서의 은총을 생각하며 미리 감사하는 것입니다. 성경은 "믿고 구하는 것은 받은 줄로 믿으라 그리하면 그대로 되리라"고 하였습니다. 이것이 바로 하나님의 방법입니다. 즉 우리는 받기도 전에 김칫국부터 마시는 것입니다. 이것이 신앙생활입니다. 바라기는 우리가 범사에 감사하는 성도가 다 되시기를 축원합니다.

기회를 잃은 자의 최후

(마27:3-10; 갈5:13)

인간의 성공과 실패, 행복과 불행은 주어진 기회를 어떻게 이용하느냐에 따라 결정됩니다. 사실 기회는 누구에게나 옵니다. 그래서 '쥐구멍에도 볕들 날이 있다'는 속담이 있습니다. 다만 어떤 사람은 이 기회를 잘 이용하고 또 어떤 사람은 바로 이용하지 못할 뿐입니다.

1. 인생에는 어떤 기회가 있는가?

인생에는 적어도 다섯 가지의 기회가 있습니다.

첫째는 배움의 기회입니다. 공부는 언제나 하는 것이 아닙니다. 배움
    의 기회가 주어진 학생 때 공부해야 됩니다. 이때 게으르면 일
    생동안 후회합니다.

둘째로 사랑의 기회가 있습니다. 남녀 간의 사랑도 기회가 있을 때
    해야지 지나간 뒤에는 이미 늦고 맙니다. 그래서 우리가 혼기
    가 있다고 말합니다. 또 효도도 부모님이 살아계실 때 해야지
    돌아가신 후에는 후회만 하고 맙니다. 그러므로 효도에도 기회
    가 있고 또 부부간의 사랑에도 기회가 있고 자녀 사랑도 기회
    가 있습니다. 심지어 이웃 사랑도 기회가 있는 법입니다.

셋째로 봉사의 기회가 있습니다. 교회에서도 봉사도 기회가 있습니
    다. 병들고 늙어지면 하고 싶어도 못합니다. 가정에서의 봉사

나 직장에서의 봉사도 기회가 있는 법입니다.

넷째는 은혜 받는 기회 혹은 믿음의 기회가 있습니다. 은혜 받는 것
도 기회가 있고 예수 믿는 것도 기회가 있습니다. 그래서 성경
은 말합니다. 고후 6:2절에 "보라 지금은 은혜 받을 만한 때요
보라 지금은 구원의 날 이로다"라고 하였습니다.

다섯째는 성공의 기회가 있습니다. 누구에게나 성공의 기회는 몇 번
씩 주어집니다. 다만 어떤 이는 잘 이용하여 성공하고 또 어떤
이는 바로 이용하지 못하여 실패할 뿐입니다.

우리는 기회를 놓치면 할 수 없다는 것을 배울 수 있습니다. 그래서
세르반테스는 「돈키호테」에서 "태양이 비치고 있는 동안에 건초를 만들
어라"고 하였습니다. 그러므로 우리는 주어진 기회를 잘 사용해야 합니
다. 왜냐하면 기회는 도적도 만들고 위대한 인간도 만들기 때문입니다.

2. 기회는 어떤 성질을 가지고 있는가?

(1) 기회란 하나님의 주어진 시간을 의미

헬라어에는 시간이란 말을 '크로니스'와 '카이로스'란 말로 사용하는데
크로노스란 말은 일반적 시간이며 카이로스란 하나님의 시간 즉 기회를
말합니다. 성경에서 예수님은 일을 하실 때 언제나 "내 때가 아직 되지
않았다" 혹은 "때가 이르매" 등의 표현을 사용하고 있는데 이것은 바로
하나님의 시간 즉 기회를 의미합니다. 주님은 바로 이 하나님의 시간에
따라 모든 일을 하였던 것입니다. 따라서 우리도 이것을 잘 선용해야
합니다. 억지로 무엇을 하는 것은 어리석은 일입니다.

(2) 기회는 기름칠한 것처럼 미끄러워 잘 달아남.

도스트옙스키는 기회를 새의 둥지에 비유하였고 라볼레는 대머리에
비유하였습니다. 그러므로 기회를 잡으려면 지나간 뒤에는 불가능하고

앞에서 잡아야 한다는 것입니다. 즉 준비하고 기다리는 사람이 잡게 된다는 말입니다.

(3) 기회란 계란과 같이 한 번에 하나씩 옴

아무리 좋은 닭도 한 번에 여러 개의 달걀을 낳는 법이 없듯이 기회도 한 번에 하나씩만 옵니다. 그런데 사람들은 일확천금을 원하고 또 여러 가지를 한꺼번에 잡기를 원합니다. 이것이 바로 인간의 욕심입니다. 이 욕심 때문에 다 놓치는 경우가 종종 있습니다.

(4) 기회는 어떻게 만드는가?

기회를 만드는 방법은 한 가지밖에 없습니다. 그것은 스스로를 도우면서 기다릴 때 오기 때문입니다. 하늘은 스스로 돕는 자를 돕는다는 격언처럼 가만히 누워 있는 자에게 기회는 오지 않는다는 것을 기억해야 합니다.

3. 기회를 잃은 가룟 유다의 경우

가룟 유다는 어떤 사람이었던가?

그는 첫째로 지식이 있는 사람이요(예수님의 재산을 계산하고 보살필 만큼). 둘째로 열심히 있는 사람이었습니다. 열한 제자가 다 북쪽 갈릴리 사람인데 그만이 남쪽 가룟 지역의 사람이었는데도 북쪽에까지 가서 주님을 따랐다는 것은 그의 열심을 보여줍니다. 가룟 유다는 왜 기회를 잃었나요?

첫째로 그는 사도로서 새 예루살렘 성에 그의 이름이 영원히 기록될 기회가 있었으나, 그러나 그는 이것을 맛디아에게 잃고 말았습니다. 이것은 그에게 주어진 기회를 소중하게 여기지 않았기 때문입니다. 성경에 보면 주어진 기회를 소중히 여기지 않다가 망한 사람들을 많이 볼 수 있습니다. 먼저 에서를 보면 그는 장자권을 귀한 줄 모르고 팥죽 한 그릇에 팔므로 비극을 가져온 인물이고 다음으로 사울왕은 이스라엘의 초대 왕으로서 자손 대대로 이스라엘의 왕이 될 수 있는 아주 좋은 기회를 가지고 있었으나 꾸준하지 못하고 의심이 많고 마술을 좋아하다가 다윗에게 왕위를 빼앗길 뿐 아니라 비참한 죽음을 맞은 사람입니다.

두 번째로 가룟 유다에게는 많은 재능이 주어졌으나 그것을 예수님을 파는데 써먹었습니다. 차라리 태어나지 않았더라면 더 좋았을 사람입니다.

세 번째로 그에게는 회개할 수 있는 기회가 주어졌으나 그것을 이용하지 못하고 지옥에 간 사람입니다. 예를 들면 예수님은 무교절에 말씀하시기를 마 26:12절에서 "너희 중에 한 사람이 나를 팔리라"고 하심으로 가룟 유다에게 회개할 기회를 주셨습니다. 또 23절에서는 "나와 함께 그릇에 손을 넣는 그가 나를 팔리라"고 지적하여 또 다른 기회를 주셨고 50절에서는 "네가 무엇을 하려고 왔는지 행하라"고 하심으로 마지막 기회를 주었으나 그는 이 기회를 다 잃고 말았습니다.

물론 마 27:3절에 보면 "스스로 뉘우쳐"란 말이 나오지만 그것은 회개한다는 뜻의 '메타노이아'란 뜻이 아니고 '메타멜레데이스' 즉 후회했다는 뜻입니다. 후회와 회개는 전혀 다른 것입니다. 그러므로 우리는 후회나 하는 사람이 아니라 참으로 회개하는 사람이 되어야 합니다. 회개란 마음뿐 아니라 목표나 생활이 모든 것에 방향의 변화가 일어나는 것을 말합니다. 후회만 한 유다와는 달리 베드로는 예수님을 세 번이나 부인한 사람입니다. 그러나 그는 회개하였습니다. 주어진 기회를 잃은 사람의 최후는 이처럼 실패요 죽음입니다. 그러므로 우리에게 주어진 배움의 기회, 사랑의 기회, 봉사의 기회, 은혜 받을 만한 기회, 믿음의 기회, 성공의 기회를 잘 선용해야 합니다.

4. 어떻게 기회를 선용할 수 있는가?

(1) 시기를 보는 분별력이 있어야

롬 13:11절에 "또한 너희가 이 시기를 알거니와 자다가 깰 때가 벌써 되었으니" 즉 먼저 시기를 보는 분별력을 가져야 합니다. 그것은 기도생활을 통해서 알 수 있고 또 성경연구를 통해서 알 수 있습니다.

(2) 자유로운 육체의 기회를 피해야

부정적으로는 육체의 기회를 삼지 말아야 합니다. 갈 5:13절에 "형제들아 너희가 자유를 위하여 부르심을 입었으나 그 자유로 육체의 기회를 삼지 말고." 사람이 거룩해지는 데는 많은 시간과 노력이 필요하지만 타락하는 데는 아차 하는 순간에 이루어집니다. 그러므로 우리는 항상 우리에게 다가오는 기회를 시험에 빠지지 않도록 해야 합니다. 이것은 기도하고 피하는 생활을 통하여 가능합니다. 불의한 것, 더러운 것은 피해야 합니다.

(3) 서로 종노릇하는 기회를 가져야

그러나 이것만으로는 부족하고 적극적으로 "오직 사랑으로 서로 종노릇하는 기회로" 삼아야 합니다. 죄란 피하는 것만으로는 안 되고 적극적으로 선을 행하고 섬기는 기회로 삼을 때 비로소 죄는 달아납니다. 그러므로 이 세상을 장애물 경기처럼 피하는 것만으로는 안 되고 적극적으로 주님을 위해 봉사하는 기회를 찾으면 소위 세상에서 말하는 성공이 찾아옵니다. 이처럼 성공의 문 앞에서는 성공이라고 써 있지 않기에 성공만 찾아다니는 사람은 성공을 못합니다. 어떻게 하면 남을 섬길까 하고 찾고 구하는 사람에게 성공이 찾아오는 것입니다. 바라기는 여러분 모두가 기회를 선용해서 성공자가 되고 축복 받기를 축원합니다.

기쁨의 성탄절

(사9:1-8)

역사가인 찰스 비어드는 역사연구를 통하여 다음 네 가지를 발견하였다고 했습니다.

① 역사가 어두워지면 별이 빛난다

② 벌은 꽃에서 꽃가루를 훔치지만 결과적으로는 열매를 맺게 합니다.

③ 신들은 파멸시키는 자를 먼저 미치게 합니다.

④ 하나님의 물레방아는 천천히 돌지만 그러나 아주 곱게 빻는다.

결국 이 말은 역사에는 목적이 있고 그것을 향하여 움직인다는 말입니다. 올해도 변함없이 성탄절이 다가왔습니다. 정치적으로는 북극처럼 차갑고 경제적으로는 미국의 보호무역의 장벽이 DMZ에 있는 철책선처럼 높아지고 있고 실직자의 수는 자꾸만 많아지고 각 가정의 경제는 점점 어려워지고 있지만 그래도 역사는 길을 잃은 것이 아니라 목적을 향해 움직이고 있다는 말입니다.

그것은 예수 그리스도의 탄생으로 분명하게 나타났습니다. 사실 인류는 죄와 죽음의 의미의 문제를 해결하지 못한 채 있었으나 예수님의 오심으로 인류의 삼대 문제는 해결되었습니다.

1. 예수님은 어떤 분이기에 그의 오심은 기쁨의 날이 되는가?

(1) 주권이 그에게 메어져 있음

"그 어깨에는 정사를 메었고"=주권이 그에게 메어져 있다는 말입니다. 그는 하나님 나라를 완성하시고 인류의 죽음의 행진을 중지시키고 그 방향을 전환시켜 천국으로 이주시켜 주신 분입니다.

　(예화) 아프리카의 스프링바트. '인류는 돈을 벌기 위해 바쁘다 바빠 하면서 뛰니까 공연히 덩달아 뛰고 있습니다. 그러나 지옥을 향한 이 행진을 중지시켜 생명의 길을 열어주신 분이 바로 우리 주 예수님이시다.'

(2) 그 이름은 기묘자

"그 이름은 기묘자라". 기이하고 신비하신 분이란 말입니다.

아닌 게 아니라 예수님은 탄생부터가 기이하고 신기합니다. 인류 역사상 동정녀에게서 태어난 사람이 어디 있습니까? 또 그의 행하심도 기이했습니다. 그는 과거에 들어보지 못한 진리를 가르쳤고 이적을 행하였습니다. 그는 죽음도 기이하고 부활도 기이하셨습니다. 승천도 그렇습니다. 무엇 하나 기이하고 신기하지 않은 것이 없습니다.

(3) 전지하신 분

"모사라", 전지하신 분이란 말입니다.

인간은 눈이 둘씩이나 있어도 뒤를 못 봅니다. 멀어도 못 보고 너무 가까워도 못 봅니다. 그런데 성경을 보면 예수님은 나다나엘이 무화과나무 밑에 있을 때 벌써 알았다고 했고 사마리아 여인에게 남편이 다섯이나 있는 것을 이미 아셨습니다. 또 시몬 베드로가 세 번 그를 부인할 것을 아셨고 가룟 유다가 그를 팔 것도 아셨습니다. 이처럼 그는 모사로서 모든 것을 아신 분입니다.

(4) "전능하신 하나님이라"

요 1:3절에 보면 "만물이 그로 말미암아 지은바 되었으니 지은 것이 하나도 그가 없이는 된 것이 없느니라"고 하였습니다.

(5) 영존하심

"영존하시는 아버지"=여기서 아버지란 말은 돌봐주시는 분이란 뜻입니다.   예수님은 승천하시기 전에 "볼지어다 내가 세상 끝날까지 너희와 항상 함께 있으리라"고 약속하셨습니다.

(6) 평강의 왕

"평강의 왕이라 할 것임이라." 무엇보다도 예수님은 평화를 가져오시는 분이라고 하였습니다.

지금 세계 도처에서 전쟁과 테러가 자행되고 있고 개인과 개인 간의 싸움이 끊이지 않고 있습니다. 미소 간에 군축회담을 한다고 하지만 그러나 그것이 평화를 가져오지 못합니다. 개인도 가정도 사회도 국가도 평화의 왕이신 예수님을 영접해야 평화가 옵니다.

2. 예수님이 어떤 일을 하셨기에 그의 탄생은 기쁨의 날인가?

(1) 과거에 하신 일

4절에 "이는 그들의 무겁게 멘 멍에와 그 어깨의 채찍과 그 압제자의 막대기를 꺾으시되 미디안의 날과 같이 하셨음이니이다" 한 마디로 말해서 우리를 해방시켜주셨다는 말입니다. 죄와 죽음과 율법의 멍에에 꽁꽁 묶여 있던 우리를 해방시켜주셨다는 말씀입니다.

(2) 현재에 하시는 일

1-3절에 기록되어 있습니다. 즉 전에는 죄로 인해 흑암 속에서 살았으나 지금은 빛을 환하게 비쳐주십니다. 또 영화롭게 해주신다고 하였습니다. 즐거움을 더하게 하여 주신다고 하였습니다.

　(3) 미래에 하시는 일

　7절 "그 정사와 평강의 더함이 무궁하며 또 다윗의 위에 앉아서 그 나라를 굳게 세우고"

　지금은 영적으로 우리를 다스리시지만 미래에는 직접 우리를 다스리시는 하나님 나라의 완성을 약속하셨습니다. 그러므로 우리는 평화의 왕이신 예수님의 탄생을 기뻐하며 찬양하는 것입니다. 따라서 이 성탄의 기쁨에서 우리는 제외되지 않기를 주님의 이름으로 축원합니다.

기도의 특권

(민7:7-11)

이민을 원하는 사람들 중에는 미국이 단연 첫째입니다.

왜일까요? 미국 시민이 되는 것은 풍요로운 삶과 좋은 환경에서 자녀 교육이 보장되는 특권 때문입니다. 마찬가지로 천국백성이 되면 많은 특권이 주어집니다.

첫째 영생과 구원, 둘째 하나님의 보호, 세째 기도. 왜 기도가 특권인 가요?

과학자들은 은하계에는 약 10억 개의 별이 있다고 합니다. 그러나 인간이 알 수 있는 우주 안에는 100억 개의 별이 있습니다. 사람이 은하계를 여행하는데 빛의 속도(1초 동안에 지구를 7번 반 돔)로 가면 은하계를 가는데 약 10만년이 걸립니다.

인간이 관찰할 수 있는 우주 끝에 가는 데는 120억 년이 걸린다고 합니다. 또 인간의 혈관 하나만 해도 지구를 4번 반이나 돌만큼 깁니다. 그런데 우리는 이런 우주와 인간을 만드신 하나님께 기도로 접근할 수 있다(히4:16)고 하였습니다.

예수님의 아버지 하나님은 바로 우리의 하나님이십니다. 그러므로 기도는 성도의 특권입니다. 아멘.

1. 기도란 무엇인가?

(1) 기도는 하나님과의 대화

기도는 단순히 나의 사정을 아뢰는 것이 아닙니다. 사실 하나님은 우리가 기도하지 않아도 우리의 사정을 다 알고 계신다.

(2) 기도는 하나님의 뜻을 아는 길

기도는 하나님과의 영적 대화입니다. 따라서 기도에는 하나님의 음성을 듣고 그의 뜻을 발견하는데 근본적 목적이 있습니다.

(예화) 예수의 겟세마네 동산에서의 기도. 기도는 내 뜻을 하나님께 강요하는 데 목적이 있지 않습니다. 나의 초점을 하나님께 맞추어 보는 것입니다. 그래서 잘못된 것을 발견하고 내 뜻을 하나님의 뜻대로 순종케 하는 것입니다.

2. 기도는 왜 해야 하나?

(1) 사탄이 존재하고 있기 때문(엡 6장의 전신 갑주).

(2) 우리가 무엇을 얻도록 하나님께서 명하신 방법이기 때문.

(3) 그리스도인의 표본으로 세우신 사도들이 기도를 그들의 생활에서 가장 중요한 일로 여겼기 때문.

(4) 주님이 이 땅에 사시는 동안 기도는 매우 중요한 부분을 차지했고 중요한 역할을 했기 때문.

(5) 히 4:16 "그러므로 우리가 긍휼하심을 받고 때를 따라 돕는 은혜를 얻기 위하여 은혜의 보좌 앞에 담대히 나아갈 것이니라."

(6) 요 16:24 "지금까지는 너희가 내 이름으로 아무 것도 구하지 아니하였으나 구하라 그리하면 받으리니 너희 기쁨이 충만하리라.

(7) 빌 4:6-7 = 하나님의 평강을 얻도록 하나님께서 지정하신 방법.

(8) 기도는 성령충만을 위하여 하나님께서 정한 방법(눅11:13).

3. 어떻게 기도해야 하나?

(1) 기도에 있어서 무엇보다 중요한 것은 순종의 진실

요일 3:22 "무엇이든지 구하는 바를 그에게 받나니 이는 우리가 그의 계명을 지키고 그 앞에서 기뻐하시는 것을 행함이라."

구하는 바를 받는 것은 하나님께서 명령하신 바를 행할 때입니다. 또 이 구절은 단순히 말씀에 순종하는 것 이상을 의미합니다. 요한은 우리가 그의 앞에서 하나님께서 기뻐하시는 것을 행하여야 한다는 것입니다. 비록 성경에 언급하지 않았을지라도 하나님께서 기뻐하시는 것은 적극적으로 행하는 것을 의미합니다.

시편 145:18에 보면 기도에 있어서 '진실하게'해야 할 것을 말씀하고 있습니다. "여호와께서는 자기에게 간구하는 모든 자, 곧 진실하게 간구하는 모든 자에게 가까이 하시는도다" 즉 거짓됨이 없이, 사실대로라는 뜻입니다.

(2) 예수님의 이름으로 기도

예수님은 십자가에 못 박히기 전날 밤에 "내 이름으로 무엇이든지 내게 구하면 내가 시행하리라"고 하셨습니다. 우리는 그리스도의 업적으로, 그의 구속의 피로(히10:9) 하나님께 나아갈 때에 하나님은 들으십니다.

(3) 그의 뜻대로 기도하면 된다

요일 5:14 "그의 뜻대로 무엇을 구하면 들으심이라" 그러면 하나님의 뜻을 어떻게 알 수 있는가? 두 가지 방법이 있습니다. 하나는 성경을 통하여. 둘째는 성령의 가르치심을 통하여 압니다. 롬 8:26-27에 보면 성령이 하나님의 뜻대로 성도를 위하여 간구한다고 하였습니다. 그러므로 중요한 것은 성령으로 기도하는 것입니다. 엡 6:18절에 보면 "모든 기도와 간구로 하되 무시로 성령 안에서 기도하고"라고 하였습니다. 성

령께서 고무하시는 기도를 말합니다.

(4) 믿음으로 기도해야 함

막 11:24절에 "그러므로 무엇이든지 기도하고 구하는 것은 받은 줄로 믿으라. 그리하면 너희에게 그대로 되리라."

(5) 항상 계속해서 기도해야 함

눅 11:5-8; 18:1-8절에 두 비유가 있습니다. 첫째 비유에서 강청할 것을 말씀하셨습니다. 그것은 글자 그대로 뻔뻔스러움을 의미합니다. 그러나 가나안 여자의 강청을 보시고 "여자여 네 믿음이 크도다. 네 소원대로 되리라"(마15:28). 고로 아마 하나님의 뜻이 아닌가 보다 하며 그만 두는 것은 순종보다는 영적 게으름일 경우가 더 많습니다.

(6) 그리스도 안에 거하는 삶을 가져야

요 15:7절에 "너희가 내 안에 거하고 내 말이 너희 안에 거하면 무엇이든지 원하는 대로 구하라 그리하면 이루리라." 그리스도 안에 거하는 삶이 무엇인가요? 그것은 그리스도를 묵상하고 그의 말씀을 순종하며 사는 삶을 말합니다.

(7) 감사함으로 기도해야

빌 4:6절에 "아무 것도 염려하지 말고 오직 모든 일에 기도와 간구로 너희 구할 것을 감사함으로 하나님께 아뢰라."

4. 기도의 장애물들

(1) 정욕으로 쓰려고 잘못 구함

약 4:3 "구하여도 받지 못함은 정욕으로 쓰려고 잘못 구함이니라."

(2) 죄가 기도를 방해

사 59:1-2 "여호와의 손이 짧아 구원치 못하심도 아니요 귀가 둔하여 듣지 못하심도 아니라 오직 너희 죄악이 너희와 너희 하나님 사이를 내었고 너희 죄가 그 얼굴을 가리워서 너희를 듣지 않으시게 함이니."

(3) 우상이 있을 때

겔 14:3 "인자야 이 사람들이 우상을 마음에 들이며 죄악의 거치는 것을 자기 앞에 두었으니 그들이 내게 묻기를 내가 조금인들 용납하랴."

(4) 주는 생활을 하지 않을 때

잠 21:13 "귀를 막아 가난한 자의 부르짖는 소리를 듣지 아니하면 자기의 부르짖을 때에도 들을 자가 없으리라."

(5) 용서하지 않을 때

막 11:25 "서서 기도할 때에 아무에게나 혐의가 있거든 용서하라. 그리 하여야 하늘에 계신 너희 아버지도 너희 허물을 사하여 주시리라."

(6) 잘못된 부부관계

벧전 3:7 "남편 된 자들아 이와 같이 지식을 따라 너희 아내와 동거하고 저는 더 연약한 그릇이요 또 생명의 은혜를 유업으로 함께 받을 자로 알아 귀히 여기라 이는 너희 기도가 막히지 아니하게 하려 함이라."

(7) 의심

약 1:6-7 "오직 믿음으로 구하고 조금도 의심하지 말라 의심하는 자는 마치 바람에 밀려 요동하는 바다 물결 같으니 이런 사람은 무엇이든지 주께 얻기를 생각하지 말라."

맺는말

기도는 하나님께서 우리에게 주신 특권임을 잊지 마십시오. 불신자에게는 이 특권을 주시지 않았습니다. 그러므로 우리는 우리의 특권인 기도를 통하여 하늘 창고에 무궁무진하게 하나님께서 쌓아 놓으신 보화들을 우리의 것으로 삼아 풍성한 삶, 하나님의 영광을 드러내는 삶, 남에게 복을 물려주는 삶이되기를 예수님의 이름으로 축원합니다.

긍휼이 풍성하신 예수님

(마15:21-28)

방금 봉독한 말씀을 보면 예수님께서 '두로와 시돈'에 가셨다는 기록이 나오는데 이것은 대단히 중요한 말씀입니다. 왜냐하면 두로는 베니게의 항구도시요 또 시돈은 그 위에 위치한 가나안 사람들이 거하고 있는 이방도시였기 때문입니다. 다시 말하면 예수님께서 이방선교를 시작했다는 말입니다. 이것은 당시의 생각으로 볼 때에는 도저히 있을 수 없는 일입니다. 당시 유대인들은 생각하기를 하나님께서 이방인들을 창조하신 것은 지옥의 땔감으로 쓰기 위해서라고 보았고 좀 온건한 유대인들은 이방인 중에 의로운 사람들은 혹 구원을 받을 것이나 유대인들의 노예노릇을 할 것이라고 믿고 있었던 것입니다. 이런 이방인들이 사는 두로와 시돈으로 주님께서 가셨다는 것은 예수님의 이방인들에 대한 긍휼하심이 얼마나 컸다는 것을 단적으로 보여줍니다.

이 시간에는 '긍휼이 풍성하신 예수님'이라는 제목으로 우리가 믿는 예수님이 어떤 분이신지 함께 살펴보면서 위로와 힘을 얻기를 원합니다.

1. 가나안 여인의 영적 상태

엡 2:12절에 분명하게 기록하고 있습니다. "그때에 너희는 그리스도 밖에 있었고 이스라엘 나라 밖의 사람이라 약속의 언약들에 대하여 외

인이요 세상에서 소망이 없고 하나님도 없는 자이더니" 5가지로 영적
주소를 언급하고 있습니다.

(1) 그리스도 밖과 안

"그리스도 밖에 있었고" : 인간의 상태는 그리스도 밖에 있느냐 아니
면 안에 있느냐에 따라 결정됩니다. 그리스도를 믿고 그리스도를 따르
는 사람은 그리스도 안에 있는 사람이고 그렇지 않은 사람은 그리스도
밖에 있는 사람입니다.

(2) 이스라엘 밖에 사람

"이스라엘 나라 밖의 사람이라" : 한마디로 말해서 이방인이라는 말입
니다. 이방인은 구약사를 볼 때 하나님의 특별한 사랑이나 돌보심을 받
지 못한 사람들입니다.

(3) 약속의 언약

"약속의 언약들에 대하여 외인이요" : 성경에 보면 하나님께서 이스라
엘과 두 가지 종류의 언약을 맺으셨습니다. 하나는 저들이 언약을 지키
느냐 아니냐에 따라 복과 저주가 결정되는 '조건적 언약'이고 다른 하나
는 저들이 언약을 지키느냐 아니냐에 관계없이 복을 주시는 '무조건적
언약'이 있습니다. 이 두 가지의 종류의 언약에 대하여 아무 관계가 없
는 외인이었습니다.

(4) 소망

"세상에서 소망이 없고" : 기다리고 있는 것은 저주뿐이고 하나님의
돌보심이나 인도하심의 소망이 없는 자들이란 말입니다.

(5) 우상숭배자

"하나님도 없는 자이더니" : 우상만 섬기고 참 하나님이신 여호와 하
나님을 모르는 자였다는 말입니다. 이것은 가나안 여인뿐 아니라 바로

저와 여러분들의 과거의 영적 주소입니다.

'개구리 올챙이 적 생각 못한다'는 말도 있듯이 사람이란 자신의 과거를 잊기 쉽습니다. 그러나 우리는 자신의 과거 신분을 잊어서는 안 됩니다. 이 과거의 신분을 기억해야 하는 것은 하나님의 은혜를 영원히 잊지 않기 위해서 그리고 겸손하기 위해서입니다. 그래서 바울은 예루살렘 교회에 구제금을 거둘 때 이방교회에 보내는 편지에서 우리는 본래 하나님의 축복의 언약을 받지 못한 사람들이었다는 것을 반복해서 언급했습니다. 가난한 사람이 갑자기 부자가 되면 올챙이 적 생각 못하듯 그런 배은망덕한 우리가 되어서는 안 된다는 말입니다.

2. 가나안 여인의 고통

22절에 보니 "나를 불쌍히 여기소서 내 딸이 흉악하게 귀신 들렸나이다"라고 했습니다. 우리는 가나안 여인의 딸이 어떤 질병에 걸렸는지 알 수 없으나 한 가지 분명한 것은 대단히 심했다는 점입니다. 자녀의 고통은 바로 부모의 슬픔인 것입니다. 아버지보다 어머니는 특히 더합니다. 우리 자녀들은 비교적 건강한 편이었지만 어떤 때 아파하면 밤새도록 제 아내가 옆에서 잠을 자지 않고 시중을 드는 것을 봅니다. 나는 무정하게도 밤새도록 두 아들 옆에서 밤은 새면서 돌본 적이 없습니다. 나만 그런 것이 아니라 여러분들의 아버지들은 거의가 저와 같을 것입니다. 어떤 부모이고 예외가 있겠습니까? 어머니는 차라리 자신의 아픔은 견딜 수 있지만 자녀의 아픔은 견딜 수가 없는 것입니다. 여기서 우리는 하나님의 마음을 조금이라도 생각해야 합니다. 우리가 하나님을 떠나 방황하거나 혹은 죄를 지음으로 하나님의 마음을 근심되게 한 일이 얼마나 되나요? 그런데 이상한 점은 이 가나안 여인이 예수님께 나아와 간구했건만 주님은 금방 응답하지 않았다는 말입니다.

3. 4가지로 응답하신 예수님

(1) 침묵으로 답변하신 예수님

놀라운 것은 가나안 여인이 "주 다윗의 자손이여 나를 불쌍히 여기소서 내 딸이 흉악히 귀신 들렸나이다"라고 했을 때 응 그래 내가 고쳐주마 하고 말씀하지 않으셨습니다. 23절에 보면 "예수는 한 말씀도 대답지 아니하시니." 침묵하셨다는 말입니다. 여러분들이 하나님께 기도했는데 하나님께서 침묵하십니까? 이상하게 생각지 마십시오. 가나안 여인에게도 주님은 침묵하셨던 것입니다. 여기에는 반드시 어떤 이유가 있습니다. 그것을 우리는 발견해야 합니다.

(2) 거절

두 번째는 침묵정도가 아니라 거절하셨습니다. 24절에 "나는 이스라엘 집의 잃어버린 양외에는 다른 데로 보내심을 받지 아니하였노라" 이것은 예수님의 참 뜻을 말씀한 것은 아닙니다. 당시 유대인들의 생각을 말씀하신 것뿐입니다. 그것은 이 여인의 신앙을 시험해 보시기 위해서입니다. 그러나 25절에 보면 예수님의 거절에도 불구하고 가나안 여인은 계속해서 주님에게 간구하였습니다.

(3) 책망으로 답변하신 예수님

가나안 여인이 계속해서 절하며 "주여 저를 도우소서"라고 외칠 때 주님은 천만 뜻밖에도 책망을 하셨습니다. "자녀의 떡을 취하여 개들에게 던짐이 마땅치 아니하니라." 여기서 '개'라는 표현은 당시 유대인들이 이방사람들을 부르는 경멸의 말입니다. 개는 먹은 것은 토하고 그리고 자기가 토한 것을 또 먹는 더러운 동물인 것처럼 이방인들은 우상의 죄를 짓고 또 짓고 하는 더러운 사람들이라는 뜻입니다. 이것은 사실은 바로 저와 여러분들의 모습입니다. 우리는 이렇게 개처럼 자기가 다시는 범하지 않겠다고 맹세하고도 또 죄를 짓는 더러운 사람들입니다.

(4) 마침내 응답하신 예수님

27절에 보면 가나안 여인은 예수님의 말씀에 오해하거나 대항하지 아니하였습니다. '개'라는 말에 자족했습니다. 그러면서 "개들도 부스러기를 먹나이다" 부스러기로도 넉넉하다는 믿음을 가진 것입니다. 여기서 우리는 가나안 여인의 겸허한 태도와 굽힐 줄 모르는 인내와 그리스도에 대한 확신을 볼 수 있습니다. 바로 이것이 마침내 주님의 칭찬과 확답을 얻어낸 비결입니다.

"여자야 네 믿음이 크도다. 네 소원대로 되리라"

여러분들은 기도생활을 하면서도 아직도 주님의 응답을 받지 못하고 있습니까? 낙심하지 마십시오. 이 가나안 여인처럼 겸손하게 그리고 굽히지 말고 계속해서 간구하시면 주실 줄로 믿습니다! 아멘.

우리 다 같이 성경을 찾아봅시다. 막 11:24절 "그러므로 내가 너희에게 말하노니 무엇이든지 기도하고 구하는 것은 받은 줄로 믿으라. 그리하면 너희에게 그대로 되리라" 믿습니까?

4. 예수님은 왜 그러셨을까

왜 예수님은 금방 응답하지 않으시고 지체하시면서 가나안 여인에게 시련을 주셨을까?

그것은 믿음을 시험하기 위해서입니다. 성경을 한 군데 더 찾아보시기 바랍니다. 시 119:71절에 "고난당한 것이 내게 유익이라. 이로 인하여 내가 주의 율례를 배우게 되었나이다." 유익이 무엇이라고 했나요? 주의 율례를 배우게 되었나이다. 우리는 이번 아시안 게임에서 많은 사람들이 금메달을 따는 것을 보고 부러움을 느낍니다. 그러나 이들이 이 금메달을 따기 위해서 얼마나 많은 연습을 하였으며 고난을 당하였는지 아십니까? 한국이 낳은 최대의 농구스타 박찬숙은 자녀를 낳으면 농구를 시키겠는가? 라는 말에 아니요 자녀들에게는 그런 고생을 시키지 않겠다고 분명하게 말하였습니다. 밖으로 나타나는 영광의 뒤안길에는 이런 고생이 있는 것을 보여주는 말입니다. 왜 하나님께서 사랑하는 우리들에게 금방 문제를 해결해주시지 않을까요? 그것은 이런 훈련을 통하여 영적 유익을 얻게 하기 위해서입니다. 꿈에라도 주님의 긍휼하심을 의심하지 마십시오. 예수님은 저와 여러분들을 얼마나 사랑하고 계시는지 모릅니다. 간구하는 우리에게 금방 응답하시지 않는 것은 우리의 유익을 위해서입니다. "주의 율례를 배우게 되었나이다."

5. 가나안 여인에게 주신 유익은 무엇인가?

(1) 큰 믿음을 주시기 위해서

"여자야 네 믿음이 크도다." 우리는 큰 믿음이 필요합니다. 작은 믿음 가지고는 이 세상에서 승리의 생활을 할 수가 없습니다. 주님의 제자들처럼 믿음이 적어서 넘어지고 맙니다. 그러나 큰 믿음만이 주님에게 칭찬을 받습니다.

(2) 인내하는 믿음을 주시기 위해서

믿음에서 중요한 것은 참고 인내하는 것입니다. 욥처럼 인내할 줄 알아야 합니다. 환난에서 승리하려면 인내할 줄 알아야 합니다. 믿다 말다 하는 믿음은 하나님의 약속을 기다리지 못합니다. 롯의 아내처럼 뒤를 보고야 맙니다.

(3) 응답받는 믿음을 주시기 위해서

시련으로 훈련된 믿음만이 응답을 받습니다. 마치 훈련된 운동선수만이 금메달이라는 면류관을 받듯이.

(4) 주님의 긍휼하심을 알리기 위해서

무엇보다도 중요한 것은 주님의 긍휼하심을 맛보게 하기 위해서입니다. 남의 집에서 선물로 들어온 것 귀한 줄 모르기 쉽습니다. 솔직히 제가 그랬습니다. 그러나 제 아내는 수십 년이 지난 지금까지도 그들을 기억합니다. 사실 우리는 자기가 일을 해서 돈을 주고 산 것은 귀해서 아낍니다. 한번 하나님께 기도하고 받으면 귀한 줄 모릅니다. 눈물 콧물 흘리면서 기도하고 간구하여 얻었을 때에 비로소 귀한 줄 압니다. 예수님의 긍휼하심을 맛보기 원하십니까? 고난 속에서도 낙심하지 말고 역경 속에서도 좌절하지 마십시오. 그러면 주님의 긍휼하심을 체험하게 될 것입니다. 주님의 긍휼하심은 큽니다. 그러므로 범죄했다고 낙심하지 말고 사업에 실패하였다고 염려하지 말고 가정에 문제가 많다고 고민하지 마십시오. 주님은 긍휼이 풍성하신 분이십니다. 우리를 도와주십니다. 믿습니까? 믿으면 믿음 대로 될지어다. 아멘.

기억해야 할 네 가지 사실

(요일5:1-12)

예루살렘에 가면 시외버스 정거장에 큰 비석을 세워놓고 '잊지 말라'는 말이 기록된 것을 본 적이 있습니다. 이들은 홀로코스트 즉 600만 유대인 학살을 절대로 잊지 말자고 외치는 표어입니다. 우리는 일제 때의 일을 다 잊었는데 유대인들은 아직도 나치당의 전범들을 잡아내고 있습니다. 이 얼마나 무서운 민족입니까?

우리는 잊어야 할 것은 안 잊고 기억해야 할 것은 잊어버리는데 문제가 있습니다. 가장 단적인 예가 해방된 지 70년이 넘었지만 우리나라는 친일파로서 우리 민족을 일본의 지시에 따라 억압했던 일을 아직까지 해결 않고 다 잊고 산다는 점입니다. 그러면 우리가 꼭 기억해야 할 것은 무엇인가요? 다음 네 가지 사실을 기억하시기 바랍니다.

1. 하나님은 우리가 구원받았다는 사실을 기억하기를 원하심

요일 5:11절에 "또 증거는 이것이니 하나님이 우리에게 영생을 주신 것과 이 생명이 그의 아들 안에 있는 그것 이니라." 바로 이 사실을 우리가 기억하기를 하나님은 원하십니다. 그렇다고 우리가 구원을 받았는지 안 받았는지를 알기 위하여 죽을 때까지 기다릴 필요는 없습니다. 성경에 명백하게 밝히고 있기 때문입니다.

요 5:13절에 "내가 하나님의 아들의 이름을 믿는 너희에게 이것을 쓴 것은 너희로 하여금 너희에게 영생이 있음을 알게 하려함이라"고 하였기 때문입니다. 그뿐 아니라 믿는 자들에게 이렇게 말씀하셨습니다. "너희를 주신 내 아버지는 만유보다 크시매 아무도 아버지 손에서 빼앗을 수 없느니라"(요10:29).

2. 하나님은 우리가 어떤 시험도 이길 수 있다는 사실을 기억하기를 원하심

고전 10:13절에 "사람이 감당할 시험밖에는 너희에게 당한 것이 없나니 오직 하나님은 미쁘사 너희가 감당치 못할 시험 당함을 허락지 아니하시고 시험 당할 즈음에 또한 피할 길을 내사 너희로 능히 감당하게 하시느니라."고 하셨습니다. 이 말씀 속에는 네 가지 중요한 사실이 기록되어 있습니다.

(1) 시험
사람은 누구나 다 시험을 받는다.

(2) 미쁘신 하나님
하나님은 미쁘신 분이라 그의 약속을 이행하시는 믿을 만한 분이시며 참되신 분이시다.

(3) 우리가 감당치 못할 시험을 하나님은 허락지 않는다.

(4) 피할 길을 주심
시험을 당할 때는 또한 피할 길을 반드시 주신다. 이처럼 하나님은 시험을 이길 수 있는 능력을 우리에게 주신다는 것을 믿으라. 그러므로 공연히 두려워할 필요가 없다. 주님 안에서 승리할 수 있다는 것을 믿으라.

3. 하나님께서는 우리가 범죄했을 때 그가 용서해주신다는 사실을 기억하기를 원하신다

요일 1:9절에 "만일 우리가 우리 죄를 자백하면 저는 미쁘시고 의로 우사 우리 죄를 사하시며 모든 불의에서 우리를 깨끗케 하실 것이요" 라고 하였습니다. 우리는 죄를 짓지 말아야 합니다. 그러나 우리는 여전히 타락한 성품을 가지고 있으며 자주 실패하고 있다는 것도 또한 사실입니다. 요일 1:8절에 "만일 우리가 죄 없다 하면 스스로 속이고 또 진리가 우리 속에 있지 아니할 것이요"라고 선언하고 있습니다. 우리가 죄를 지을 때 무슨 일이 일어나는지 아십니까? 사탄의 정죄가 즉시 있게 됩니다. '이봐, 또 죄를 지었군. 너는 하나님의 심판을 받을 거야' 하면서 말입니다. 그러나 기억해야 할 것은 하나님은 우리가 우리의 죄를 자백하면 다 용서하신다는 것입니다.

(예화) 나의 고백 : "나는 나이가 많아서 손자들의 이름도 혼동하고 성경구절도 자꾸 잊어버리지만, 그러나 두 가지는 잊은 적이 없습니다. 하나는 내가 과거에 죄인이라는 것, 둘째는 그러나 이제는 예수님께서 나의 모든 죄를 다 용서해주셨다는 사실입니다."

4. 하나님께서는 우리의 기도가 응답된다는 사실을 기억하기를 원하고 계신다

요 16:24절에 "지금까지는 너희가 내 이름으로 아무 것도 구하지 아니하였으나 구하라 그리하면 받으리니 너희 기쁨이 충만하리라"고 하였습니다. 그리스도인이 된다고 하여 아무런 문제가 일어나지 않는다는 것은 아닙니다. 주님은 우리가 세상에 사는 동안 많은 고통과 문제를 겪을 것이라고 했습니다. 그런데 사탄은 우리에게 문제가 다가올 때 이렇게 말합니다.

(1) 하나님은 없다고 속삭임

하나님은 존재하지 않아 하거나, 우리가 여기에 굴복하지 않으면 다음 단계로 더 큰 시험이 온다고 유혹합니다.

(2) 하나님은 나와 무관하다고 속삭임

하나님은 나에게 관심이 없어. 관심이 있다면 이런 일어 너에게 일어나겠니? 하고 유혹합니다. 그러나 이때 우리는 성경 말씀에 귀를 기울여야 합니다. 벧전 3:12절에 "주의 눈은 의인을 향하시고 그의 귀는 저의 간구에 기울이시되"라고 하였습니다. 그래서 주님은 "구하라 그러면 너희에게 주실 것이요 찾으라 그러면 찾을 것이요 문을 두드리라 그러면 너희에게 열릴 것이니 구하는 이마다 얻을 것이요 찾는 이가 찾을 것이요 두드리는 이에게 열릴 것이니라"고 하였습니다.

맺는말

우리는 이 세상에 살면서 잊어야 할 것이 많습니다. 다른 사람과 싸웠던 일, 기분 나빴던 일 등등. 그러나 절대로 잊어서는 안 될 것이 있습니다. 그런데 우리의 문제는 잊어야 할 것은 오냐 두고 보자 하고 순교적 각오로 잊지 않고 죽을 때까지 꽁하고 있고, 꼭 기억해야 할 것은 까마귀고기 먹은 사람처럼 금방 잊어버리는데 있습니다.

그러면 우리가 잊지 말아야 할 것은 무엇인가?? 그것은 신앙생활의 기본이 되는 네 가지 진리를 잊지 말아야 합니다. 첫째는 우리는 다 구원을 받았다는 사실, 둘째는 시험이 누구에게나 오지만 우리는 주안에서 이길 수 있다는 사실, 셋째는 우리가 어떤 죄를 지어도 회개만 하면 하나님께서 다 용서해주신다는 사실, 넷째는 우리가 기도하면 다 응답해 주신다는 사실. 이 네 가지 사실만은 꼭 기억해야 합니다.

나이가 많아지면 자꾸 잊는 것은 어쩔 수 없습니다. 그러나 우리는 위에서 말한 4가지는 절대로 잊지 않기를 축원합니다.

기다릴 줄 알자

(애3:19-39)

본서를 예레미야 애가라고 부르는 것은 예레미야가 기록한 애가란 뜻에서 그렇게 부릅니다. 본래 '애가'란 말은 '큰 소리로 높이 운다'는 뜻입니다. 지금도 유대인들은 예루살렘이 멸망한 아브월(7-8월) 9일에 회당에서 본서를 반드시 읽으면서 옛날의 슬픔을 되씹어 봅니다. 또 천주교에서는 고난주간의 마지막 3일 동안 본서를 낭독합니다. 이 예레미야 애가는 이스라엘 백성이 포로로 잡혀가고 예루살렘이 황폐하게 된 후에 예레미야가 앉아서 울면서 읊었던 노래입니다. 오늘 아침에는 3장중에서 성실하신 하나님을 노래한 19-39절까지의 구절을 중심으로 '기다릴 줄 알자'란 제목으로 함께 살펴보는 가운데 현대의 암담한 시대를 극복하는 슬기를 배울 수 있기를 먼저 축원합니다.

1. 예레미야 시대의 형편

예레미야가 살았던 시대는 예루살렘이 망하고 이스라엘 백성들은 포로로 잡혀가고 그래서 인간적으로 보면 희망마저 기대할 수 없는 극한 상황에 처해 있었습니다. 20절에 보면 "내 심령이 그것을 기억하고 낙심이 되오나" 낙심할 수밖에 없는 극한 상황이었던 것입니다. 그 극한 상황을 19절에서 '고초, 재난, 쑥, 담즙'이란 단어로 압축하고 있습니다. 쑥이란 말과 담즙이란 말은 15절에 자세히 언급되고 있습니다.

"나를 쓴 것(담즙, 즉 소태 즙을 의미)으로 배불리시고 쑥으로 취하게 하셨으며"

사실 오늘의 한국 상황은 정말 절망적이라고 할만큼 정치, 경제, 사회, 문화, 교육, 종교계 등이 어둡기 한이 없습니다. 범양사건과 박종철 고문치사 사건에 얽힌 여러 가지 정황은 '정말 이럴 수가 있느냐?'하는 탄식을 하게 만듭니다. 사실 요즈음의 정치현황을 보면 어린애들이 칼부림을 하는 것처럼 위태위태하게 보입니다. 과연 내년의 88올림픽을 평화롭게 치를 수 있을 것인가 걱정이 됩니다.

2. 절망 중에서도 소망을 가진 예레미야

여러분들이여, 이 시간에 예레미야 선지자가 주는 그 다음의 말씀에 귀를 기울여야 합니다. 21-22절에 "중심에 회상한 즉 오히려 소망이 있사옴은 여호와의 자비와 긍휼이 무궁하시므로 우리가 진멸되지 아니 하나이다"는 말씀에서 잘 나타납니다. 예레미야 선지자가 소망을 가진 것은 크게 두 가지 이유에서였습니다. 첫째는 하나님의 긍휼하심, 둘째는 그 긍휼하심에 입각하여 소수지만 생존하고 있다는 사실, 이 두 가지였습니다. 솔직히 말해서 지금 우리나라는 큰 위기에 놓여 있으나 우리가 소망을 가지는 것은 그래도 교회가 꾸준히 성장하고 있다는 것과 또 교회가 과거와는 달리 국가를 위해 여기저기서 기도하고 있는 신자들이 많이 있다는 점입니다.

그러나 이보다 더 큰 소망은 하나님께서 살아계셔서 지금도 역사를 주관하시며 이 역사는 하나님의 허락 없이는 성취되지 않는다는 소망이 우리에게 있기 때문입니다. 이 세상의 모든 정권은 때가 되면 다 바뀌고 맙니다. 아무리 인간이 원해도 역사의 감독되시는 하나님께서 이제 네 역할은 끝났으니 퇴장하라 하면 어쩔 수 없이 나가야 합니다. 그러

므로 이제 우리는 하나님이 살아계신다는 점에 우리의 소망을 두어야
합니다. 절망하지 맙시다. 하나님은 살아계십니다. 하나님은 죽지 않으
셨을 뿐 아니라 지금도 역사는 그의 장중에 있는 것입니다.

　　(예화) 루터의 아내가 상복을 입고 나타남. 아니 누가 죽었소? 예,
　　　　　하나님이 죽었어요. 비로소 깨달은 루터는 다시 용기를 가지
　　　　　고 종교개혁을 진행했다고 합니다.

3. 기다릴 줄 모르는 우리 민족

　아마 세상에서 우리 민족만큼 기다릴 줄 모르는 민족도 드물 것입니
다. 버스나 전철을 줄을 서서 기다리는 것 같은데 실제로 도착하면 사
람들이 나오기도 전에 들어갑니다. 그래서 나오는 사람과 들어가는 사
람이 밀고 밀리고 난리를 칩니다. 택시를 타려고 잡으면 잡는 사람 따
로 있고 타는 사람 따로 있습니다. 자동차도 운전을 해보면 차선을 지
키는 사람이 바보가 될 때가 많습니다. 앞의 차가 신호등이 나오기 전
에 안 간다고 뒤의 차가 빵빵거립니다. 이런 상황은 사회 전반이 다 그
렇습니다. 그래서 생긴 것이 기름칠하는 뇌물관습입니다. 심지어 학교
도 학부모들에게 돈을 요구합니다. 대학교수가 되려면 발전기금이라 하
여 3천 만 원 바치는 것은 하나의 상식으로 되어 있습니다.

　그러면 왜 우리 민족은 기다릴 줄 모르나요? 첫째로 사회적 불안 때
문입니다. 정치가 언제 바뀔지 모르니 기회가 왔을 때 왕창 해야지 언
제 다시 기회가 올지 모르기 때문입니다. 즉 정치적 불안이 우리의 의
식구조를 변경시킨 것입니다. 둘째는 우리의 안목이 근시안적이기 때문
입니다. 워낙 좁은 나라 안에서만 살다 보니 멀리 보는 눈이 없습니다.
다 근시안으로 변하고 만 것입니다. 셋째로 무엇보다도 중요한 것은 소
망이나 확신이 없기 때문에 기다릴 줄 모릅니다.

4. 기다리지 못한 성경의 예들

이제 기다리지 못하여 문제가 일어난 대표적 두 인물을 예로 말씀을 드리려고 합니다. 하나는 아브라함이요 다른 하나는 야곱입니다.

(1) 아브라함

75세에 하나님에게서 창 12장의 언약을 받았습니다. 가나안 땅을 주겠다. 하늘의 별처럼 많은 자손을 주겠다. 후손을 통하여 복의 근원이 되게 하겠다. 그러나 아브라함은 25년을 그냥 기다리지를 못했습니다. 청지기인 엘리에셀을 양자로 삼으려고 하였습니다. 하갈을 통하여 이스마엘을 낳고 이 아들에게서 자손을 얻으려고 하였습니다.

그러나 하나님의 뜻은 아브라함과 사라를 통하여 태어난 아들만이 그들의 참 자녀라고 하였습니다. 아브라함이 참지 못하여 결국 오늘의 이스라엘과 아랍의 관계를 만들었고 그 후손의 갈등이 계속되고 있는 것이 아닙니까?

(2) 야곱

하나님은 큰 자가 작은 자를 섬기리라고 예언하였습니다. 그런데도 야곱은 그것을 기다리지 못하고 장자권을 사기를 쳐서 뺏었습니다. 먼저 형 에서가 배가 고플 때 팥죽 한 그릇으로 상대방의 약점을 이용하여 샀고 다음은 불안하니까 변장하여 어머니와 공모해서 아버지의 축복을 받아낸 것입니다. 그 결과 야곱은 20년 동안 밧단아람에서 종노릇을 하였습니다.

5. 인내란 무엇인가?

영국의 격언에 인내에 대한 많은 교훈이 있습니다. 인내는 세계를 정복한다는 점입니다. 참는다는 것은 모든 아픈 곳에 바르는 고약과 같습니다. 인내는 쓰나 그 열매는 달다는 명언 등등. 그러면 무엇이 인내를 이루나요? 눅 8:15절을 보면 주님은 옥토를 설명하는 가운데 좋은 마음에서 인내가 나온다고 말씀하였습니다. 악한 마음을 가진 사람은 절대로 참지를 못합니다. 또 롬 5:3-4절에 보면 많은 고난과 환난을 통해 인내가 생긴다고 하였습니다. 마치 마라톤 선수가 갖은 환난을 겪어가면서 연습을 했을 때 그 먼 거리를 완주할 수 있는 인내가 생기는 것과 같습니다. 다음은 소망이 있을 때 인내가 생긴다고 하였습니다. 내일이 있고 꿈이 있을 때 참을 수 있는 것입니다. 끝으로 롬 15:4에 보면 "성경의 안위로 소망을 갖는다"고 하였습니다.

6. 인내의 결과

(1) 하나님께서 보응해주신다.(마10:22)

눅 21:19 "너희의 인내로 너희 영혼을 얻으리라"

(2) 연단과 소망을 이룬다.(롬5:3-4)

롬 5:3-4 "우리가 환난 중에도 즐거워하나니 이는 환난은 인내를 인내는 연단을, 연단은 소망을 이루는 줄 앎이니라.

(3) 약속을 기업으로 받는다.(히10:36)

히 10:36 "너희가 인내가 필요함은 너희가 하나님의 뜻을 행한 후에 약속을 받기 위함이라"

맺는말

지금 우리가 정치적으로나 사회적으로나 대단히 어려운 역경에 처해 있습니다. 절망할 수밖에 없는 상황입니다. 그러나 이런 가운데서도 우리는 인내할 줄 알아야 합니다. 이것은 내 힘으로는 안 됩니다. 믿음이 있어야 인내할 수 있습니다. 지금도 전능하신 하나님께서 살아계신다는 굳건한 믿음을 가지고 있을 때 인내할 수 있습니다. 비록 비가 오고 구름이 끼었다 해도 그 뒤에는 태양이 있다는 것을 보는 믿음이 있어야 인내할 수 있습니다. 또 하나님 나라에 대한 소망을 가질 때 우리는 인내할 수가 있습니다. 성경을 통해서, 환난을 통해서 우리는 인내를 가질 수가 있습니다.

이제 바라기는 여러분들은 인내를 통하여 하나님의 보응과 약속을 기업으로 받는 축복이 있기를 축원합니다. 연단과 소망을 이룰 수 있기를 축원합니다.

그리스도인의 생활 표어

(롬14:6-8)

「잠 못 이루는 밤을 위하여」라는 책으로 유명한 카알 힐티는 '인간 생에 최고의 날은 자기의 사명을 깨닫는 날'이라고 했습니다. 다시 말해서 자기의 사명을 깨닫는 것이 인생에 있어서 가장 중요하다는 말입니다. 그러자면 나는 어디서부터 와서 어디로 가는가? 나는 왜 살아야 하는가를 알게 될 때 우리는 자기의 사명을 깨닫게 됩니다. 따라서 이 세상에서 가장 불행한 인생은 가난한 사람도 아니고 무식한 사람도 아니고 내가 무엇을 해야 할지를 알지 못하고 방황하는 사람입니다. 그러므로 우리 그리스도인이 행복한 것은 돈이 많아서도 아니고 지위가 높아서도 아니고 지식이 많아서도 아닙니다. 그리스도인이 행복한 것은 그들은 왜 살아야 하는지를 알고 있고 구체적으로 무엇을 해야 할지를 알고 있기 때문입니다.

오늘 저녁 우리는 헌신을 위해서 모였습니다. 문제는 무엇을 위해서 헌신하느냐 하는 것입니다. 이것을 우리가 참으로 깨닫게 되고 알게 된다면 우리는 참으로 행복한 사람들입니다. 이런 점에서 바울은 참으로 행복한 사람이요 또 위대한 사람이었다고 할 수 있습니다.

그는 본문에 보니 그가 무엇을 위해서 살아야 하는지를 발견한 분이십니다. 그의 표어는 크게 세 가지였습니다. 첫째로 오늘도 내일도 주님을 위해서, 둘째로 먹으나 마시나 주님을 위해서, 셋째로 사나 죽으나 주님을 위해서라는 것이었습니다. 다시 말해서 바울에게 있어서는 철두철미하게 주님만을 위해서 사는 인생이었습니다.

인생을 목적 없이 엄벙덤벙 사는 사람을 평안도에서는 '올꾼이 용강 갔다 온 듯하다'고 합니다. 이 말이 유래된 것은 다음과 같은 사연이 있은 후부터입니다.

옛날 평안도 용강 가까이 사는 어떤 사람이 이른 아침에 바보 머슴에게 말했습니다. '애 올꾼아, 너 오늘 조반 먹고 용강에 갔다 와야겠다.' 하며 미리 주의를 주었습니다.

조반 후에 심부름을 시키려고 주인이 머슴을 불렀습니다. 그러나 머슴은 온 데 간 데 없었습니다. 주인은 화가 났으나 하는 수가 없었습니다. 그런데 저녁이 거의 되었을 때 바보 머슴이 나타났습니다. 노발대발한 주인이 물었습니다.

'너 어디 갔다 왔니?' 그러자 머슴이 대답하였습니다. '예. 주인님께서 아침에 용강 갔다 오라고 해서 용강엘 다녀오는 길입니다.' 머슴은 아무렇지도 않다는 듯이 대답하였습니다.

이때 주인이 소리를 질렀습니다. '아니, 이 녀석아 아침에 용강 갔다 오라는 것은 심부름을 시키기 위해서이지 공연히 아무 목적 없이 용강 갔다 오라는 것은 아니지 않아?' 하면서 책망을 하였다고 합니다.

그런데 문제는 오늘을 살아가는 많은 현대인들이 인생의 목적도 사명도 알지 못한 채 올꾼이 용강 가듯이 인생을 살고 있다는 점입니다. 여러분들은 왜 사는지를 남에게 분명히 말할 수 있습니까? 무엇을 위해 내 인생을 투자해야 하는지 대답할 수 있어야 합니다. 본문은 우리에게 무엇을 위해 살아야 하는지를 분명하게 말씀해주고 있습니다.

1. 오늘도 내일도 주님을 위해 살아야

이 시대를 과학시대라고 합니다. 그런데 이런 과학시대에 살고 있는 현대인들 가운데서도 여행을 하거나 결혼을 하거나 이사를 하거나 심지어 간장을 담그는 데도 일진을 보고 길한 날에만 하는 사람들이 적지 않게 있습니다. 하나님이 주신 날은 다 좋은 날이고 길한 날인데 이렇게 원시인들처럼 산다는 것은 참으로 부끄러운 것입니다. 또 할 일이 없어서 빈둥빈둥하는 사람들이 있는데 이것도 부끄러운 일입니다. 사람은 누구나 살아야 할 목적이 있고 사명이 있습니다. 이것은 개인마다 구체적으로 다릅니다.

그러나 한 가지 원리적으로는 같습니다. 오늘도 내일도 주님을 위해서 살아야 한다는 점입니다. 주님만을 위해 산다는 것은 무엇인가요? 성전에 틀어박혀 기도만하고 예배만 보라는 말일까요? 아닙니다. 중세에는 성속의 개념을 잘못해서 그와 같이 생각한 적이 있었습니다. 그러나 이 성속의 개념이 종교개혁자들에 의해 깨어졌습니다. 하나님께 영광이 되는 것은 모든 것이 다 거룩하다는 것입니다.

심지어 여자들이 구정물에 손을 넣고 설거지를 하는 것도 마음에 믿음을 가지고 한다면 그것도 거룩하다는 말입니다. 그러나 반대로 아무리 예배를 드리고 기도를 한다 해도 믿음이 없다면 그것은 바로 하나님 이름을 팔아먹는 블로커요 속된 일이란 말입니다. 따라서 종교개혁자들이 발견한 것은 성속의 구별이 일의 종류에 따라 다른 것이 아니라 일을 하는 사람의 마음 자세에 따라 다르다고 보았습니다.

또 안식교회 같은 데서는 토요일에 예배를 드려야 하나님께 영광이 돌아간다고 주장합니다. 그러나 우리는 일요일, 즉 주일을 지킵니다. 그런데 잊어서는 안 될 것은 주일뿐 아니라 모든 날이 다 주님의 날이고 거룩한 날이란 점입니다. 물론 우리는 주일에 예배를 드리는데 그것은 이 날이 주님의 부활의 날이고 또 초대교회 때부터 이 날에 예배를 드렸기 때문입니다. 또 그 날에는 모든 직장이 쉬기 때문에 편리하게 된 것입니다. 그러므로 우리는 주일만의 신자가 아니라 오늘도 내일도 오직 주님을 위해서 사는 성도가 되어야 합니다.

2. 먹든지 마시든지 주님을 위해서 살아야

사람은 누구나 먹어야 삽니다. 어떻게 보면 먹기 위해 사는 것같이 느껴질 때도 있습니다. 우리 주변을 보면 사람들은 먹기 위해 새벽부터 저녁까지 애쓰고 싸우기도 합니다. 심지어 나라와 나라간의 싸움도 먹기 위해서입니다. 이것을 경제 전쟁이라고 합니다. 어떤 정치가들은 말하기를 앞으로의 전쟁은 이념이나 사상전쟁은 점차로 없어지고 부유한 나라와 가난한 나라 간의 싸움으로 바뀔 것이라고 전망합니다.

그러나 인생의 목적이 먹는데 있다면 이것은 돼지나 동물과 다를 것이 없을 것입니다. 사실 먹는 것은 인생의 목적을 이루기 위한 한 방편이요 수단입니다. 물론 저도 단순히 먹는 것이 아니라 기왕이면 잘 먹고 잘살고 싶습니다. 그러나 이것은 보다 중요한 주님의 일을 위한 방편일 뿐입니다.

무엇을 안 먹는 것도 마찬가지여야 합니다. 한국교회에 있어서 먼저 부딪히는 문제는 주초 문제입니다. 술과 담배를 왜 금하나요? 교회법이니 안 하고 관례니 안 한다는 소극적 자세는 별로 의미가 없습니다. 이것을 안 먹고 안 마심으로 하나님께 영광이 돌아간다는 적극적 자세를 가져야 합니다. 주초를 안 하는 것이 자기 건강에는 물론 남의 건강에도 유익할 뿐 아니라 신앙생활에도 큰 유익이 됩니다.

그래서 바울은 고전 10:31절에서 "그런즉 너희가 먹든지 마시든지 무엇을 하든지 다 하나님의 영광을 위하여 하라"고 했습니다. 그러면 하나님의 영광을 위하여 한다는 것은 구체적으로 무엇인가요? 그것은 하나님께서 우리를 창조한 것이 나를 중심으로 살도록 한 것이 아니고 하나님을 표준으로 해서 살도록 되었기 때문에 날마다의 생활에서 하나님의 목적에 따라 하나님의 뜻대로 살고 하나님의 유익을 구하는 것을 말합니다. 즉 중심에 하나님을 놓는 것입니다. 그러나 오해해서는 안 될 것은 우리가 하나님을 영화롭게 만드는 것이 아니라는 말입니다. 우리는 하나님을 영화롭게 만들 수가 없습니다. 또 그럴 필요도 없습니다. 왜냐하면 하나님은 영원 전부터 영화로우십니다. 그러므로 시편 19:1절의 "하늘이 하나님의 영광을 선포하고 궁창이 그 손으로 하신 일을 나타내는도다."라는 말씀대로 우리는 거울처럼 하나님의 영광을 있는 그대로 반사하면 됩니다. 문제는 우리가 때 묻고 더러워서 하나님의 영광을 가리는 것입니다.

3. 우리는 사나 죽으나 주님을 위해 살아야

사람이 태어나서 얼마를 사느냐 하는 것은 우리 마음대로 하는 것이 아닙니다. 죽는 것도 내 마음대로 못합니다. 그러므로 인간의 생사의 권한은 전적으로 하나님에게 달려 있습니다. 이제 우리가 할 일은 이 주어진 시간 속에서 주님을 위해 사는 것입니다. 한번 생각해 봅시다. 마리아가 자기의 옥합을 깨뜨리고 주님께 쏟지 않았다면 그녀는 그 향유를 그냥 보관했을 것입니다. 그러나 후대에 누가 그것을 알아줄 것이며 하늘에 무슨 상이 있었겠습니까? 결국 그것은 언젠가는 돈 몇 푼에 아무 값없이 남의 손에 들어갔을 것입니다. 그러나 그녀는 향유를 주님께 다 쏟음으로써 모두를 소모했지만 그 향기는 온통 세상 전체를 덮고 있고 주님의 영광을 나타내었습니다.

찰스 킹스리는 목사요 문학가로서 널리 알려진 인물로 그는 '올바른 헌신은 우리에게 중요한 것'이라고 했습니다. 그는 대학을 졸업하는 날 하루 종일 묵상에 잠겨 있었습니다. 그때 그는 주님의 음성을 들었습니다. "너 위해 나는 목숨을 바쳤다. 내게 대한 전적 헌신은 너에게 지불할 수 없는 정도의 큰 가치냐?"

별들이 빛나는 밤하늘 아래서 드디어 그는 최고의 결단을 했던 것입니다. 그는 예수님 안에서 자기 자신을 다 버렸지만, 그러나 그는 여기서 몇 십 배 몇 백배 풍성하고 귀한 삶의 의미를 발견한 것입니다. 참으로 위대한 삶이란 하나님에게 붙잡힌 사람입니다.

저 자신도 비슷한 체험을 가지고 있습니다. 전에 말씀드린 적이 있기 때문에 반복하고 싶지 않지만 한 가지 분명한 것은 하나님은 그에게 헌신한 사람을 통하여 역사한다는 분명한 진리입니다. 그래서 주님은 한 알의 밀알을 비유로 말씀하신 후에 "자기 생명을 사랑하는 자는 잃어버릴 것이요 이 세상에서 자기생명을 미워하는 자는 영생하도록 보존하리라"고 한 것입니다. 얻는 자는 잃고 잃는 자는 얻는다는 이 역설적 진리는 체험해 본 사람만이 아는 진리입니다.

맺는말

사도행전 1:8절에 나오는 증인 '말투스'란 말은 원문에 순교자(마터)라는 뜻이 있습니다. 즉 주님의 증인이 되려면 자기를 죽이는 사람 즉 헌신자만이 될 수 있다는 말입니다. 그런데 문제는 남녀 전도회원은 많지만 과연 자신을 주님께 온전히 헌신한 사람이 얼마나 되느냐 입니다. 이 시간 바라기는 살아도 주를 위하여 살고 죽어도 주를 위하여 죽는 참된 헌신자가 되어 주님의 영광을 나타내는 우리가 되기를 축원합니다.

그리스도의 향기

(고후2:12-17)

사람은 그 직장에 따라 나는 냄새가 다르다. 농부는 손이 거칠고 몸에서 흙냄새가 난다. 펄벅의 「대지」에 보면 왕룽이란 사람이 부자가 된 후에도 농부의 특유함 냄새가 난다는 대목이 나옵니다. 또 어부는 얼굴이 바다 바람으로 검게 타고 몸에서 생선냄새가 납니다. 학자는 눈만 반짝반짝 빛나고 시력은 나빠져서 안경을 끼는 경우가 많습니다. 형사는 눈에 상대방의 마음을 읽으려는 것이 있고 몸에서는 찬바람이 붑니다. 목사님은 얼굴이 근엄하고 시대에 뒤떨어진 옷을 입고 다닌다는 등등. 그러면 신자는 어떤가요? 본문은 반드시 그리스도의 향기가 나야 한다고 말합니다. 그러나 우리에게는 실제로 이런 향기가 없는 조화 같은 경우가 많습니다. 무엇 때문일까요? 또 어떻게 하면 예수의 향기를 낼 수 있을까를 함께 살펴보면서 은혜를 나누려고 합니다.

1. 본문의 역사적 배경

본문의 말씀은 당시 로마 사람들에게는 친근한 것이지만 20세기의 사람들에게는 잘 납득이 가지 않습니다. 당시 전쟁에서 승리한 장군이 귀국할 때에는 공적인 시위행진을 합니다. 이때 퍼레이드는 대단히 영광스럽게 진행됩니다. 특별히 많은 향기를 피워서 승리하고 돌아오는 장군을 영접했습니다. 이 향기는 승리하고 돌아오는 장군과 지도자들에

게는 영광과 찬양이 기다리는 신호이지만, 그러나 반대로 노예와 포로
들에게는 잠시 후면 투기장에 들어가 죽음을 당하는 싸움을 해야 하는
죽음의 신호이기도 했습니다.

바울은 이 비유의 말씀에서 '그리스도인의 행진'을 묘사하고 있습니
다. 여기서 그는 그리스도를 십자가를 통하여 모든 적을 물리진 승리자
로 묘사하면서 우리는 이 행진에 동참하여 행진하는 사람들로 언급하고
있습니다. 고전 15:57절에서 바울은 예수 그리스도로 말미암아 우리에
게 승리를 주시는 하나님께 감사한다고 하였습니다. 본문 4절에서는
"항상 우리를 그리스도 안에서 이기게 하시고"라고 하였습니다. 즉 우리
는 당시 승전하고 돌아오는 로마 장군에게 향기를 통하여 그를 영접하
듯이 우리도 주님에게 향기를 베풀어 영접해야 한다고 말씀한 것입니
다.

2. 그리스도의 향기란 어떤 것인가?

(1) 복음의 향기

복음을 그리스도의 향기라고 했습니다. 향기의 특징은 냄새를 퍼뜨리
는 것입니다. 그런데 복음은 주님의 향기를 가장 강하게 퍼뜨립니다.
복음보다 더 큰 향기가 없습니다. 복음이란 복된 소식이란 뜻입니다.
마가가 이 복음이란 말을 최초로 사용하였습니다. 당시에는 전쟁에서의
승리나 황제의 대관식 같은 것을 복음이라고 불렀는데 마가는 예수님의
승리(죄, 죽음으로부터)와 하나님 나라의 도래를 복음이라고 불렀습니다.
이 복음의 핵심은 바로 예수 그리스도이십니다. 그래서 이 복음이 전파
되는 곳에서는 예수님의 향기가 그윽하게 퍼지는 것입니다.

(2) 그리스도의 향기

그리스도인의 신앙생활이 바로 그리스도의 향기입니다. 이 세상에 생

활만큼 쉽게 눈으로 식별할 수 있는 것이 없습니다. 그래서 금방 우리는 볼 수 있고 냄새를 맡을 수 있습니다. 지금 복음전파에 가장 장애가 되는 것은 우리 신자들의 생활이 불신자와 다름이 없다는데 있습니다. 어떤 때는 신자가 더 악하고 위선적이라고 말하기도 합니다.

　(예화) 직장선교회에서 여론조사를 한 결과 신자들의 위선 때문에 더러워서 예수 못 믿겠다는 지적이 있었습니다. 사람들은 복음보다는 신자들의 생활에서 기독교를 보여주기를 원합니다. 그러면 구체적으로 무엇이 생활을 통하여 나타날 냄새인가요? 그것은 '빛과 소금'의 생활입니다. 빛이란 어둠속에서 환하게 선을 보여주고 삶의 방향을 보여주는 모범을 말합니다. 소금이란 부패한 세상에서 소금처럼 부패를 방지하고 맛없는 세상에서 참 맛을 내는 것을 말합니다.

　창세기 40장에 보면 요셉이 꿈을 꾼 내용이 나옵니다. 함께 술 맡은 관원과 떡 맡은 관원이 옥에 갇혀 있었습니다. 술 맡은 관원이 꿈을 꾸니 포도나무에 세 가지가 있는데 싹이 나고 꽃이 피고 포도송이가 익는 것을 보았습니다. 그는 포도를 따서 바로에게 바치는 꿈을 꾼 것입니다.

　떡 관원도 꿈을 들려주었습니다. 흰 떡 세 광주리가 머리에 있었습니다. 바로를 위하여 만든 것이었는데 새들이 와서 먹어버리는 꿈이었습니다. 여기서 요셉은 포도 관원에게서는 생명의 향기를 맡았고 떡 관원에게서는 죽음의 향기를 맡았습니다.

　또 예수님은 십자가에 달리실 때에 왼편에 달린 강도에게서는 죽음의 향기를 맡았고 오른 편에 달린 강도에게서는 생명의 향기를 맡았습니다. 우리의 생활에서도 향기가 나타납니다. 변함없이 나타나야 합니다. 복음과 신자들의 신앙생활에서 우리는 이것을 받아들이는 사람들에게서는 생명의 향기를 맡고 거절하는 사람에게서는 죽음의 향기를 맡게 된다는 점입니다. 왜냐하면 받아들이는 사람은 천국으로 인도되고 거절하는 사람은 지옥으로 인도되기 때문입니다. 16절에 보면 두 가지의 냄새가 있다고 하였습니다. 하나는 사망에 이르는 냄새요 다른 하나는 생명에 이르는 냄새입니다. 놀라운 것은 같은 하나가 하나님의 은혜를 거절하는 사람들에게는 심판과 죽음을 가져다주는 냄새가 될 것이고 하나님의 은혜의 복음을 받아들이는 사람들에게는 생명을 가져다주는 향기가 될 것입니다.

3. 누가 이것을 감당하리오?

16절에서 바울은 누가 이 일을 감당하기에 합당하냐고 묻습니다. 과연 누가 이런 냄새를 풍길 수 있나요? 이것에 대해서 바울은 3:5절에서 답을 하고 있습니다. "우리의 만족은 오직 하나님께서 났느니라" 여기서 '만족'이란 '충분함'을 의미하는 말입니다. 다시 말하면 이것을 감당할 수 있는 것은 오직 하나님께서 난다는 말입니다. 고후에는 3가지 종류의 필요성을 발하고 있습니다.

① 3:4-6절에 영적인 필요,
② 9:8절에 물질적인 필요,
③ 12:7-10절에는 육체적인 필요를 언급하고 있습니다.

이것이 바로 주님을 통해 충분히 만족된다는 말입니다. 다시 말해서 그리스도의 향기를 날리는 것은 내가 할 수 있는 것이 아닙니다. 나는 죄의 냄새, 인간 냄새, 땀 냄새밖에 못 나타냅니다. 그러나 내가 죽고 중생하게 되면 이때부터는 주님의 냄새가 나옵니다.

4. 그리스도의 향기를 흐리는 것은?

7절에 보면 수다한 사람이 하나님의 말씀을 혼잡하게 한다고 하였습니다. 이것이 바로 그리스도의 향기를 흐리게 하는 사람입니다. 여기서 말씀을 혼잡하게 한다는 말은 헬라어로 '카페류오' 여기서 재미있는 것은 이 말이 '카페로스'란 말, 즉 '행상인'이란 말에서 유래되었다는 점입니다. 다시 말하면 행상인 즉 과일을 파는 행상인이 위에는 좋은 과일을 살짝 놓고 안에는 썩은 과일을 넣는 것처럼 하지 않는다는 말입니다.

이 세상에는 하나님의 말씀을 이렇게 썩은 것과 섞는 경우가 많습니다. 이중인격 신자가 바로 이런 사람입니다. 하나님의 말씀을 사람의 말과 섞는 목회자가 바로 이런 사람입니다. 하나님의 일을 한다고 하면서 인간의 일을 하는 사람이 바로 이런 사람입니다. 선을 한다고 간판을 걸어 놓고 악을 행하는 사람을 말합니다.

6.25때 구제물자가 오니까 혼자서 다 팔아 먹은 사람들이 말하기를 아무리 봐도 내가 제일의 구제 대상이어서 먹었노라고. 우리가 신자다운 생활을 못하면 그리스도의 향기를 흐리고 맙니다. 혼잡케 한다는 말은 또 '상업화 한다'는 뜻이 있습니다. 복음을 하찮게 생각해서는 안 됩니다. 우리는 날마다 복음의 말씀대로 살아야지 여기서 떠나 살 때에 우리는 복음을 상업화하는 것에 타협하는 사람이 되고 맙니다. 성도들이여, 주님의 향기를 흐리게 말고, 생명에 이르는 향기를 사망에 이르는 향기로 만들지 않기를 바랍니다.

물론 아무리 복음을 전해도 이것을 받아들이지 않는 사람들에게는 그것은 죽음의 향기가 됩니다. 이것은 어쩔 수 없습니다. 그러나 우리가 그 향기를 흐리게 해서는 안 됩니다.

맺는말

주님은 죄와 죽음을 이기신 승리자이십니다. 우리는 로마 당시에 승리한 장군을 향을 피우며 영접했듯이 우리도 주님을 향기를 피워 영접합시다. 그것은 바로 복음이요 우리의 신앙생활입니다. 빛과 소금의 신앙생활이 주님의 향기가 되는 것입니다. 물론 이 향기는 받아들이는 사람들에게는 생명의 향기가 되고 거절하는 사람들에게는 죽음의 악취가 될 것입니다. 그러나 주의해야 할 것은 우리가 말씀을 혼잡하게 해서는 안 됩니다. 행상인처럼 겉에만 좋은 것을 놓고 속에는 썩은 것을 놓듯이 위선적 삶을 살아서는 안 되며 신앙을 상업화해서도 안 됩니다.

그러나 솔직히 우리는 이런 자격이 없습니다. 바울이 물은 대로 누가 이런 일을 하기에 충분하겠는가? 아무도 없습니다. 주님께서 채워주셔야 합니다. 3:5절의 말씀대로 '오직 하나님께로서'만 가능합니다. 거듭났을 때, 그리고 하나님께서 채워주실 때만 가능합니다. 화장실에 오래 들어가 있으면 똥 냄새가 나고 생선 가게에 오래 있으면 생선 냄새가 나듯 주님과 함께 오래 있으면 예수 냄새가 납니다. 그러므로 하나님과 교제하며 주안에서 삽시다. 그때 우리는 자연히 그리스도의 향기가 날 것입니다. 바라기는 모두 그리스도의 향기를 날리는 성도들이 다 되시기를 주님의 이름으로 축원합니다.

그리스도의 사역의 시작

(마4:12-25)

12절 이전과 이후의 시간적 차이는 약 1년 정도 됩니다. 이 기간 동안에 일어난 사건은 요한복음 19:4 - 4:2절에 보충적으로 기록되어 있습니다. 12절에 보면 예수님의 사역은 세례요한의 잡힘과 연결되어 있음을 보게 됩니다. 중요한 것은 고향인 나사렛에 활동 본부를 두지 않고 가버나움에 두었다는 점입니다. 가버나움이란 말은 '나훔의 마을'이란 뜻입니다. '나훔'이란 말은 '위로, 동정'이란 말입니다.

주님은 이곳에서 위로의 사역을 시작하신 것입니다. 마태는 이것을 이사야 9:1-2절의 예언의 말씀이 성취된 것이라고 보았습니다(14-16절). 당시 갈릴리 지역은 순수한 유대인보다 이방인과 유대인들이 혼합된 곳입니다. 이곳은 후에 바울의 선교여행 '개종자를 중심한 선교'와 통합니다. 이곳은 1905년에 프란시스칸들이 발굴하였으며 갈릴리 바다에서 10리쯤 떨어져 있습니다.

17절은 주님의 사역이 어떻게 시작하였는가를 보여주는 말씀입니다. "이때부터 비로소 전파하여 가라사대." 여기서 우리는 설교보다 중요한 것은 없다는 것을 발견합니다. 왜냐하면 설교만큼 영혼에 깊은 영향을 주는 것은 없기 때문입니다. 그리고 이 설교는 하나님의 아들이 맡았던 임무였음을 기억해야 합니다.

이 설교는 회심과 교회를 위한 최고의 방법입니다.

그러면 주님이 선포한 설교의 내용은 무엇인가요? 그것은 '회개하라'는 말씀입니다. 회개는 기독교에 들어가는 문입니다. 열쇠입니다. 부자나 가난한 자나 높은 자나 낮은 자나 모두 회개 없이는 들어갈 수 없습니다. 만약 우리가 구원받기를 원한다면 우리는 다 회개해야 합니다.

그러면 회개란 무엇인가요? 회개는 마음의 변화, 방향의 변화, 삶의 변화를 의미합니다. 이것은 신앙의 두 요소 즉 회개와 영접의 두 요소 중 하나입니다. 그러므로 구원을 받으려면 "하나님께 대한 회개와 우리 주 예수 그리스도에 대한 믿음"(행20:21)을 가져야 합니다. 예수님의 "회개하라 천국이 가까웠느니라"는 말씀은 세례요한의 설교와 같은 것을 볼 수 있습니다.

그러나 천국의 개념은 약간 다릅니다. 세례요한은 '천국으로서의 예수님'을 의미하고 있고, 예수님은 '하나님의 통치자로서의 천국'(하나님의 왕권)을 의미하고 있기 때문입니다. 물론 이 둘은 뗄 수 없는 관계를 가집니다. 사실 하나님의 나라라고 할 때에 거기에는 5가지의 의미로 사용됩니다.

첫째 천국 자체이신 그리스도,

둘째 하나님의 왕권(눅17:21; 마6:10),

셋째 완전한 구원(막10:25-26),

넷째 교회(마16:18-19) '하나님을 왕으로 인정하는 공동체',

다섯째 새 하늘과 새 땅(마25:34)입니다.

18-22절에는 4제자를 부르신 내용이 나옵니다. 예수님께서 천국운동을 제자들을 부르심으로 시작한 것은 중요한 의미를 갖습니다. 자신은 십자가를 지셔서 모퉁이 돌이 되시고 그 후에는 성령을 통하여 제자들을 통하여 역사하시는 것입니다. 이것이 사도행전의 메시지입니다. 특

별히 기억해야 할 것은 지금까지의 모든 질서가 무너졌다는 것입니다. 인간의 질서란 가진 자(권력, 돈, 지식)가 없는 자를 누리고 지배하는 것이었습니다. 그러나 주님은 없는 자들을 택하여 가진 자들을 가르치고 부끄럽게 하고 구원하시는 것입니다. 이것이 바로 하나님의 능력이요 역사입니다.

23-25절에는 주님의 가르치심과 병 고침의 사역을 기록하고 있습니다. 이것은 예수님께서 갈릴리에서 사역한 내용을 요약한 것(23절)입니다. 여기서 이적의 의미를 잠깐 생각해 봅시다. 왜 주님은 이적을 베푸셨을까요? 주님의 이적은 여러 가지의 의미를 갖습니다. 그러나 중요한 것은 하나님의 자비하심의 표현이요 하나님 나라가 임하였다는 표식이라는 점입니다. 특별히 24절은 모든 병이 다 귀신 들려 생긴 것은 아님을 말해줍니다. 다만 일부가 귀신 들려 생긴 것이라고 말하고 있습니다. 여기서 우리는 주님은 어제나 오늘이나 영원토록 변함없으신 분임을 기억하시기 바랍니다. 그는 하나님 우편에 앉아 계셔서 지금도 우리를 말씀의 선포와 이적의 능력을 통하여 구원하고 계시는 것입니다. 그는 '모든 병과 약한 것'을 고치실 수 있는 분임을 잊지 마십시오. 이제 우리가 해야 할 것은 그 주님을 믿고 의지하고 따르는 것임을 기억하고 오직 주님만을 믿고 의지하고 따르기를 축원합니다.

그리스도께서 우리 가정에 오실 때

(막1:29-31)

1. 그리스도께서 우리 가정에 오실 때 어떤 변화가 일어나는가?

(1) 치유의 역사가 나타남

각 가정마다 문제가 없는 가정은 없습니다. 사랑 결핍증 환자가 의외로 많습니다. 자녀 문제 특히 고3을 가진 가정들은 지금 다 비상이 걸려 있습니다. 공부 잘하는 것이 효도라는 새로운 사상이 생기면서 아이들이 얼마나 버릇이 없는지 모릅니다. 아니, 저 위해 공부하는 것이지 공부 잘한다고 부모가 월급을 받나요 아니면 표창을 받나요? 그런데 아이들은 부모들을 시집살이시킵니다. 그래서 많은 부모들이 어이구, 자식의 시집살이 때문에 텔레비전도 보고 싶은 것 못 보고 낮잠도 못 잡니다.

그래서 이제는 자녀들이 아더매치(아니꼽고, 더럽고, 매시꼽고, 치사하다)가 되었습니다. 또 고부간의 문제도 그렇습니다. 예수는 잘 믿는데 고부간의 문제는 그대로 남아 있는 가정이 얼마나 많습니까? 속담에 '고추당초 맵다 해도 시집살이만큼 안 맵다'고 하였습니다. 여기서 생긴 말이 '죽어도 시집 울타리 밑에서 죽어라'. '귀머거리 3년이요 벙어리 3년이라.' 그래도 시어머니는 좀 나은데 동서가 더 힘들답니다. 그래서 '동서 시집살이는 오뉴월 서릿발 친다'고 합니다. 그러면 며느리가 어떻게 참나요? '시모에게 역정 나서 개 배때기 찬다'고 하는 말대로 엉뚱한 데다 화를 풉니다. 그렇다고 제3의 누가 편을 들 수도 없는 것이 고부간의 관계입니다. 그래서 이런 말이 있습니다. '안방에 가면 시어머니 말이 옳고 부엌에 가면 며느리 말이 옳다.' 우리가 이런 문제를 해결할 수 있는 방법은 오직 그리스도께서 우리 가정에 오셔서 치유해 주셔야 합니다.

(2) 봉사가 생김

인간은 본능적으로 이기적입니다. 섬기는 것은 싫고 섬김을 받으려고 합니다. 그런데 본문에 보니 베드로의 장모가 주님께 시중을 들었습니다. 요 13장의 베드로의 경우: '내 발을 절대로 씻기지 못하시리이다' '내가 너를 씻기지 아니하면 네가 나와 상관이 없느니라', '주여 내 발 뿐 아니라 손과 머리도 씻겨주옵소서'라고 하였습니다.

(3) 소망이 생김

베드로의 장모는 열병으로 누워 있었습니다. 그때에는 아무런 소망이 없었습니다. 그러나 예수님께서 오셔서 고쳐주시니 새 소망이 생긴 것입니다.

예수님은 언제나 누구에게나 소망을 가져다주십니다. 죄인에게는 용서의 소망을, 알코올 중독자에게는 극복할 수 있는 힘을, 사랑이 없는 가정에는 화해와 이해를 통한 사랑의 회복을, 대화가 없는 가정에는 찬송과 예배의 기쁨을, 자기중심의 이기적인 가정에는 희생의 기쁨을 주십니다.

(4) 행복이 있음

행복은 그리스도께서 함께 계실 때 주어집니다. 영어에 joy라는 말은 바로 예수님을 첫째로, 타인은 둘째로, 나는 셋째로 놓을 때 오는 결과

인 것입니다. 예수님을 모시면 내 인격이 변하고 내 생활이 변합니다. 그래서 지금까지 재미없던 것이 재미있어지고 슬프던 것이 변하여 기쁨이 됩니다.

2. 어떻게 그리스도를 우리의 가정에 모실 수 있는가?

(1) 영접하고 그 이름을 믿음

요 1:12절에 "영접하는 자 곧 그 이름을 믿는 자들에게는 하나님의 자녀가 되는 권세를 주셨으니." 예수님을 우리의 가정에 영접해야 합니다. 여기서 영접한다는 말은 믿는다는 말입니다.

(2) 예수님이 주인이 되어야 함

그리스도 중심의 생활을 하면 가정의 어떤 문제도 해결 안 될 것이 없습니다. 문제는 언제나 '나 제일주의'로 자기가 앞장서고 자기가 잘나고 자기가 혼자하고 바로 여기에 문제가 있습니다.

(3) 서로 사랑하면 주님이 함께 하심

요일 4:7-8절에 "사랑하는 자들아 우리가 서로 사랑하자 사랑은 하나님께 속한 것이니 사랑하는 자마다 하나님께로서 나서 하나님을 알고 사랑하지 아니하는 자는 하나님을 알지 못하나니 이는 하나님은 사랑이심이라"고 하였습니다. 이것은 바로 인간관계가 바로 되도록 해줍니다. 요 13:34-35절 "새 계명을 너희에게 주노니 서로 사랑하라. 내가 너희를 사랑한 것같이 너희도 서로 사랑하라. 너희가 서로 사랑하면 이로써 모든 사람이 너희가 내 제자인 줄 알리라."

서로 소중히 여기고 하나님의 말씀대로 서로 사랑하는 것이 새 계명이요 새 인간관계입니다. 그런 자아가, 그런 우리 가정이 되기를 주님의 이름으로 축원합니다.

그리스도 없이는

(요15:1-11)

그리스도 없이 우리는 아무것도 할 수 없습니다. 5절에 보면 "나를 떠나서는 너희가 아무것도 할 수 없음이니라"고 하였습니다. 이 시간에는 그리스도 없이 할 수 없는 것이 무엇인지를 살펴보면서 주님을 믿고 그 안에서 산다는 것이 얼마나 큰 축복인가를 함께 살펴보면서 은혜를 나누려고 합니다.

1. 그리스도 없이는 인생의 의미가 없습니다

인간이 다른 동물과 다른 것은 의미를 찾는다는 데 있습니다. 어떤 일을 해도 이익만 구하는 것이 아니라 그 의미, 그 보람을 찾습니다. 그런데 이 의미란 '관계' 속에서만 생깁니다. 그 무엇이나 나와의 관계가 이루어질 때 모든 의미는 생깁니다. 인생이란 것도 그 자체로서는 의미가 없습니다. 그래서 역사를 통하여 인간은 여기에 어떤 의미를 갖기 위하여 문화를 만들고 예술을 만듭니다. 그러나 인생의 참된 의미는 여기서 생기는 것이 아닙니다.

나와의 관계 속에서만 의미가 생깁니다. 나는 어디서 왔나요? 하나님이 창조하셨습니다. 하나님과 나의 관계는 무엇인가요? 나는 하나님의 피조물이요 그의 자녀입니다. 이 세상의 모든 것은 나에게 관리를 하라고 맡겨주신 것이라고 할 때 세상도 의미가 있고, 물질도 의미가 있고 직장도 의미가 있고 삶 자체에 의미가 생기는 것입니다.

예수님께서 우리에게 가르쳐주신 것 중에 가장 중요한 것은 '하나님은 우리의 아버지시다'라는 교훈입니다. 왜냐하면 하나님과 우리와의 관계를 가르쳐주셨기 때문입니다. 주님이 이것을 가르쳐주시기 전에는 하나님은 단순히 무서운 분이시고 많은 신중의 하나일 뿐입니다.

그러나 하나님 되신 그리스도께서 이 땅에 오심으로 하나님은 누구이며 우리는 어떻게 살아야 하며 인생은 어디로 가는가를 계시해준 것입니다. 그런 뜻에서 그리스도 없이 우리는 인생의 의미를 발견할 수 없습니다. 과연 여러분들은 인생의 의미를 발견하기를 원하십니까? 그러면 그리스도를 영접함으로 하나님과의 관계가 성립되고 세상과의 관계가 성립될 때 모든 것이 얼마나 의미가 있다는 것을 발견합니다.

2. 그리스도 없이는 죄의 문제를 해결할 수 없습니다.

우리 중에 아무도 죄 없는 사람은 없습니다. 성경은 말하기를 "의인은 없나니 하나도 없다"고 했고 "모든 사람이 죄를 범하였으매 하나님의 영광에 이르지 못하더니"라고 했습니다. 그러면 죄의 문제를 어떻게 해결할 수 있나요? 그 해답이 히 9:22절에 나옵니다. "피 흘림이 없은즉 사함이 없느니라." 창세기에 보면 하나님께서 가인의 제물은 안 받으시고 아벨의 제물을 받으신 것은 바로 피의 제사였기 때문입니다.

(1) 과거에는 동물을 죽여서 바쳤음

그러나 이것은 모형적인 의미만 있을 뿐입니다.

(2) 참으로 필요한 것은 살아있는 제물임

여기에는 두 가지가 필요합니다. 첫째는 제물을 바칠 수 있는 제사장이요 다른 하나는 제물 자체입니다. 참 제사장은 하나님과 인간이 만족할 수 있는 조건을 갖추어야 하는데 그러려면 양성(인성, 신성)이 있어야 합니다. 다음은 하나님이 만족할 수 있는 제물이 또 있어야 합니다. 그 것은 바로 어린양 되신 예수 그리스도이십니다.

(3) 나의 믿음이 있어야 비로소 효과가 나타남

히 11:4절을 보면 "아벨은 믿음으로 가인보다 더 나은 제사를 드렸다"고 했습니다. 그리스도께서 십자가 위에서 죽으신 것이 바로 나를 위한 것입니다.

3. 그리스도 없이는 영생을 가질 수가 없습니다.

지난 역사 속에서 인간의 욕망은 그들에게는 영원한 삶이었습니다. 과연 사후의 인생은 어떻게 되나요? 이에 대하여 몇 가지 견해를 보면

(1) 무덤으로 끝

인생은 무덤에서 끝난다(공산주의)

(2) 영혼 불멸

인간의 영혼은 영원히 존재한다(영혼불멸설). 애굽의 미라는 바로 그 예입니다.

(3) 윤회설

인간은 죽어서 이 세상의 업적에 따라 다른 것으로 태어난다(불교의 윤회설). 윤회를 중지하려면 욕망을 버리거나 무지에서 깨달아야 합니다.

(4) 기독교의 영생불멸

요 11:25절에 "나는 부활이요 생명이니 나를 믿는 자는 죽어도 살겠고 무릇 살아서 나를 믿는 자는 영원히 죽지 아니 하리니 이것을 네가 믿느냐?" 기독교의 방법은 그리스도를 믿음으로 말미암아 영생을 소유하는 것입니다. 영생이란 무엇인가요? 요 17:3절에 "영생은 곧 유일하신 참 하나님과 그의 보내신 자 예수 그리스도를 아는 것이니이다"라고 했습니다. 여기서 '안다'는 말은 '기노스코' 즉 깊은 교제를 가지는 것을 말합니다.

4. 그리스도 없이는 영적 열매를 맺지 못합니다.

인간은 열매를 맺기 위해 삽니다. 학생은 지식의 열매를, 결혼은 행복의 열매와 자녀의 열매와 자기 인격의 열매를 위해서, 직장은 삶의 수단인 물질의 열매인 봉급과 자기완성의 열매를 맺기 위해서입니다. 믿는 것도 성령의 열매를 맺기 위해서입니다. 그런데 우리는 지금까지 열매는 맺지 못하고 잎만 무성한 무화과나무처럼 살아왔습니다. 왜 우리는 열매 없이 사는 인생이 되나요? 줄기 되시는 그리스도를 떠나 있었기 때문입니다.

(1) 열매 맺는 방법

본문에 보면 포도나무 되신 예수님을 떠나서는 아무 열매도 맺을 수 없다고 하였습니다. 즉 주님과 연합되어야 열매를 맺습니다.

(2) 열매를 맺은 결과

8절 "너희가 과실을 많이 맺으면 내 아버지께서 영광을 받으실 것이요 너희가 내 제자가 되리라." 즉 두 가지의 결과가 온다고 하였습니다. 하나는 인생의 목적인 하나님에게 영광을 돌리게 되고 둘째는 영적 열매를 맺는다고 하였습니다. 이것이 바로 주님의 제자의 표식입니다.

맺는말

지금 여러분들은 날마다의 삶에 어떤 회의를 느끼고 있습니까? 그것은 인생의 의미를 깊이 느끼지 못하고 있기 때문입니다. 아직도 죄 때문에 고민하고 있는 분이 있습니까? 이 시간 주님 앞에서 "나는 죄인입니다. 내 죄를 용서하여 주옵소서."하고 기도한 후에 죄의 용서를 받았다는 것을 믿으시기 바랍니다. 그러면 해결됩니다. 영생을 원하는가? 열매 맺기를 원하는가? 우리의 포도나무가 되신 주님과 접붙어 있으면 많은 열매를 맺을 줄로 믿습니다.

그리스도 안에 거하는 자의 징표

(요일2:6-11)

세상에는 많은 사람들이 있으나 두 가지 종류의 사람으로 구분 할 수 있습니다. 하나는 그리스도 '밖에' 있는 사람들이고 다른 하나는 그리스도 '안에' 있는 사람들입니다. 여기서 그리스도 안에 거한다는 것이 얼마나 중요한지 모릅니다. 왜냐하면 그리스도 안에 거하는 자만이 하나님의 백성이고 하나님의 축복을 받는 사람들이기 때문입니다.

그러면 누가 그리스도 안에 거하는 자인가요? 그리스도 안에 거하는 자의 표식은 무엇인가요? 다음과 같이 7가지 표식을 살펴보면서 함께 은혜를 나누려고 합니다.

1. 그리스도 안에 거하는 자

그리스도 안에 거하는 자의 첫 번째 표식은 요일 3:6절에 나옵니다. "그 안에 거하는 자는 범죄하지 아니하나니." 이 구절은 많은 사람들에게 오해를 불러일으킵니다. 그래서 부산에 있는 이단 종파에서는 중생한 사람은 범죄하지 않는다는 주장을 해서 이단으로 낙인이 찍힌 것을 우리는 알고 있습니다. 그러면 이 말씀의 뜻은 무엇인가요? 만약 우리는 이 구절 하나만 본다면 중생한 자는 범죄하지 않는다는 결론을 내릴 수 있습니다. 그러나 그렇게 보면 요일 2:1절의 말씀과 모순됩니다. 왜냐하면 2:1절에서는 예수 믿는 사람들도 범죄한다는 것을 언급하고 있기 때문입니다. 그러면 본문의 뜻은 무엇인가요? 그것은 그리스도 안에 거하는 자는 의도적으로나 혹은 계속적으로 범죄하지 않는다는 뜻입니다. 즉 죄가 그 사람을 지배하는 원리가 될 수 없다는 말입니다. 그러면 우리는 어떤가요? 죄와의 투쟁을 하고 있나요? 아니면 날마다 죄를 밥 먹듯이 의도적으로 그리고 계속해서 범하고 있나요? 만약 그렇다면 우리는 지금 그리스도 안에 거하는 자가 아니요 아직도 밖에 있는 사람입니다. 회개하지 않으면 안 됩니다. 그래서 거듭나지 않으면 안 된다는 말입니다.

2. 그리스도 안에 있는 자의 표식

그리스도 안에 거하는 자의 두 번째 표식은 하나님의 율법을 지킨다는 점입니다. 요일 3:24절에 "그의 계명을 지키는 자는 주안에 거하고 주는 저안에 거하시나니." 물론 하나님의 계명 즉 율법을 통하여 우리가 구원을 받는 것은 아닙니다. 그러나 율법은 우리에게 적어도 세 가지 역할을 합니다. 첫째는 그리스도에게로 인도하는 몽학선생이 되고, 둘째는 내가 죄인이라는 것을 깨닫게 해서 회개를 깊게 해주고, 셋째는 하나님의 뜻을 보여주는 계시의 역할을 합니다.

그러나 본문에서는 계명 혹은 율법을 지키는 것은 그가 그리스도 안에 거하느냐 안 하느냐를 구체적으로 증명해준다고 하였습니다. 요즘 십계명을 무시하는 경향이 너무 많습니다. 그러나 아무리 세상이 현대화되어 가고 있다고 해도 하나님의 말씀은 일점일획도 변함이 없다는 것을 우리는 알아야 합니다. 우리는 지금 어떤가요? 율법을 잘 지키고 있나요? 아니 적어도 율법을 지키려고 노력하고 있는가요? 아니면 전혀 율법을 지키지 않고 있는가요? 지키지 않고 있다면 우리는 내가 그리스도 밖에 있다는 것을 명심해야 합니다.

3. 열매로 구분하는 그리스도인

그리스도 안에 거하는 자가 많은 열매를 맺습니다. 요 15:5절에 "나는 포도나무요 너희는 가지니 저가 내 안에 내가 저 안에 있으면 이 사람은 과실을 많이 맺나니 나를 떠나서는 너희가 아무것도 할 수 없느니라." 과일 맺는 것을 보아서 그가 그리스도 안에 있는지 밖에 있는지 구별할 수 있다는 것입니다. 그러면 우리는 어떤가요? 갈 5:22-23절에서 말하는 성령의 9가지 열매(사랑, 희락, 화평, 인내, 자비, 양선, 충성, 온유, 절제)를 맺고 있나요? 이보다 더 중요한 열매가 있습니다. 그것은 바로 전도의 열매입니다. 우리는 내가 직접 가든가 아니면 보내야 합니다. 나무는 그 열매로 안다고 했습니다. 우리가 성령의 열매를 맺으면 성령의 사람이지만, 그러나 가시열매 엉겅퀴의 열매를 맺으면 우리는 지금 뭔가 위기에 있는 것입니다. 과연 우리는 지금 전도의 열매를 맺고 있는지요? 있지 않다면 오늘 저녁이라도 최소한 보내는 일이라도 해야 합니다.

4. 그리스도 안의 사랑

그리스도 안에 거하는 자는 서로 사랑한다고 하였습니다. 요일 2:10절 "그의 형제를 사랑하는 자는 빛 가운데 거하여" 즉 사랑하는 자는 그리스도 안에 거한다고 하였습니다. 오늘날 한국 교회는 개교회주의로 인해 타인에 대한 관심이 전혀 없습니다. 그래서 에베소교회처럼 첫 사랑을 잃은 교회가 되고 말았습니다. 요즘 아파트에 살면 누가 죽어도 모릅니다. 너는 너고 나는 나다, 도대체 지체 의식이 전혀 없습니다. 여기서 사랑이란 관심을 가지는 것이고 위해서 기도하는 것이고 주는 것을 의미합니다. 이 사랑이 우리에게 있나요? 없다면 우리는 그리스도 안에 있지 않다는 말입니다.

5. 그리스도인의 행함

그리스도 안에 거하는 자는 그리스도께서 행하시는 대로 행한다는 점입니다. 요일 2:6절에 "저 안에 거한다 하는 자는 그의 행하시는 대로 자기도 행할지니라"고 하였습니다. 그리스도의 행하심은 섬기는 생활, 즉 종노릇을 하셨다는 점입니다. 지금 한국교회의 위기는 섬기는 생활보다는 섬김을 받으려고 하는데 있습니다. 왜 불화가 생깁니까? 섬김만 받으려고 하기 때문입니다. 왜 교권 싸움이 벌어집니까? 섬기려 하지 않고 섬김을 받으려고 하기 때문입니다.

그러나 신자란 한 팔은 위로 다른 한 팔은 옆으로 뻗치고 사는 사람들입니다. 성경을 보면 하나님은 통치자를 만들기 전에 먼저 섬기는 자를 만드십니다. 예를 들면 요셉은 애굽의 통치자가 되기 전에 보디발의 집에서 종노릇하였고 모세는 이스라엘의 지도자가 되기 전에 먼저 목자요 종으로서 40년간 생활했고, 여호수아는 모세의 후계자가 되기 전에 모세의 종노릇을 하였고 사무엘은 선지자가 되기 전에 성막에서 기구를 만드는 종노릇을 했던 것입니다. 다윗도 이스라엘의 성군이 되기 전에 집안일이나 돌보며 양이나 치는 종노릇을 했던 인물입니다. 그러므로 우리는 먼저 종노릇, 즉 섬기는 생활을 해야 합니다. 이것이 바로 주님을 본받는 생활입니다.

6. 말씀 안에 거하는 생활

그리스도 안에 거하는 자는 말씀 안에 거하는 생활을 합니다. 요 8:31절에 "너희가 내 말에 거하면 참 내 제자가 되고." 여기서 말씀 안에 거하는 생활이란 계속해서 말씀을 신뢰하고 말씀대로 살고 말씀대로 따른다는 말입니다. 현대인들의 문제점은 자기의 생각대로, 자기의 주장대로만 산다는데 있습니다. 그러면 여러분들은 어떠한가요? 과연 말

씀을 의지하고 살고 있나요? 말씀을 액면 그대로 받아들이고 말씀의 지
시를 받고 살고 있는지 살펴보시기 바랍니다.

7. 그리스도 교훈 안에 거함

그리스도 안에 거하는 자의 마지막 표식은 요이 9절에 잘 타나납니
다. "지내쳐 그리스도 교훈 안에 거하지 아니하는 자마다 하나님을 모시
지 못하되 교훈 안에 거하는 이 사람이 아버지와 아들을 모시느니라."
즉 그리스도의 교훈에 충실한 자가 바로 그리스도 안에 거하는 자란 말
입니다. 여기서 주목할 단어는 '지내쳐'란 말입니다. 즉 그리스도를 지내
쳐 다른 교훈을 따르는 사람들은 그리스도 안에 거하는 자가 아니라는
말입니다. 사실 이 세상에는 유명한 철학자들도 많고 사상가들도 많습
니다. 그러나 인생의 지침은 주님의 말씀밖에는 없다는 것을 우리는 기
억해야 합니다. 오늘날 혼돈이 왜 오는지 아십니까? 주님의 말씀에 거
하지 않기 때문입니다.

맺는말

이후로 여러분 모두가 다 그리스도 안에 거하여 참으로 승리하는 자
가 되기를 원합니다. 그리스도 안에 거하여 하나님의 백성으로서 모두
가 천국에 가기를 원합니다. 그러려면 위에서 말한 7가지의 표식이 있
어야 합니다. 그래야 그가 그리스도 안에 거하는 자임을 알 수 있습니
다. 이제 여러분 모두가 다 그리스도 안에 거하기를 주님의 이름으로
축원합니다.

권태를 이기려면

(행13:13-14)

1. 권태의 보편성

권태는 누구에게나 옵니다. 그래서 Kierkegaard은 요한복음 1:1절의 "태초에 말씀이 계시니라"는 말씀 대신 "태초에 권태가 있었다"라고 말했습니다. Eric From은 "인간이 싫증을 느낄 수 있는 유일한 동물"이라고 하였습니다. 권태란 싫증이 나서 게을러지는 것을 말합니다. 어려서는 장난감을 가지고 놀다가 권태가 오면 집어던지면 그것으로 됩니다. 그러면 부모님이 새 장난감을 또 사서 줍니다. 조금 더 크면 공부에 권태가 옵니다. 초등학교 2-3학년 때 처음으로 공부에 대한 권태가 오지만 가장 심각한 것은 고 3때 많은 학생들이 공부에 싫증을 느끼고 책을 집어던집니다. 그 다음에는 결혼의 권태가 옵니다. 대개는 5-10년 사이에 오는데 요즘 통계에 의하면 결혼한 지 5년 때 이혼하는 사람이 제일 많다고 하는데 그것은 결혼의 권태를 이기지 못하였기 때문입니다.

사실 아무리 행복한 부부라도 적어도 한 번은 이혼을 할까 하고 생각하는 경우가 대부분입니다. 그러나 예수를 믿으니까 어쩔 수 없이 그냥 저냥 살다가 권태를 넘기고 삽니다. 그 다음으로 직장에 대한 권태가 있습니다. 몇 년 지나고 나면 다른 직장으로 바꿀까 하고 생각이 드는

데 이것이 바로 직장의 권태입니다. 이때 이것을 이기지 못하면 그 사람은 한 직장을 갖지 못하고 이것저것 헤매게 됩니다. 이처럼 권태의 종류는 다르지만 누구나 권태를 느낍니다. 이것은 마귀에게서 오는 것입니다. 이때 이것을 이기지 못하면 뿌리를 내리지 못합니다.

2. 권태의 특징

권태의 특징은 '떠난다'는 데 있습니다. 요한 마가는 바울을 따라 선교여행에 참여했습니다. 그 얼마나 복 있는 사람인가요? 그러나 요한 마가는 권태를 느끼게 되었습니다. 그 정확한 이유가 무엇인지 우리는 모릅니다. 짐작컨대 여행이 너무 힘들고 핍박이 따르고 위험이 따랐기 때문일 것입니다. 그렇다고 월급이 나오는 것도 아니고 수고의 대가가 있는 것도 아니고 씨를 뿌릴 때 옥토에 떨어져 열매를 맺는 것이라도 눈에 보이면 모르지만 마치 길가 밭에, 가시밭에, 돌짝밭에 뿌리는 것처럼 아무런 결과도 보이지 않았으니 젊은 요한 마가가 권태를 느낀 것은 하나도 이상할 것이 없습니다.

그래서 그는 바울 일행을 떠난 것입니다. 이것이 권태의 특징입니다. 떠나는 것입니다. 고3 때 공부에 권태를 느끼면 학교를 떠나고 집을 떠납니다.

나연숙 집사의 '은빛 여울'이란 일일연속극에 보면 시어머니 김소원과 큰며느리의 김자옥이 가정을 떠나서 여행을 하는 내용이 나옵니다. 남편에게 이 노망태야 하고 무시를 당하고 남편과 가정을 위해서 수고한 보이지 않는 희생은 전혀 무시를 당할 때 자신의 하는 일에 권태를 느끼고 떠나는 내용이 나옵니다.

이것이 바로 권태의 특징입니다. 더욱 무서운 것은 교회 안에 싸움이 있을 때, 아무도 알아주지 않을 때 그만 교회에 대한 권태가 오는 경우

교회를 떠납니다. 특히 가정의 권태는 중년부인들에게 많이 오고 교회에 대한 권태는 중직을 맡은 제직들에게 많이 옵니다. 그래서 이유와 동기를 알지 않으면 안 됩니다.

3. 권태의 이유와 동기

(1) 본질적으로 오는 권태가

인간은 태어날 때부터 반복적인 것을 싫어하는 존재로 지음을 받았습니다. 본질적으로 존재론적으로 인간은 그렇게 되어 있습니다. 그래서 새로운 것이 나오고 발전이 있고 창조가 있는 것입니다. 그러므로 인간이기에 오는 권태 자체는 죄가 아니며 하나님의 심판이나 징계도 아닙니다.

(2) 삶의 자세가 잘못 되어 오는 권태

첫째로 자신만 위해 살려고 할 때 권태가 옵니다. 팔자 좋게 태어나서 팔자 좋게 일하지 않고도 사는 사람은 남을 위해 일하지 않기 때문에 인생의 모든 생활에 권태가 옵니다.

둘째로 행복을 외부적인 삶에서 찾을 때도 권태가 옵니다. 그런 사람은 외적인 자극을 찾아 행복을 구하게 되는데 그래서 알코올 중독자가 되고 아편환자가 되고 방탕아가 되는 것입니다.

셋째로 신앙생활에 권태를 느끼는 경우에는 대부분의 경우 체험이 없어서 그러는 수가 많습니다. 체험은 성경처럼 정확무오한 것은 못되지만 그러나 우리에게 확신을 주는 유익이 있습니다. 그러므로 체험 있는 신앙이 있어야 합니다.

끝으로 권태를 이기는 방법을 말씀드리겠습니다.

4. 권태를 이기는 비결

(1) 권태는 인간의 본질적인 것으로 인정

일반적으로 권태는 인간의 본질적인 것이라는 것을 믿고 으레 그러려니 생각하고 무엇인가 창조적인 것에 집중하면 됩니다. 부부생활에 권태가 오면 함께 여행을 하십시오. 사는 생활에 따분하다고 생각되거든 미진아들이 있는 집을 한번 가보십시오. 그러면 자기가 권태를 느끼는 것이 얼마나 사치스러운가를 알게 될 것입니다.

공부에 권태를 느끼십니까? 이상할 것이 없습니다. 남들이 날마다 책만 보는 나를 보고 학자 생활이 지겹지도 않으냐고 묻습니다. 그러나 소명감이 있기 때문에 지겹지 않습니다.

소위 동기 부여가 되어 있지 않을 때 권태를 느끼는 것입니다. 내가 왜 공부를 해야 하는가? 단순히 밥벌이를 위해서가 아니고 대학에 들어가기 위해서가 아니고 하나님의 영광과 인류를 위한 것임을 깨달을 때 우리는 거기서 어떤 기쁨을 느끼게 됩니다.

(2) 체험을 하면 신앙의 권태가 없어짐

교회에 나오는 사람들이 체험 없이 그냥 행사에나 참여하고 형식적으로 왔다 갔다 하면 싫증이 납니다. 그러나 체험을 하거나 신유의 은사를 체험하거나 방언을 체험하거나 하나님을 만나는 뜨거운 체험을 하면 달라집니다. 그런 경우를 체험적 신앙이라고 합니다. 체험은 믿고 기도할 때 나타납니다.

(3) 남을 도우며 살 때 권태가 사라짐

남을 위해 봉사하는 사람은 싫증을 느낄 시간이 없습니다. 일각이 여삼추 같은 것입니다. 어떤 분들은 바쁘게 살다 보니 권태를 이겼다고 합니다. 그러나 자신만 위해 사는 사람은 가난할 때는 입에 풀칠하기도 어려워 정신없이 살지만 좀 돈이 생기고 잘 살게 되면 그때는 권태가 옵니다. 그러나 타인을 위해 사는 사람들은 권태가 전혀 없습니다. 자식을 위해 사는 부모에게 권태가 있나요? 가정과 가족들을 위해 사는 남편에게 권태가 있나요? 없습니다. 마찬가지로 이웃을 위해서 사는 사람에게는 권태를 느낄 시간적 여유가 없습니다. 인생이 너무 짧은 것이 안타까울 뿐입니다.

(4) 하나님의 영광과 교회를 위해 봉사할 때

어떤 분은 나는 교회에서 이렇게 열심히 봉사하는데 왜 권태가 오느냐고 할지 모르겠습니다. 그러나 가만히 생각해 보면 내가 하나님을 위해 일하는 게 아니고 사람에게 인정받고, 칭찬받고 싶어 한다는 것을 발견할 것입니다. 진정으로 하나님의 영광을 위하여 일하는 사람은 천국에서 받게 될 상급으로 만족하고 그저 기쁘기만 할 것입니다. 사실 신앙적 권태가 있다면 내가 하나님을 떠나 있고 임마누엘 신앙을 갖고 있지 못하기 때문입니다.

맺는말

권태가 있습니까? 인간이기에 본질적으로 있는 권태라면 이상하게 생각하지 말고 기계적인 생활에서 온 것을 알고 창조적으로 새롭게 생각해 보십시오. 그러나 신앙생활에 권태가 오면 내가 형식적인 신앙을 가지고 있지 않나 돌아보십시오. 내 영혼이 하나님을 떠나 있다는 것을 알면 체험적 신앙을 갖도록 노력하십시오. 남을 위해서, 하나님의 영광을 위해서 살도록 힘써 보십시오. 그리고 남을 섬기는 생활을 하면 싫증이 나던 권태는 안개처럼 사라지고 기쁨이 충만할 것입니다.

구원파의 시한부 종말론

(벧후3:3-7)

최근 일어나고 있는 이단들의 공통점은 시한부 종말론이란 점입니다. 다미선교회는 물론이거니와 아직 그 모습을 드러내지 않고 있는 수많은 이단들이 다 시한부 종말론을 펴고 있습니다.

본래 필자는 이단연구의 전문가는 아닙니다. 그러나 목회를 하면서 교인들의 일부가 혹은 주변의 교회들이 이단에 감염되고 있는 것을 보면서 이 문제에 대한 관심을 갖게 된 것입니다. 여기서 필자는 구원파의 시한부 종말론을 중심으로 다루려고 합니다.

미리 말해 두는 것은 구원파에 대한 정보는 주로 「임박한 대환란, 상하」, 「세계 독재자와 666」, 「세계정부와 666」, 「카운트다운 예수 재림과 휴거」, 「인류 파멸의 징조와 중동사태」, 「한계에 도달한 인류역사」, 「이스라엘의 기적」 등의 책과 테이프 등에서 오기 때문에 제약이 있습니다.

오대양 사건 이후 더욱이 최근의 재수사 이후 불신자들에게서 기독교는 다 이런 것이 아닌가 하는 의혹을 받고 있습니다. 더욱이 침례교는 마치 다 이단인 것처럼 오해를 받고 있습니다. 왜냐하면 구원파의 본이름이 '기독교 복음 침례회'이기 때문입니다. 이 이름만 보아도 이단은 다 이름 하나는 멋지게 잘 짓습니다. 우리 교인들 가운데도 남편이 믿

지 않는 경우 이번 사건을 계기로 많은 핍박을 받는 부인들이 적지 않
습니다. 앞으로 전도하는데 많은 어려움이 있을 것을 말해줍니다.

1. 왜 이들을 구원파라고 부르는가?

그것은 그들이 구원만을 무엇보다도 강조하고 있기 때문입니다. 이들
은 사람들을 만나면 제일 먼저 '당신은 구원받았습니까?' 하고 묻습니
다. 어느 정도 믿음에 확신을 가진 사람도 갑자기 이런 질문을 받으면
그만 주저하게 됩니다. 그러면 이들은 '당신에게 확신이 없는 것은 구원
을 받지 못했기 때문'이라고 말합니다.

이때 만약 '그렇소, 나는 구원받았소.' 하고 대답하면 이들의 그 다음
질문은 '언제 어디서 구원을 받았습니까?' 하고 묻습니다. 아무리 확신
을 가진 사람이나 오래 전 중생의 체험을 한 사람도 그 날을 기억할 사
람은 드뭅니다. 그러면 그들은 당신은 아직 구원을 받지 못한 것이요
하고 잘라 말합니다. 대화가 이쯤 되면 벌써 이단의 낚시에 걸린 것입
니다.

2. 구원파의 종말론

무엇보다도 구원파의 문제점은 시한부 종말론과 이것을 빌미로 교인
들에게 사채를 끌어들이거나 물질을 차용해서 바치도록 강요하는데 있
다고 볼 수 있습니다. 이들의 주장을 종합해 보면 '예루살렘 성전이 다
완성되어 가고 있다', '우리 생전에 이 세상은 끝나게 된다', '구원받은
성도는 함께 모여 생활해야 한다', '떨어져 있으면 휴거하지 못한다', '적
그리스도가 출현하면 인(문신)을 새겨야 필요한 생활용품을 구하게 되는
날이 오게 된다'는 등등의 이야기를 늘어놓습니다.

어떻게 보면 이 주장은 다미선교회에 비해(1992년 10월이라고 못 박고 있
다) 덜 위험하게 느껴진다. 그러나 처음에는 80년대라고 하다가 지금은

슬며시 그들의 세대로 바뀌고 있음을 볼 수 있고, 더구나 그 적용 면을 보면 이번 사건에서 볼 수 있듯이 사회적 물의를 일으킬 수밖에 없는 면이 다분히 있음을 간과해서는 안 됩니다. 그러면 이제 위에서 말한 이들의 주장의 근거가 무엇이며 왜 그것이 문제가 되는가를 살펴봅니다.

첫째로 중요한 것은 예루살렘 성전의 완성과 주님의 재림을 연결시키는 것은 올바른 성경 해석이 아닙니다. 마태복음 24:34절에 "이 세대가 지나가기 전에 이 일이 다 이루리라"는 구절의 해석은 솔직히 난해한 구절입니다. 먼저 '이 세대'가 무엇인가입니다. 여러 가지의 해석이 있습니다. 먼저는 바로 주님의 말씀을 들은 그 청중의 당대로 보는 것입니다. 그 경우 '이 일'은 재림이 아니고, 예루살렘의 성전 멸망이나 오순절로 볼 수밖에 없다는 점입니다. 그러나 33절에 보면 이 일은 바로 주님의 재림인 것을 쉽게 알 수 있습니다. 다음은 유다백성으로 해석하는 경우가 있고, 마지막으로 인류의 역사로 해석하는 방법이 있습니다. 그러나 어느 것도 다 합리화의 인상을 면할 수 없습니다.

그런데 구원파의 문제점은 '이 세대'를 오늘의 우리 세대로 해석하고 있는 데 있습니다. 물론 주님은 우리 세대에 재림하지 않는다고 말할 수는 없습니다. 그렇다고 꼭 '우리 세대 안에'라고 보는 것도 문제가 되는 것입니다. 성경이 말하는 바는 주님의 초림부터 재림 때까지가 바로 말세이기 때문에 우리는 항상 종말론적 신앙을 가지고 신전의식 속에 살아야 한다는 것입니다. '아'와 '어'가 다르듯이 우리 세대 안에 주님이 재림할지도 모른다는 종말론적 신앙과 우리 세대에 주님이 반드시 재림한다는 결론은 전혀 다른 뜻입니다. 요즈음 주님의 재림을 믿지 않는 불신앙 시대에 이런 시한부 종말론은 바로 살려고 하는 사람들이나 열심 있는 사람들에게 큰 관심의 대상이 될 수밖에 없지만, 그러나 그것은 옳지 못한 것입니다.

둘째로 휴거에 대한 구원파의 해석은 잘못된 것입니다. 구원파에서는 "이 세상 마지막 때에는 7년 대환란이 있고 환란 전에 주님의 공중 재림이 있으며 이때 자던 성도들이 그리스도와 같은 영광의 몸의 형체로 부활하고 그 후 살아남은 그리스도인들도 변화함을 입어 함께 공중에서 주님을 영접하게 된다"(영혼을 묶는 사슬, 242-243)고 말합니다.

먼저 이 휴거란 세대주의자들이 말하듯이 7년 대환란 전에 있는 것이 결코 아닙니다. 그것은 주님의 재림 때 죽은 자들이 육체 부활하여 천국에 들어 올림을 받는 것을 말씀한 것일 뿐입니다. 주님은 절대로 두 번 재림, 즉 공중 재림과 지상 재림을 하시지 않습니다. 그는 단 한번 모든 것을 심판하시기 위하여 모든 사람들이 보는 앞에서 지상 재림을 할 것이고, 그때에 모든 성도들이 육체부활을 하고 들어 올림을 받게 되는 것입니다.

구원파에서는 1948년 5월 14일 이스라엘이 새로운 독립국가로 출범한 것, 67년 6일 전쟁으로 예루살렘을 탈환한 것, 세계정부의 실현가능성과 적그리스도 666의 출현 징조 등 성경의 예언이 성취되어 가는 것을 볼 때 그리스도의 재림이 1980년대 안에 있을 것이라고 가르칩니다. 그러나 최근에 와서는 그들이 당대로 재해석하고 있음을 볼 수 있습니다.

셋째로 666이란 인을 맞은 자 외에는 물건을 살 수 없다는 말은 성경 어디에도 없습니다. 다만 세대주의자들은 해석의 일부를 도용하고 있는 것입니다. 여기서 인이란 그것이 반드시 문신같이 사람의 눈에 보이는 그 어떤 것이란 확증은 없습니다. 오히려 하나님만이 보실 수 있는 표식이라고 보는 것이 옳습니다. 왜냐하면 이때에 있게 될 인이란 성령의 인과 함께 사탄의 인을 함께 말하고 있는 것이기 때문에 이것을 상징적으로 해석하는 것이 옳기 때문입니다. 최근 666을 컴퓨터로 보는 견해도 있으나 우리가 교회사를 보면 네로, 로마 가톨릭교회, 교황, 컴퓨터, 등 여러 가지로 보아온 것을 볼 수 있습니다. 이것은 자기들이 가장 미워하는 것을 666으로 보기 때문입니다. 그러므로 우리는 불확실한 것은 불확실한 대로 그냥 남겨두는 것이 옳습니다. 억지로 풀려고 하면 그것이 바로 이단에 빠지는 것입니다.

그런데 여기서 가장 큰 문제점은 이것을 빌미로 돈을 거두고, 헌금을 강요해서 공장을 세우고, 회사를 차리는 행위입니다. 사실 이단이란 성경을 잘못 해석했거나 혹은 잘못된 주장을 한 것만으로 규정할 수는 없습니다. 어떻게 보면 우리는 인간적 지식의 한계 때문에 틀리는 경우가 적지 않습니다. 그때 우리는 툭하면 이단 운운하는데 이단이란 기독교의 진리를 곡해 내지는 변질시키는 것뿐만 아니라 배교행위가 따른다는 것을 유념해야 합니다. 우리는 이단을 무지와 동일시해서는 안 됩니다. 이단은 무지 이상이며 하나님께 대한 배교행위인 것입니다.

넷째로 구원파에서는 그리스도의 지상 재림(슥14:4-5)으로 환란은 끝나게 되며, 그리스도가 다스리시는 천년왕국이 건설될 것이라고 가르칩니다. "그들은 이방인의 충만한 수가 들어오기까지 이스라엘이 더러는 완악하게 될 것"(롬11:25)이지만 교회가 들어 올림을 받으면 온 이스라엘, 즉 이스라엘 민족이 국가적으로 예수를 믿게 되리라고 가르칩니다 (서로 사랑하라, 123페이지). 이 해석에서 우리는 구원파가 세대주의적 전 천년설의 해석과 함께 많은 성경을 인용하여 그것이 마치 절대적 진리인 것처럼 가르치고 있다는 점을 주목해야 합니다. 여기서 우리는 이단이란 전부 틀린 것을 가르치는 것이 아니라 성경과 자의적 해석과 거짓을 섞어서 비빔밥으로 만들고 있음을 볼 수 있습니다. 사실 거짓만 말하면 누가 속겠습니까? 그러나 거짓과 진리를 섞으면 많은 사람들이 속고 마는 것입니다. 이것은 예수님의 시험에서도 잘 나타납니다.

다섯째로 구원파에서는 마태복음 24:14절, 즉 "이 천국복음이 모든 민족에게 증거되기 위하여 세상에 전파되리니 그제야 끝이 오리라"는 말씀을 자주 인용하면서 그것이 성취되었기 때문에 그리스도의 재림이 임박했다고 가르칩니다(영혼을 묶는 사슬, 200페이지).

여섯째로 지금은 복음시대이므로 율법이 필요 없다고 가르치고, 육은 더럽고 영만이 선하다고 가르침으로써 성경에 나오는 영지주의와 흡사합니다. 놀라운 것은 신앙생활은 개인이 할 수 없고, 교회가 대신 한다고 가르침으로써 직장생활, 가정생활보다 교회 중심의 삶을 살도록 유도합니다. 또 십일조는 내지 않아도 되지만 소금회, 어머니회 등 각종 모임을 통하여 시간이나 재산을 교회 사업에 바치도록 강요하는 것입니다.

맺는말

구원파의 방법은 첫째로 구원의 개념에 혼란을 일으킨 다음에, 둘째는 기성 교회의 많은 약점들을 비판하여 교회에 대한 부정적 사고를 하게 하고, 끝으로 전 천년설의 천년왕국의 개념을 심어주어 그 마음속에 위기의식을 갖게 해서 구원파에서 하는 사업에 충성하도록 하고 물질을 착취한다는 데 문제점이 있습니다. 그러나 또 한편으로 생각하면 기성 교회가 가지고 있는 문제점을 이들은 아주 잘 파고들어갑니다. 그래서 구원파의 사업에 충성하도록 하도록 만들고 있는 것입니다. 따라서 구원파의 문제점도 알아야 하지만 또 한편으로는 우리 기성교회가 구원의 확신이 없는 점이나 종말론적 신앙이 없는 세속적 삶에도 많은 문제점이 있다는 것을 깨달아야 할 것입니다. 이단은 사회가 혼란하고, 교회가 교회답지 못할 때 일어나는 것을 우리가 명심하면서 이단들의 출현을 통하여 스스로를 반성하는 기회로 삼아야 할 것입니다.

교회 성장의 비결

(행2:37-47)

하나님께서 창조한 모든 생물들은 성장하는 것이 그 특징입니다. 이 성장이 중지 되었을 때부터 그 생물은 서서히 죽어갑니다. 이것은 개인도 그렇고 교회도 그렇습니다. 교회가 성장해야 할 이유는 바로 여기에 있습니다. 만약 교회가 성장하지 않으면 그 교회는 점점 쇠퇴하고 죽어갑니다.

1. 교회 성장은 생명을 가져야

개인도 교회도 성장하려면 무엇보다도 중요한 것은 먼저 생명을 가져야 한다는 점입니다.

생명이 없는 죽은 것은 자라거나 성장하지 않습니다. 사람도 그렇습니다. 그러나 인간은 엡 2:1절에 이미 '허물과 죄로 죽은 존재들'이라고 하였습니다. 영적으로 죽은 존재입니다. 그렇기 때문에 영적으로 다시 살아나기까지는 그 사람은 성장할 수가 없습니다. 영적으로 다시 사는 것을 우리는 중생, 혹은 거듭나는 것이라고 부릅니다. 즉 거듭나지 않고는 우리는 절대로 그 믿음이 성장할 수 없고 그 인격이 성장할 수가 없습니다.

그러면 어떻게 거듭날 수가 있습니까? 본문 38절에 보면 '회개하여' 야 한다고 하였습니다. 회개가 무엇인가요? 첫째는 돌아서는 것입니다.

'뒤로 돌아서' 하면서 자기중심에서 하나님 중심으로 돌아서는 것을 말합니다. 그래서 주 바라기 신자가 되는 것입니다. 둘째는 토하여 비우는 것을 말합니다. 사람의 마음은 그릇과 같아서 더러운 것이 들어 있는 한 다른 것으로 채울 수가 없습니다. 이렇게 회개할 때에 예수 그리스도의 이름으로 세례를 받고 죄 사함을 받는다고 하였습니다. 죄 사함을 받으면 본문에 말하기를 "그리하면 성령을 선물로 받으리라." 즉 성령세례를 받는다고 하였습니다. 죄 사함 없이는 중생은 일어나지 않습니다. 그리고 죄 사함을 받은 사람은 모든 일에 당당합니다.

다음은 자동차의 바퀴처럼 적어도 네 가지를 가져야 개인의 신앙도 성장하고 교회도 성장합니다. 성장이란 외형적인 것만이 아닙니다. 내적 성숙이 없는 성장은 무의미하다. 왜냐하면 환란의 바람이 불 때에 낙엽처럼 다 떨어져 버리고 말기 때문입니다. 그렇다고 내적 성숙만 말하는 것도 웃기는 얘기입니다. 사도행전에 보면 3,000명이니 5,000명이니 하고 숫자를 강조한 것은 그만큼 숫자는 중요하기 때문입니다. 양적으로도 성장하지 않으면 안 됩니다. 그것은 무엇보다도 거듭나는 역사가, 중생의 역사가 중지되고 있기 때문입니다. 성령으로 말미암은 변화가 일어나지 않기 때문입니다. 그러므로 거듭나는 변화가 일어나지 않으면 개인도 교회도 성장하지 못합니다.

교회의 성장의 네 가지 요소를 든다면 말씀, 기도, 순종, 증거입니다

(1) 말씀이 있어야 교회성장

말씀이 있어야 개인의 신앙도 교회도 성장합니다. 롬 10:17절에 "믿음은 들음에서 나며 들음은 그리스도의 말씀으로 말미암느니라"고 하였습니다. 그러나 영적 편식은 성장을 못하게 합니다. 복음이 들어가면 하나님의 능력이 나타납니다. 죄로 굳어진 바위 같은 마음을 산산조각 내고 옥토로 만듭니다.

(2) 기도는 개인의 신앙성장과 교회성장의 비결

42절에 초대교회의 특징을 "기도하기를 힘쓰니라"고 하였습니다. 삼상 12:23절에 기도하기를 쉬는 죄에 대해 언급하고 있는데 그것을 범하지 말아야 합니다. 그런데 우리의 기도는 이웃집 문을 두드리고는 달아나는 식의 기도를 합니다. 왜냐하면 하늘의 문을 열어 놓고는 세상으로 달아나기 때문입니다. 마치 기도의 응답을 무서워하는 사람처럼 말입니다.

여러분 개인의 신앙이 성장하고 있지 않습니까? 기도의 동력이 고장이 난 것입니다. 나무는 뿌리가 깊이 땅속에 뻗어 있어야 잘 자랍니다. 마찬가지로 교회도 기도의 골방이 바로 교회를 자라게 하는 뿌리인 것입니다. 모든 자양분이 바로 이 뿌리를 통하여 빨아들여지고 있기 때문입니다. 그러면 어떻게 기도해야 하나요? 순전한 마음으로(히10:22; 시66:18), 용서하는 마음으로(막11:25-26), 올바른 동기를 가지고(약4:3), 믿음을 가지고(약1:16; 히11:6), 하나님의 뜻에 따라(요일5:14), 예수의 이름으로(요14:14), 성령 안에서(유20) 기도하면 됩니다.

(3) 순종이 있어야 성장

성경은 말합니다. 순종이 제사보다 낫다고. 말씀에 순종하는 것은 성장에 절대적으로 필요합니다. 이스라엘이 광야에 있을 때 그들은 하나님의 명령에 순종하였습니다. "그들이 여호와의 명을 좇아 진을 치며 여호와의 명을 좇아 진행하고" 구름에 따라 가고 구름에 따라 섰습니다. 바로 이 순종이 없었다면 그들은 하나님의 축복을 받지는 못했을 것입니다.

(4) 말씀의 증거가 있어야

이 증거는 마치 운동과 같아서 건강 유지에 절대적으로 필요합니다.

최근에는 건강에 대한 관심이 높아져서 조깅, 방에서 가능한 여러 가지 간단한 운동, 등산 등을 많이 합니다. 신앙생활에도 이 영적 운동이 있어야 합니다. 은혜를 많이 받았는데도 허약한 것은 영적 운동인 증거하는 일을 하지 않기 때문입니다.

맺는말

여러분은 성숙한 신자가 되기를 원하십니까? 먼저 거듭나고 자동차의 네 바퀴처럼 말씀, 회개, 순종, 기도의 삶을 살면 됩니다. 그러면 개인의 신앙이 자라고 교회가 성장합니다. 계속해서 어린아이로 있지 않고 장성한 신자가 되어져서 많은 영적 열매를 맺기를 축원합니다.

광야 길을 기억하자

(신8:1-10)

인간은 과거의 역사를 회상함으로 인생의 의미가 무엇이며 내 생애를 향한 하나님의 섭리가 무엇인가를 발견하게 되고 깨닫게 됩니다. 우리가 역사공부를 하는 이유도 바로 여기에 있습니다. 모세는 본문에서 이스라엘 백성에게 이렇게 말합니다.

'이 백성들은 출애굽한 후에 태어난 제2세대들이 중심을 이루고 있어서 그들은 과거를 잘 모르므로 과거를 회상케 함으로써 출애굽사건과 광야생활을 통하여 나타난 하나님의 은혜와 사랑을 구체적으로 가르쳐주어야 한다.'

본문에서 우리는 두 단어를 기억하지 않으면 안 됩니다. 물론 이 두 단어가 직접 나오는 것은 아니지만 그 뜻은 나타나고 있습니다. 그 단어는 하나는 '구원'이란 단어이고 다른 하나는 '훈련'이란 단어입니다. 이스라엘 역사를 볼 때 이 둘은 뗄 수 없는 관계를 가지고 있는 것을 보게 됩니다.

이것은 우리 개개인에게 있어서도 마찬가지입니다. 즉 하나님은 먼저 구원하시고 그 후에 훈련하십니다. 하나님은 구원에서 끝나지 않고 훈련시키는 것까지 하십니다. 훈련은 구원의 뜻을 알게 하는 데 목적이 있습니다.

이스라엘의 경우, 하나님은 먼저 이스라엘을 출애굽하게 하신 다음에 광야 40년의 생활을 통해 가나안 복지에 들어갈 수 있는 자격자로 훈련 시키셨습니다. 바울은 이것을 칭의와 성화라는 신학적 용어로 설명해줍니다. 무슨 말인가 하면 하나님의 우리에 대한 사역은 믿음으로 의롭다 함을 받게 하는 것으로 끝나지 않고 점차적으로 우리를 거룩하게 하셔서 하나님 나라의 백성으로 만들어 가신다는 말입니다. 그러므로 우리는 현재의 모습에서 실망할 필요는 없습니다. 신명기 8:1-10절에 나타난 하나님의 훈련방법을 살펴보면서 우리는 어떻게 해야 할 것인가를 찾아보기를 원합니다.

1절에서 우리는 이스라엘의 구원에 대한 방법을 볼 수 있습니다. "내가 오늘날 명하는 모든 명령을 너희는 지켜 행하라 그리하면 너희가 살고" 여기서 '산다'는 말은 구원을 받는다는 말입니다. 이 구원의 구체적 내용을 그 다음 말씀에서 설명하고 있습니다. "너희의 열조에게 맹세하신 땅에 들어가서 그것을 얻으리라" 다시 말하면 가나안 땅에 들어가는 것이 바로 구원이란 말씀입니다. 신약시대에는 이것을 하늘나라 혹은 하나님의 나라라는 말로 말씀하고 있습니다. 그런데 이 구원은 하나님의 무조건적 사랑과 은혜로 말미암아 얻어진 것이요 믿음의 손으로 받게 된 것입니다.

그러나 하나님은 여기에서 끝나지 않고 이스라엘을 훈련케 하신다고 하였습니다. 어떻게 이스라엘을 훈련시키시나요? 과거를 기억케 하심으로 시작합니다. 그래서 모세는 2절에서 "네 하나님 여호와께서 이 사십년 동안에 너로 광야의 길을 걷게 하신 것을 기억하라"고 하신 것입니다. 사람은 잊지 말아야 할 것은 잘 잊어버리고 잊어야 할 것은 잊지 않는 것이 특징입니다. 하나님의 은혜는 잘 잊어버립니다. 그래서 모세는 광야 40년의 역사를 잊지 말라고 권면한 것입니다.

1. 광야의 길을 기억해야 하는 이유

(1) 겸손케 만드시고

2절에 "이는 너를 낮추시며." 즉 겸손케 만드시고 하나님만을 의지하게 하신다는 말입니다. 인간의 죄의 근원은 교만에 있습니다. 아담도 하나님과 같아지려는 교만 때문에 선악과를 따먹었습니다. 죄란 자기중심의 생활을 말합니다. 이것이 바로 교만입니다. 인간은 뱀의 머리처럼 자꾸만 교만이 나타납니다. 그러므로 뱀 대가리같이 교만이 나타나지 않도록 때려 부숴야 합니다. 그것은 과거의 하나님의 은혜를 회고할 때 없어집니다. 사실 우리는 그리스도 없이는 아무것도 할 수 없습니다. 그런데도 자기의 힘으로 모든 것을 하려고 합니다. 그래서 바벨탑의 문화를 형성해가는 것입니다. 이것을 없애려면 광야 40년의 생활을 회고하면서 그리스도 없이는 나는 아무것도 아니라는 것을 깨닫게 해야 합니다.

(2) 하나님의 시험

2절에 "너를 시험하사… 염려하심이라." 하나님은 선생이 학생의 지식의 발전을 위하여 시험을 자주 보게 하듯이 하나님은 시험하시기를 원하십니다. 출 15:25절에 보면 하나님은 이스라엘을 시험하셨다고 하였고 창 22:1절에 보면 아브라함을 시험하셨다고 했고 대하 32:31절에서는 히스기야를 시험하셨다고 하였습니다. 이처럼 하나님은 시험하시는 하나님이십니다. 왜 하나님은 그의 백성들을 시험하시는가? 첫째로 과거 그들의 더럽고 헝클어진 모습을 다시 보여주시기 위해서입니다. 개구리 올챙이 적 생각 못한다는 말이 있듯이 인간은 과거의 불행했던 시절의 모습을 금방 잊어버립니다. 그것을 하나님은 시험하시기를 원하십니다. 둘째는 앞으로 가야 할 곳이 어디인지를 알게 하려고 시험하십니다. 사람은 현재에 얽매이다 보면 그만 미래의 꿈도 다 잊어버리기 쉽습니다. 셋째는 무엇보다도 "사람이 떡으로만 사는 것이 아니요 여호와의 입에서 나오는 모든 말씀으로 사는 줄을 너로 알게 하려하심이라." 그러면 사람이 떡으로만 사는 것이 아니라는 말은 무슨 뜻인가요? 식량은 자연이 공급해주는 것이 아니고 하나님이 주시는 것이라는 말입니다. 인간에게는 육체적 생명보다 더 귀한 영적 생명이 있다는 말입니다. 이렇게 세 가지를 하나님은 알도록 하신다고 하였습니다.

2. 하나님의 훈련 방법

(1) 하나님의 길로 행하라

1절에 "지켜 행하라"는 말씀대로 하나님의 길로 가도록 훈련하십니다. 사람들은 지름길로만 가려고 합니다. 여기에 문제가 있습니다. 저부터 너무 조급한 것이 문제입니다. 그래서 수단 방법을 가리지 않고 지름길을 가려고 합니다. 그러나 사실은 하나님의 길이 돌아가는 것처럼 보여도 그 길이 지름길입니다.

(2) 만나를 하루 단위로 주심으로 훈련시킴

인간의 병중에 가장 무서운 것이 '건망증'이라는 병입니다. 그래서 하루 단위로 주신 것입니다. 그러나 더 큰 이유는 우리와의 사랑을 위해서입니다. 왜냐하면 사랑이란 자주 만나는 것이기 때문입니다.

(3) 구체적으로 돌보심을 보여주심으로 훈련시킴

4절에 보면 "이 사십년 동안에 네 의복이 해지지 아니하였고 네 발이 부르트지 아니 하였느니라"고 하였습니다.

(4) 징계를 통하여 훈련시킴

5절에 "너는 사람이 그 아들을 징계함같이 네 하나님 여호와께서 너를 징계하시는 줄 마음에 생각하고"라고 하였고, 히 12:6절에 "주께서 그 사랑하시는 자를 징계하시고 그의 받으시는 아들마다 채찍질 하심이 니라"고 하셨습니다.

3. 우리가 해야 할 것 두 가지

(1) 하나님께 감사

10절에 보면 '감사'하라고 하였다. "네가 먹어서 배불리고 네 하나님 여호와께서 옥토로 네게 주셨음을 인하여 그를 찬송하리라." 감사는 하 나님의 은혜에 대한 우리의 최고의 보답입니다.

(2) 하나님의 도를 행함

6절에 "네 하나님 여호와의 명령을 지켜 그 도를 행하며 그를 경외 할지니라." 두 번째 할 일은 하나님을 경외하는 것입니다. 하나님을 경 외하는 방법은 순종하는 것이고(명령을 지켜) 그 도 안에서 걸어가는 것 입니다. 인간은 하나님께서 만들어 놓으신 길이 있습니다. 그 안에서 걸어가야 합니다. 기차가 철로를 이탈할 수 없듯이 인생도 하나님이 정 하여 놓으신 길을 떠날 수 없는 것입니다. 여기서 우리는 이스라엘의 역사를 통해서 오늘날에 주시는 하나님의 뜻을 깨닫기를 축원합니다. 다시 말해 감사와 경외가 바로 오늘날 우리에게 주시는 하나님의 뜻입 니다.

과부에게 향하신 하나님의 축복

(왕하4:1-7)

구약에는 선지자 엘리사가 행한 많은 기적이 있습니다. 엘리사는 주전 9세기경 북 왕국 이스라엘의 여호람이란 왕의 시대에 활동한 선지자입니다. 엘리사라는 이름의 뜻은 '여호와는 구원이시다'란 말입니다. 그는 한 불쌍한 과부를 도와주었습니다. 이제 본문에 나타난 과부의 부르짖음과 하나님의 축복을 살펴보면서 은혜를 나누려고 합니다.

1. 과부가 처한 어려운 형편

당시 여호람 왕은 모압과 전쟁을 하느라 나라의 살림은 말이 아니었습니다. 이때 엘리사의 제자 가운데 한 사람이 죽고 그는 아내와 두 아들을 남기었습니다.

(1) 과부가 된 여자

1절에 "나의 남편이 이미 죽었는데"라고 하였습니다. 신 14:29; 16:11절에 보면 당시 과부의 신분은 고아와 함께 동정을 받을 사람으로 분류될 만큼 사회적으로 불쌍한 사람이었습니다. 당시 과부는 재혼하기 전에는 사회적으로 많은 학대를 받았고 직장을 가질 수 없었기 때문에 경제적으로 많은 어려움을 겪었습니다.

그래서 신 24:19-21에는 과부들을 위해 밭에 곡식들을 남겨두라고 하였습니다.

(2) 엎친 데 덮친 격으로 많은 부채를 가지고 있었음

옛날이나 지금이나 무서운 것은 부채입니다. 요즈음은 주로 은행에서 돈을 빌리지만 갚아야 할 날에 갚지 못하면 담보물은 경매에 붙여지고 맙니다. 정말 빚이란 무서운 것입니다.

(3) 부채를 갚지 못한 과부 처지

부채를 갚지 못하였기 때문에 두 아들이 채권자의 노예로 끌려갈 입장에 놓였습니다.

1절 마지막에 "이제 채주가 이르러 나의 두 아이를 취하여 그 종을 삼고자 하나이다." 옛날이나 지금이나 부채를 빌릴 때는 반드시 담보물을 요구합니다. 그런데 옛날에는 지금과 같은 집이나 땅 같은 담보물이 별로 없었기에 주로 자녀를 담보물로 삼았습니다. 그래서 부채를 갚아야 할 날짜에 갚지 못하면 자녀를 노예로 끌어다가 팔아서 빚을 갚아야 했습니다. 과부가 이런 입장에 놓여 있었습니다.

그러나 하나님은 이 과부를 버리지 않으셨습니다. 그것은 이 과부만이 아닙니다.

지금 우리 중에 누구든지 이 과부처럼 딱한 사정에 처해있는 사람들이 있을 것입니다. 하나님은 바로 그런 사람들을 이 과부처럼 돌보아주시고 계시다는 것을 잊지 말아야 합니다. 인간이 극한 상황에 처해 있을 때 바로 그때가 하나님의 은혜가 나타날 시기인 것입니다. 그러므로 아무리 어려워도 절망하지 말고 하나님께서 베푸실 기적을 기다려야 합니다.

2. 하나님의 이적이 나타난 비결

하나님의 이적이 과부에게 나타나기는 했으나 그냥 나타난 것은 아닙니다. 여기에는 이유가 있습니다.

(1) 과부는 경건한 신자였다

1절에 "당신의 종이 여호와를 경외한 줄은 당신이 아시는 바니이다" 라고 했습니다. 하나님의 이적은 하나님을 경외하는 사람들에게만 나타납니다. 왜냐하면 믿음이 이적을 나타내게 하는 가장 중요한 비결이기 때문입니다. 제자들에게 주님은 "너희가 믿음이 없는 연고니라"고 저들이 간질병환자를 고치지 못하는 이유를 말씀하시면서 "너희가 만일 믿음이 겨자씨만큼만 있으면 이 산을 명하여 여기서 저리로 옮기라 하여도 옮길 것이요 또 너희가 못할 것이 없으리라?(마17:20)고 하였습니다.

(2) 여인의 간절한 호소

1절에 "여인이 엘리사에게 부르짖어 가로되."

이것은 바로 기도입니다. 기도에는 몇 가지의 방법이 있습니다. 일반적으로는 자기의 음성을 알아들을 수 있을 정도의 낮은 음성으로 드리는 기도입니다. 두 번째는 하나님의 음성을 기다리면서 드리는 묵도라는 형식의 기도가 있습니다. 그러나 끝으로 부르짖는 기도, 혹은 통성기도가 있습니다. 이것이 위기에 처할 때 마치 물에 빠진 사람이 사람살려 달라고 부르짖을 때와 같습니다. 혹은 불이 났을 때 '불이야'하고 소리치는 것과 같은 경우입니다. 그러나 기도란 독백이 아니기에 혼자서 말하는 것이 아니고 하나님과의 대화이기 때문에 기도할 때는 언제나 하나님의 말씀을 듣는 태도, 그의 뜻을 찾는 태도가 필요합니다. 그리고 기도에서 중요한 것은 기다리는 태도가 꼭 있어야 한다는 점입니다.

2절에 엘리사가 과부에게 물었습니다. "내가 너를 위하여 어떻게 하랴?" 이 말씀은 기도에서는 반드시 무엇을 기대하면서 해야 할 것을 말씀한 것입니다. 예수님도 내가 너에게 무엇을 해주기를 원하느냐고 물으셨습니다. 이 여인은 크게 두 가지 소원을 가지고 있었습니다. 하나는 부채를 갚는 것이고 다른 하나는 먹을 식량이었습니다. 그렇다면 우리는 무엇을 원하고 있습니까? 무엇보다도 부채를 갚아주기를 원해야 합니다. 성경에는 죄를 부채란 말로 표현하고 있습니다. 그래서 주기도문도 옛날 구역에는 "우리가 우리에게 빚진 자를 탕감하여 준 것처럼 우리의 빚을 탕감하여 주옵시고"라고 번역하고 있습니다. 그렇다면 나와 여러분들은 다 우리가 갚을 수 없을 만큼의 부채를 지고 있는 사람들입니다. 이것을 주님께서 갚아주기를 기대하는 간절한 마음이 있어야 합니다. 3절에 보면 "빈 그릇으로 빌되 조금 빌지 말고" 많이 기대할 것을 말씀하고 있습니다. 우리는 하나님의 권능을 받아야 합니다. 조그만 권능이 아니라 큰 권능을 믿어야 합니다. 그러므로 엘리사의 말대로 "조금이 아니고 많이 기대해야" 합니다. 그러나 중요한 것은 4절에 문을 닫고란 말입니다. 예수님께서 마 6:6절에 "너는 기도할 때에 네 골방에 들어가 문을 닫고 은밀한 중에 계신 네 아버지께 기도하라 은밀한 중에 보시는 네 아버지께서 갚으시리라." 이것은 기도의 은밀성 즉 하나님과만 통하는 진실된 기도여야 할 것을 말씀한 것입니다.

(3) 기적은 순종할 때 나타남

엘리사는 과부에게 "빈 그릇을 빌리라"고 하였습니다. 중요한 것은 빈 그릇입니다. 의나 능력을 믿는 교만이 있어서는 안 됩니다. 나는 아무것도 아니요 필요 없는 만물의 찌꺼기라는 심정을 가져야 합니다. 예수님께서도 심령이 가난한 자는 복이 있다고 하셨습니다. 여기서 가난이란 요즘 유행하는 상대적 빈곤이 아니라 절대적 빈곤을 의미합니다. 거지와 같은 마음을 가지라는 말입니다. '우리는 하나님이 필요하지 않습니다.' 하는 이것이 교만입니다. 문제는 여기에 있습니다.

3. 과부에게 나타난 하나님의 축복

(1) 더욱 충만케 하심

하나님께서 우리를 축복하시되 전에 이미 주신 것을 더욱 충만케 하십니다. 엘리사는 과부에게 무엇인가 새로운 것을 주지 않았습니다. 이미 가지고 있는 기름을 풍성하게 하셨습니다. 우리는 자꾸 새로운 것을 원합니다. 이미 주신 선물이 있는데 그것을 귀한 줄 모르고 새로운 것을 요구합니다. 특히 신비한 것을 원합니다.

그러나 내게 가장 필요한 것은 이미 가지고 있는 것입니다. 그것으로 우리의 부채인 죄의 문제를 해결할 수 있고 구원을 받을 수 있습니다. 사실 우리에게 가장 중요한 것은 주님 자신입니다. 그 이상의 선물이 없습니다. 왜냐하면 주님을 그 마음속에 소유하고 있으면 다른 것들은 그 주님을 통해 얼마든지 덤으로 얻을 수 있기 때문입니다. 그런데 우리는 이미 자기가 가지고 있는 것을 소중한 줄 모릅니다.

(2) 하나님은 믿음의 분량만큼 축복하심

엘리사는 과부에게 "너는 밖에 나가서 모든 그릇을 빌라"고 하였습니다. 6절에 보면 "다른 그릇이 없나이다. 하니 기름이 곧 그쳤더라"고 하였습니다. 무슨 말인가요? 하나님은 믿음의 분량만큼 채워주신다는 말씀입니다. 그러므로 하나님으로부터 많은 축복을 받으려면 믿음의 그릇이 커야 합니다. 그런데 우리는 그릇은 깨진 것을 가지고는 은혜만 달라고 합니다. 작은 그릇을 가지고 많이만 달라고 합니다. 그러므로 큰 그릇을 준비하고 새지 않는 좋은 그릇을 준비하면 자비하시고 풍성하신 하나님께서 우리에게 넘치도록 부어주실 것입니다.

(3) 꼭 필요한 만큼만 주심

이 과부에게는 두 가지의 소원이 있었습니다. 하나는 부채를 갚는 것이요 다른 하나는 두 자식들과 함께 생활을 꾸려가는 것입니다. 그런데 7절에 보니 "너는 가서 기름을 팔아 빚을 갚고 남은 것으로 너와 네 두 아들과 생활하라 하였더라"고 하였습니다. 왜 필요한 만큼만 주시나요? 다음 기회에 또 자주 주심으로 우리와 만나고 사랑을 나누고 싶어서입니다. 그러므로 무조건 많은 것만 좋은 것은 아닙니다. 필요한 만큼만 달라고 기도하십시오. 전능하신 하나님이 나의 필요를 가장 잘 아십니다. 주님께 맡기십시오. 주님은 나보다 나의 필요를 더 잘 아십니다.

맺는말

지금 어려움에 처해 있습니까? 이제 하나님의 이적이 나타날 때가 된 줄로 믿고 하나님께서 베푸시는 축복을 기다리십시오. 그러나 이적이 그냥 나타나는 것은 아닙니다. 이적은 믿음의 아들입니다. 그러므로 먼저 믿고 기도하십시오. 막 9:29절에 "기도 외에 다른 것으로는 이런 유가 나갈 수 없느니라"고 하였습니다. 끝으로 순종해야 합니다. 하나님의 이적은 우리의 순종을 통해서 나타나기 때문입니다.

이것은 하나님께서 우리의 협력 없이는 이적을 나타낼 수 없기 때문이 아니라 우리의 협력을 통해서 일하시기를 기뻐하시기 때문입니다. 이제 이런 이적이 나와 여러분들의 생활 속에서 오늘도 나타나기를 축원합니다.

계속하여 성공자가 되려면

(렘17:5-8)

　이 세상의 모든 사람이 성공자가 되기를 원하고 있고 또 그것도 일시적이 아닌 계속하여 성공자가 되기 원합니다.

　지난번 부산 복지원의 박인근 원장이란 사람은 외적으로 보면 한때에 크게 성공한 사람이었습니다. 국민학교밖에 안 나온 무식한 사람이지만 불과 20여 년 동안에 부동산만 해도 10만 평이 넘고 집의 금고에는 외화를 포함해서 20억이 넘는 돈이 있었을 뿐만 아니라 사회복지학과 문 앞에도 못 가보았지만 전국 복지원 회장이 되었고 국민훈장은 물론 국제 라이온스 클럽으로부터 무궁화대상을 받았고, 티브이의 휴먼 드라마인 '종점'의 주역으로 출연도 하였고, 부산지역의 유력인사로, '사랑의 목자'로 이름을 날릴 만큼 성공하였습니다.

　이런 그가 왜 갑자기 교도소 신세를 지게 되었는지 왜 그는 계속하여 성공하지 못하였는지 여기에는 그 이유가 있습니다. 그래서 이 시간에 함께 상고하려고 하는 제목은 '계속하여 성공자가 되려면'이란 제목으로 은혜를 받기를 원합니다.

　본문에는 두 가지의 사람이 비교되고 있습니다. 하나는 사막의 떨기나무 같은 하나님을 믿지 않는 실패자요, 다른 하나는 무성한 나무 같은 하나님을 믿는 성공자입니다. 그러면 사막의 떨기나무 같은 실패자는 어떤 사람이며 또 무성한 나무 같은 성공자는 어떤 사람인지를 비교하면서 살펴보려고 합니다.

1. 사막의 떨기나무 같은 실패자

이런 사람은 세 가지의 특징을 가지는 사람이라고 하였습니다.

(1) 무릇 사람을 믿음

사람을 신뢰하는 것이 첫 번째의 특징입니다. 물론 사람이 사람을 신뢰하는 것은 일반적으로 말해 자연스러운 것이며 옳습니다. 그러나 사람이 하나님의 자리를 차지할 때 문제가 됩니다. 즉 사람에게 궁극적 신뢰를 할 때를 의미합니다. 불신자가 바로 이런 사람들입니다. 또 교회는 나오지만 그것은 습관이거나 아니면 사람에게 보이기 위해서입니다. 다른 말로 하면 사람에게 최고의 신뢰를 줄 때, 혹은 인간의 제도나 권력이나 인간이 만든 그 무엇을 최고의 것으로 신뢰할 때 이것이 바로 사람을 의지하는 것입니다.

(2) 혈육으로 그 권력을 삼고

육체의 팔을 의지하는 것을 말합니다. 영혼보다는 육체를 더 의지하고 진리보다는 세상적인 힘을 더 의지할 때 이 사람은 계속적인 성공자가 될 수 없습니다. 또, 영원한 것보다는 잠시 잠깐 후에는 없어질 것만을 의뢰할 때 이것은 바로 실패의 열매를 맺게 됩니다.

(3) "마음이 여호와에게서 떠난 사람

마음이 하나님에게서 떠난 사람은 계속적 성공자가 될 수 없다는 것입니다. 우리는 세상과 하나님을 동시에 의지할 수가 없습니다. 이 둘은 서로 배척합니다. 나무는 사막에서나 물가에서나 다 잘 자라는 것은 아닙니다. 마음이 여호와에게서 떠난 사람의 특징이 무엇인가요? 교회에 출석하는 것을 게을리 합니다. 마음이 여호와에게서 떠난 사람은 기도를 게을리 합니다. 마음이 여호와에게서 떠난 사람은 성경을 읽지 않습니다. 과연 우리의 마음은 지금 어디에 있습니까?

2. 세상적인 신뢰를 가진 자의 저주를 살펴보면

이들은 네 가지 저주를 받습니다.

(1) 떨기나무 같은 사람

산의 나무처럼 자라지 못하고 사막의 떨기나무처럼 되고 맙니다. 물론 하나님을 떠난 사람은 사막의 떨기나무와 같아서 금방 말라버리는 것은 아니지만 점차적으로 영적 에너지가 상실되어 마침내는 전 생애가 난쟁이처럼 성장을 중지하고 맙니다.

나이를 먹으면 자랄 만큼 자라야 합니다. 마찬가지로 믿음 생활한다고 하면 세월이 지날수록 믿음도 자라야 합니다. 믿음 세월만 많고 믿음은 그대로 자라지 않고 있는 사람들이 있습니다. 영적 난쟁이입니다. 이런 사람은 크게 세 가지의 이유 때문입니다. 첫째는 영적 음식을 안 먹기 때문이고, 둘째는 영적 운동인 전도나 봉사를 안 하기 때문입니다. 셋째는 영적 병인 죄에 빠져 있기 때문입니다. 그러므로 우리는 영적 음식인 성경을 정기적으로 먹고 영적 운동을 하고 또 영적 병에 걸리면 바로 의사되신 예수님에게 와서 진찰을 받고 구약과 신약이란 약을 먹어서 고쳐야 합니다.

(2) 받은 은혜도 간직하지 못함

이미 받은 은혜도 간직하지 못합니다. 6절에 보면 "좋은 일의 오는 것을 보지 못하고" 라고 하였습니다. 은혜란 받는 것만으로는 부족합니다. 그것을 잘 간직할 수 있어야 합니다. 영적 은혜를 간직하는 방법은 그것을 써먹는 것입니다. 지식도 자꾸 써먹어야 자라듯 하나님의 은혜도 자꾸 써먹어야 유지도 하고 자라기도 합니다.

(3) 메마른 땅에 있는 것처럼

"광야 간조한 곳, 건건한 땅"에 거하는 것처럼 됩니다. 즉 물이 부족하여 말라가고 또, 고통을 당한다는 것입니다. 나무 중에는 물을 많이 먹는 나무도 있고 적게 먹는 것도 있습니다. 그러나 전혀 물기 없이 사는 나무는 없습니다. 더구나 열매를 많이 맺는 나무일수록 물을 많이 필요로 합니다.

(4) 집시처럼 외로워짐

"사람이 거하지 않는 땅에 거하리라" 즉 외롭고 쓸쓸하게 산다는 것입니다. 인간의 영혼이 하나님을 떠나게 되면 사막의 집시처럼 외로워집니다. 물론 세상에서는 돈만 있으면 마치 똥파리처럼 친구들이 모여듭니다. 그러나 참 친구는 어려울 때 봐야 압니다. 사실 참 친구는 하나님을 믿는 친구여야 합니다. 하나님을 통하여 맺어진 친구가 참 친구입니다.

3. 물가에 심긴 나무처럼 계속 번성하는 성공자는?

세 가지의 특징이 있습니다.

(1) 지혜의 소유자

무엇보다도 참 지혜의 소유자입니다. 하나님을 신뢰하는 자는 영원한 하나님의 말씀을 의지하기 때문에 누구보다도 지혜가 있습니다. 세상의 역사를 다 아는 분은 하나님밖에는 없습니다. 따라서 "여호와를 경외하는 자가 참으로, 지혜가 있는 자"라고 하였습니다. 좀 죄송한 얘기지만 아무리 대학 교수요, 박사님이라도 하나님을 믿지 않는 사람은 현상적인 것에는 유식할진 몰라도 영원한 것에 대하여는 다 무식한 사람들입니다.

(2) 현대인의 무서운 병

마음이 하나로 되어 있습니다. 현대의 가장 무서운 병이 정신 분열증입니다. 「사이빌」이란 책을 보면 한 사람 안에 다중인격을 가진 사람들이 종종 있는데 문제는 이런 사람은 조금 전에 한 말이나 행동을 기억하지도 못합니다. 그런데 하나님을 의지하는 사람은 마음이 하나로 되어 있습니다. 정신분열증 환자가 될 수가 없습니다.

(3) 소망을 가진 인간

하나님을 믿는 사람은 소망이 있습니다. 하나님께 대한 위대한 신앙을 가지고 있기 때문에 언제나 소망이 있는 것입니다. 소망의 많은 믿음에 줄을 두고 있기 때문에 믿음을 가질 때에만 소망이 생깁니다. 물론 세상적 소망은 믿음 없이도 생기지만, 그러나 이것은 잠시잠간뿐입니다. 고난이 올 때 다 사라지고 맙니다.

4. 하나님을 의지하는 자의 축복

한 마디로 말해서 계속적인 성공의 축복을 받습니다. 크게 네 가지의 축복이 임합니다.

(1) 물가에 심긴 나무처럼

8절에 "그는 물가에 심기운 나무가 그 뿌리를 강변에 뻗치고" 사막에 심긴 떨기나무가 아니라 물가에 심긴 나무처럼 무성합니다. 시 1:3절에 보면 시냇가에 심은 나무는 "그 잎사귀가 마르지 아니함 같으니" 즉 외적으로도 무성하게 됩니다. 그러나 여기서 끝나는 것은 아니고 내적으로도 무성하게 됩니다. 왜냐하면 그 뿌리가 강변에 뻗어 있기 때문입니다. 중요한 것은 뿌리가 어디에 있느냐 입니다. 과연 우리의 뿌리는 지금 어디에 있습니까? 세상인가요? 하나님인가요? 어디에 있습니까?

(2) 언제나 청청한 나무처럼

"더위가 올지라도 두려워 아니하며 그 잎이 청청하며" 사람들은 불경기의 더위를 무서워합니다. 전쟁의 위협도 무서워합니다. 실패나 죽음의 더위를 무서워합니다. 그러나 하나님을 믿는 사람들은 어떤 경우에도 두려워하지 않습니다. 두려움은 따지고 보면 불신앙의 열매입니다. 그래서 계 21:8절을 보면 지옥에 갈 사람으로서 첫 번째로 "두려워하는 자들"이라고 하였습니다. 왜냐하면 두려움은 불신앙의 열매이기 때문입니다.

(3) 가뭄에도 걱정이 없음

"가무는 해에도 걱정이 없고" 중동지역에서 나무에게 가장 무서운 것은 가뭄의 해입니다. 물이 귀하기 때문입니다. 그러나 하나님을 믿는 사람은 가뭄의 해가 없다는 것입니다. 경제적으로도 가뭄의 해가 없고, 은혜 받는 데도 가뭄의 해가 없고, 모든 면에 가뭄의 해가 없다고 하였습니다.

(4) 연이어 달리는 열매처럼

"결실이 그치지 아니함 같으니라" 영원히 계속해서 성공의 열매를 맺는다는 것입니다. 인생은 결국 열매를 맺는 것이 목적입니다. 결혼은 자녀의 열매, 연격의 열매, 행복의 열매를 맺기 위해서입니다. 공부를 하는 것은 지식의 열매를 맺기 위해서입니다. 기업을 하는 것은 물질의 열매를 맺기 위해서입니다. 직장을 갖는 것은 문화의 열매와 삶의 열매를 맺기 위해서입니다. 예수를 믿는 것은 성령의 열매를 맺기 위해서입니다. 이렇게 우리들이 하는 모든 것은 다 열매를 맺기 위해서입니다.

맺는말

참으로 여러분은 계속하는 성공자가 되기를 원하십니까? 그렇다면 하나님을 의뢰하고, 인간의 명철이나 지혜를 전적으로 의지하지 마십시오. 오직 하나님만 의지할 때 우리는 강변에 뿌리를 내린 나무처럼 무럭무럭 성장하는 축복을 받고 잎이 청청하듯이 외적으로도 축복을 받고 또 계속해서 열매를 맺는 네 가지의 중요한 축복을 받습니다. 여러분 모두에게 이와 같은 축복이 있기를 축원합니다.

구원자 예수

(민21:4-9)

　사람은 무엇을 보느냐에 따라 그의 인생의 방향이 결정되고 그의 운명이 결정된다. 그래서 우리 조상들은 아기를 임신한 엄마는 부정한 것, 험한 것, 더러운 것을 보지 않도록 조심했습니다. 그리고 아기를 낳으면 금줄을 만들어 대문에 걸고 한 달 동안 부정이 탄다고 붙였습니다.

　얼마나 지혜로운 것입니까. 금줄을 달아 놓는 것은 위생적인 이유 때문이고 아기를 가진 엄마가 부정한 것을 안 본 것은 사람은 보는 것을 생각하고 생각하는 것을 행하고 행하는 것은 습관이 되고 습관은 마침내 그의 운명을 결정하기 때문입니다.

　창세기 3:6절을 보면 인간의 타락이 보는 데서 시작되었다고 기록하고 있습니다. 또 여호수아 7:21에도 아간의 죄도 보는 데서 시작하였다고 합니다. 다윗의 범죄도 보는 데서 시작하였습니다.

　그러나 범죄만 그런 것이 아니라 인생의 구원도 무엇을 보느냐에 따라 이울어진다고 성경은 말씀하고 있습니다. 출 12:13을 보면 "피를 볼 때에 너희를 넘어가리니 재앙이 너희에게 멸하지 아니하리라"고 하였습니다. 오늘 여러분들과 함께 살펴볼 불 뱀 이야기도 바로 보는 데서 구원이 왔다고 기록하고 있습니다.

　이야기의 발단은 이스라엘 백성이 하나님께 원망한 데서 시작합니다.

우리도 이스라엘 백성들처럼 곧잘 원망하고 불평합니다. 이것은 범죄한 인간에게 있어서 어디서나 볼 수 있는 공통적인 것입니다.

1. 왜 저들은 원망을 했는가?

(1) 길이 험할 때

이스라엘 백성이 걸어가는 길이 대로가 아닌 너무 험한 코스였기 때문에 원망하였다. 인생은 길가는 나그네입니다. 그래서 때로는 높은 산이 있고 때로는 골짜기가 있고 또 때로는 강이 있고 숲이 있습니다. 언제나 평탄하기만 한 것은 아닙니다. 그러나 사람은 누구나 평탄한 길만 원합니다. 그래서 길이 험할 때에는 원망을 하는 것입니다. 그런데 이들이 험한 코스를 가게 된 것은 에돔이 저들을 가로막고 있었기 때문에 홍해 쪽으로 가다가 그만 험한 코스를 가게 된 것입니다. 날씨만 해도 그렇습니다. 길을 걷는 사람들은 항상 좋기만을 원합니다. 그러나 아랍의 격언에 햇볕은 사막을 만들어낸다는 말이 있습니다. 날씨는 항상 구름 한 점 없는 날만 계속되면 결국 사막이 되고 마는 것입니다. 길도 마찬가지입니다. 올라가면 내려가는 것이 있어야 하고 평탄하면 험한 곳도 있어야지 평탄하기만 하면 게을러집니다.

(예화) 운전하는 분들은 잘 알지만 길이 한 없이 똑바르기만 하면 그만 잠이 들기 쉽습니다. 그래서 미국에서는 운전하다가 자는 경우가 종종 있습니다. 더욱이 여름철에는 더하다. 그러므로 평판하기만 해서 좋은 것은 마닙니다. 그러나 사람들은 평탄한길만 원합니다.

(2) 조급하고 인내력 부족

두 번째 이유는 마음이 조급해서 참지를 못하였기 때문에 원망하였습니다. 우리는 성경에서 참지 못하여 범죄한 경우를 많이 봅니다. 아브라함과 야곱이 바로 그런 경우입니다. 아브라함은 참지 못하여 하갈을 첩으로 취하였기 때문에 오늘날까지 아랍과의 전쟁이 계속되고 야곱은 큰 자가 작은 자를 섬기리라는 하나님의 예정이 이루어질 때까지 참지 못하여 형을 속이고 사기치고 그래서 20년간 밧단 아람에서 노예생활을 해야만 했습니다.

2. 이스라엘이 원망한 내용

크게 세 가지로 요약됩니다. 첫째는 광야에서 죽게 되었다는 것이고 둘째는 먹을 양식도 없고 마실 물도 충분치 못하다고 하면서 애굽의 생활과 비교하였습니다. 그래서 애굽에서는 고기 가마 곁에서 살았고 떡을 배불리 먹으면서 살았는데 광야에서의 생활은 너무 부족한 것이 많다는 것이었습니다. 셋째는 항상 같은 음식만 먹는 것을 불평하였습니다. 변화 없는 메뉴가 문제가 된 것입니다.

그러나 따지고 보면 이것은 바로 오늘의 우리들의 불평이라고 할 수 있습니다. 감사하는 생활을 하지 않는 사람은 언제나 불평과 원망만 합니다. 날씨가 좋으면 좋다고 불평, 나쁘면 나쁘다고 불평, 이래서 불평, 저래서 불평입니다. 그러나 이 불평과 원망은 큰 문제를 일으킵니다.

(예화) 시이자가 큰 잔치를 배설하여 귀족들과 함께 참여하였습니다. 그런데 날씨가 너무 험악해서 그날의 모임은 흐지부지되었습니다. 그러자 시이자는 너무 분노해서 험한 날씨를 준데 대한 항의로 활을 가진 자는 다 그들의 신인 쥬피터에게 화살을 쏘아 올리라고 하였습니다. 그 명령에 따라 모두 하늘을 향하여 활을 쏘았습니다. 그러나 그들이 쏜 화살은 다시 내려와 자신들에게 많은 상처를 입혔습니다. 원망의 화살은 마치 머리 위 하늘을 향해 쏜 화살과 같아서 다시 자신들의 머리로 돌아옵

니다. 그러므로 우리는 불평이나 원망을 조심하지 않으면 안
됩니다.

본문에도 이 원망의 결과로 하나님께서 진노하셔서 불 뱀으로 물어
많은 사람들을 상하게 하였다고 했습니다. 사실 사막에는 독사가 많습
니다. 그러나 지금까지 독사에게 물리지 않고 지낸 것은 바로 하나님의
은혜인데 이것을 깨닫지 못하고 원망만 하였던 것입니다. 인간의 불행
은 바로 이 원망에서 비롯되는 것을 우리는 기억해야 합니다.

3. 죽음에 대한 하나님의 처방

하나님은 그냥 처방을 내린 것이 아닙니다. 모세가 중보의 기도를 드
렸을 때 응답으로 그 처방을 말씀해준 것입니다. 우리의 중보기도는 이
처럼 중요합니다. 모세의 기도에 응답하여 하나님은 처방을 주셨습니
다. 첫째는 구리 뱀을 만들어 장대에 달아두라. 둘째는 그것을 바라보
라는 것입니다. 놋 뱀에게 기도를 하라고 하지 않았습니다. 그냥 보기
만 하라고 하였습니다. 기독교가 다른 종교와 많은 차이점이 있으나 여
기서 볼 수 있는 것은 기독교는 행위의 종교가 아니라는 것입니다. 선
을 행하라, 율법을 지키라고 하지 않고 그냥 장대에 달린 구리 뱀을 보
라고만 하였습니다. 물론 이 사건은 장차 십자가에 달리실 예수님을 바
라보면 구원을 얻는다는 것을 모형적으로 보여준 것입니다. 그래서 요
3:14-15절을 보면 "모세가 광야에서 뱀을 든 것같이 인자도 들려야 하
리니 이는 저를 믿는 자마다 영생을 얻게 하려 하심이니라"고 하였습니
다. 여기서 뱀이란 무엇이며 또 놋 뱀을 바라본다는 말은 무슨 뜻인가
요? 한 마디로 말해서 놋 뱀은 예수님을 의미하고 뱀을 바라본다는 말
은 믿는다는 뜻입니다. '신앙'한다는 말입니다.

그러면 신앙이 무엇인가요?

(예화) 존 패톤이 뉴 헤브리디스 섬에 개척 선교사로 갔을 때의 일입니다. 성경을 번역하여 이들에게 보급해야 하는데 불행하게도 이들에게는 믿음이란 단어가 없었습니다. 아무리 찾아보아도 없었습니다. 그러던 어느 날 사냥 나갔던 원주민들이 현관에 들어서면서 사슴을 놓으면서 '여기서 쭉 뻗고 좀 쉬었으면 좋겠다'는 말을 듣고 그 단어로 믿음이란 말을 번역했다고 합니다. 그래서 그는 요 3:16절을 이렇게 번역하였습니다. "하나님이 세상을 이처럼 사랑하사 독생자를 주셨으니 그를 의지하고 뻗고 쉬는 사람은 멸망치 않고 영생을 얻게 하려하심이라."

맺는말

이 세상에는 볼 것도 있고 보지 말아야 할 것도 있습니다. 우리는 항상 주님을 바라보아야 합니다. 그래야 삽니다. 죄도 눈을 통해 들어옵니다만 구원도 눈을 통해 들어온다는 것은 참으로 보는 것이 얼마나 중요하다는 것을 말해줍니다. 사랑하는 성도 여러분, 우리는 이제 주님만을 바라봅시다, 십자가에 못 박힌 주님을 바라봄으로써 마음이 변하고, 인생이 변하고 생활이 변하고 모든 것이 변하는 여러분들이 다 되시기를 주님의 이름으로 축원합니다.

겨울 준비하자

(디3:12-14)

이솝 우화(개미와 배짱이) : 여기서 우리는 준비한 자와 안 한 자의 차이점을 발견합니다. 한자성어에 '유비무환'이라는 말이 있습니다. 또 목말라 우물 팔 때는 이미 늦는다는 말도 있습니다. 영국 격언에는 날씨가 좋을 때 돛을 고치라는 말이 있습니다. 다 미리미리 준비하라는 말입니다.

1. 겨울의 종류

(1) 계절의 겨울

어떤 나라에 가보면 여름철만 계속되는 나라도 없지 않고 또 겨울만 계속되는 나라도 없지 않습니다. 그러나 대부분은 봄, 여름, 가을, 겨울의 네 계절이 있습니다. 우리는 해마다 이 겨울을 맞는데 이를 위해 현명한 주부들은 미리 준비합니다. 연탄을 사놓기도 하고 김장을 담그기도 하고 겨울에 입을 자녀들의 옷을 매만지기도 합니다. 또 난로를 손질하기도 합니다.

중국 사람들의 준비는 세계적으로 정평이 나있습니다. 심지어 거지들도 죽은 뒤에 보면 호주머니에 돈이 들어 있는 것을 볼 수 있다고 합니다. 이처럼 이들은 세상에서의 삶을 위해 철저한 준비를 합니다.

(2) 역사의 겨울

슈펭글러가 말한 것이지만 한 나라의 흥망성쇠를 보면 마치 봄, 여름, 가을, 겨울이 있듯이 나라가 서는 봄이 있고 다음에는 여름처럼 번영하다가 다음에는 가을처럼 열매를 맺으나 마침내는 겨울처럼 망하고 마는 것을 우리는 많이 봅니다. 지금을 태평양시대라고 하는 이유 중 하나는 이 지역의 나라들이 다 봄철을 지나 여름철을 맞이하는 신생국가들이기 때문입니다. 그러나 유럽은 이제 겨울철을 맞지만 노인처럼 이제는 늙고 말았습니다.

(3) 인생의 겨울

인생도 계절과 같이 봄이라고 할 수 있는 소년시절이 있고, 여름철이라고 할 수 있는 청년시절이 있고, 가을철이라고 할 수 있는 중년이 있고, 겨울철이라고 할 수 있는 노년이 있습니다. 그러나 기억해야 할 것은 인생이란 금방 지나가는 흐르는 물과도 같다는 것입니다.

엄벙덤벙 22년, 이것저것 20년, 아차아차 20년 이렇게 해서 인생은 금방 사라지는 안개와도 같은 것입니다. 그러므로 젊은 시절에 노년을 준비하라는 말입니다. 죽음을 준비하라는 말입니다. 그런데 동서를 비교해 보면 전혀 다릅니다. 동양 사람은 아프지 않고 갑자기 죽기를 원합니다. 이것은 바로 뇌일혈이나 심장마비현상으로 죽는 것을 말합니다. 그 결과 죽음을 준비할 기회가 거의 없습니다.

그러나 서양 사람들은 천천히 죽기를 원합니다. 예를 들면 암 같은 것에 걸려서라도 죽음을 준비하고 죽기를 원하는 것입니다. 그래서 동양 사람들은 유언 없이 죽는 경우가 허다합니다. 그러나 서양 사람들은 유언 없이 죽는 경우는 전쟁에서, 혹은 자동차 사고로 죽는 갑작스러운 죽음을 제외하고는 아주 드뭅니다.

2. 왜 겨울 준비를 해야 하나?

(1) 궁핍을 막기 위해

본문을 보면 바울은 니고볼리에서 겨울을 보내기로 하고 디도를 급히 오라고 당부하였습니다. 그뿐 아니라 율법교사인 세나와 아볼로를 먼저 급히 보내어 '궁핍함이 없게' '부족함이 없게' 하라고 하였습니다. 이솝의 우화에서 개미가 겨울 준비한 것은 궁핍함이 없게 하기 위해서입니다.

(2) 열매 없는 자

14절에 '열매 없는 자가 되지 않게 하기 위하여' 우리는 겨울을 준비해야 합니다. 인생은 하나님 앞에 설 때에 각자 보고서를 가지고 서야 합니다. 이때 하나님은 열매를 가지고 계산합니다. 얼마나 배웠느냐 얼마나 돈이 있었느냐? 지위가 무엇이었느냐? 하고 묻지 않습니다. 하나님은 우리가 모든 일에 열매를 맺기를 원하고 계십니다. 나무도 곡식도 다 열매를 맺습니다. 하물며 인생이 열매를 맺지 않아서야 되겠습니까. 우리는 무엇보다도 성령의 9가지 열매인 사랑, 희락, 화평, 인내, 자비, 양선, 충성, 온유, 절제의 열매는 물론이고 사람마다 가지고 있는 재능이 있는데 그 열매를 하나님은 요구하십니다.

(예화) 미국에서 있었던 일입니다. 잠자기를 좋아하는 어떤 청년이 침대 시범회사에 취직을 했습니다. 심지어 모기도 사람들 정신 차리라고 쏘아대면서 다니는데, 사명이 있다면 만물의 영장인 인생에게 어찌 사명이 없겠습니까?

(3) 필요를 위해 준비

14절에 계속해서 "필요한 것을 준비하기 위해서'라고 하였습니다. 사람은 누구나 의식주의 기본적인 필요를 가지고 있습니다. 그러나 우리 신자들은 믿음, 소망, 사랑의 세 가지 영적인 기본 필수품이 더 있는 것입니다. 이 세 가지를 우리는 준비해야 합니다. 우리는 때때로 모든 것을 단번에 원합니다. 그러나 하나님은 모든 것을 단번에 주시지 않고 받을 수 있는 준비를 한 것만큼 주십니다. 그러므로 준비를 해야 우리가 필요한 하나님의 은혜를 받을 수 있는 것입니다.

3. 어떻게 준비할까?

(1) 시간을 아끼고

첫째는 시간을 아끼는 것입니다. 시간이란 말은 헬라어에 크게 두 가지가 있습니다. 하나는 '크로너스'라는 시간인데 이것은 길이로 재는 시간을 말합니다. 우리가 흔히 생각하는 그런 물리적 시간을 말합니다. 둘째는 '카이로스'라는 시간인데 성경에는 이것을 '기회'라는 말로 번역하고 있습니다. 이것은 의미의 시간이요 내용을 재는 시간입니다. 중요한 것은 바로 이 기회를 아끼는 것입니다.

(예화) 기회라는 그림 - 머리는 말머리, 꼬리는 새 꼬리로 묘사했습니다. 이처럼 기회는 언제나 오는 것이 아닙니다. 그러므로 우리에게 기회가 올 때 우리는 이것을 아낄 줄 알아야 합니다. 그래서 성경은 "보라 지금은 은혜 받을만한 때요 보라 지금은 구원의 날이로다"고 하면서 바로 이 지금이란 시간에 은혜를 받고 구원받는데 사용할 것을 말씀하고 있습니다.

아브라함 링컨은 학교에 가서 공부를 하지는 못한 사람이지만 그는 계속해서 독학을 하였습니다. 그랬더니 친구들이 비웃었습니다. 아니 대통령이라도 될 줄 알고 그러는가? 링컨은 준비하고 있노라면 기회가 오겠지요 하고 대답했다고 합니다.

(2) 근면하라

부지런히 일하라는 말입니다. 살전 11-12에 이런 말씀이 나옵니다.

"종용하고 자기 일을 하고 너희 손으로 일하기를 힘쓰라. 이는 외인에 대하여 단정히 행하고 또한 아무 궁핍함이 없게 하려 함이라."(당시 데살로니가 교회의 문제점 설명).

(3) 죽을 준비

죽을 준비를 하라는 말입니다. 인생은 언제나 죽을 준비를 해야 합니다. 세상에서 가장 어리석은 사람이 누구인가?

(예화) 옛날 왕실에 멍청한 소리만 하다가 가끔 영리한 소리를 하는 광대가 있었습니다. 왕은 그가 하도 멍청한 소리를 하기 때문에 자기의 지팡이를 주면서 자네보다 더 멍청한 사람을 보면 이것을 주라고 하였습니다. 여러 해 후에 왕은 임종을 맞게 되었습니다. 너무 긴 여행이라서 마지막 인사를 하기 위해 모이라고 했습니다. 이때 광대가 말하였습니다. 왕은 외국의 귀족들이나 친구들을 만날 때에는 꼭 전령관을 보내어 길을 준비하였는데 지금은 다시 못 올 길을 떠나면서 무슨 준비를 하셨습니까? 왕은 그제야 '아차 내가 아무런 준비를 못하였구나' 하고 깨달았습니다. 그러자 광대는 '그렇다면 이 지팡이를 받으십시오. 나보다 더 어리석은 사람을 이제야 발견했군요' 하고 말했다고 합니다.

여러분은 죽을 준비를 하고 있습니까? 저에게는 한 가지 근심이 있습니다. 부모님이 이제 돌아가실 나이가 되었는데도 전혀 죽음을 생각지 않고 있다는 점입니다. 아니, 우리는 다 이처럼 죽음을 생각지 않고 살고 있지 않나요? 그러므로 우리는 이제 죽을 준비합시다. 죽을 준비를 하는 사람은 모든 일에 성실하고 경건하게 삽니다. 죄를 짓는 것을 두려워합니다. 죽을 준비하는 사람은 언제나 하나님 앞에서 살고 종말론적인 삶을 삽니다. 초대교회 성도들은 인사 때마다 '마라나타'하고 인사하였습니다. 저는 손양원 목사의 주님 고대가를 좋아합니다. 그것은 현실에만 매여서 사는 우리들에게 하나의 경고를 주기 때문입니다. 바라기는 저와 여러분들은 다 인생의 겨울준비를 잘하는 종말론적인 삶을 살다가 주님 나라에서 만날 수 있기를 축원합니다.

감사의 제사를 드리자

(시50:14-15)

방금 봉독한 말씀을 보면 네 가지 내용으로 되어 있습니다.

1. 감사의 제사를 드리라고 했습니다.

하나님이 가장 기뻐하는 것은 바로 감사이기 때문입니다. 병원에 입원하고 있는 사람이 무엇으로 감사할 수 있겠느냐고 말할지 모르겠습니다. 실직한 사람이 무엇을 감사할 것이냐고 할지도 모릅니다. 사실 그 말도 일리는 있습니다. 그러나 우리가 무엇을 인간적인 눈으로 보아서는 안 됩니다. 영적인 눈으로 보아야 합니다. 하나님 편에서 보아야 합니다. 인간적인 눈은 아담 하와의 범죄 후에는 전적으로 타락하고, 범죄한 인간의 눈이기 때문에 모든 것을 삐딱하게 봅니다. 그래서 불평할 것만 보이고 원망할 것만 보입니다. 그러나 영적인 눈으로 보면 다 감사할 것밖에는 안 보입니다. 왜 우리가 감사합니까?

(1) 하나님께 받은 바

하나님께 받은바 은혜가 크기 때문입니다. 우리는 주홍같이 붉은 죄를 다 용서함 받았고, 하나님의 자녀가 되었습니다. 천국의 시민이 되었습니다. 그러므로 감사의 제사를 드려야 합니다.

(2) 우리와 동행하심

지금도 우리와 동행하시기 때문에 감사해야 합니다. 마 28:20절의 말씀대로 하나님이 함께 하신다고 생각해 보세요. 정말 어려웠을 때에 일어난 일들을.

(3) 미래의 축복

미래에 받을 하나님의 축복 때문에 감사해야 합니다. 천국에서 면류관 쓸 것을 생각해 보면 정말 감사하지 않을 수 없습니다.

(4) 감사해야 할 이유

그러나 우리가 꼭 감사해야 하는 이유는 하나님께서 너희는 범사에 감사하라고 명령하셨기 때문입니다. 사실 어떤 때는 아무리 생각해도 감사할 것이 생각이 안 납니다. 그러나 모든 것을 아시는 주님이 명령하시기 때문에 감사부터 하고 보는 것입니다. 사실 감사는 큰 것만 보아서는 감사가 안 나옵니다. 그래서 우리는 기도를 통해 감사할 조건을 찾아보는 것입니다.

감사의 제사를 드릴 때 어떤 결과가 생기는가?

1) 먼저 하나님께서 영광을 받으십니다.

2) 감사하면 우리에게 더 많은 축복이 옵니다.

3) 감사하면 윤활유를 넣은 것처럼 모든 것이 잘 돌아갑니다.

4) 감사할 조건이 점점 더 많아집니다.

2. 높으신 하나님께 서원을 갚으라고 했습니다

사람은 누구나 약속을 합니다. 이렇게 저렇게 할 게요 하고. 그러나 화장실 갈 때만 급하고 나온 뒤에는 생각이 변하는 것입니다. 특히 사람들은 생명이 위독할 때에는 하나님께 서원을 합니다.

하나님 저를 이번에 살려주시면 이렇게 저렇게 하겠습니다. 그러나 병이 낫고 나면 금방 잊어버리는 것이 우리의 습성입니다.

그러나 우리가 참으로 하나님께 감사하려면 우리의 서원을 갚아야 합

니다. 과거에 했던 약속을 하나님께 지켜야 합니다. 부도수표만 발하면
안 됩니다. 오늘 감사주일에 과거에 우리가 한 기도를 한 번 곰곰이 생
각해 보시기 바랍니다. 내가 하나님께 어떤 약속을 하였는가 하고. 그
것도 안 지키면서 또 새로운 부도수표만 남발하지 마시기 바랍니다. 감
사주일은 오늘 하루로서 끝나지만, 그러나 감사의 생활은 날마다 계속
되어야 합니다. 그러므로 하나님께 과거에 하신 약속을 지키시기 바랍
니다.

3. 환난 날에 하나님을 부르라고 했습니다.

사람은 누구나 환난이 있습니다. 이때에 하나님을 구하고, 찾고, 불
러야 한다는 것입니다. 왜 하나님을 부르라고 했을까요? 그것은 하나님
을 만나기 위해서입니다. 왜 하나님을 만납니까? 그것은 하나님만 만나
면 모든 문제가 해결되기 때문입니다. 세상에서도 사업을 하는 사장이
나 회장들은 제일 높은 대통령, 아니면 최소한 장관을 만나기를 원합니
다. 권력이 있으면 문제가 해결된다고 믿기 때문입니다.

이 세상에는 여러 가지 환난이 있습니다.

첫째로 배고픔의 환난이 있습니다.

둘째는 질병의 환난이 있습니다.

셋째는 억울하게 감옥에 갇히는 환난이 있습니다.

넷째는 신앙적인 환난이 있습니다.

다섯째는 남들에게서 받는 오해와 질시의 환난이 있습니다.

이때에 하나님을 부르라는 것입니다. 그러면 하나님을 만나게 되고
그 때에 우리의 모든 문제는 해결됩니다.

4. 네가 나를 영화롭게 하라는 것입니다.

우리 말 성경에는 영화롭게 하리로다라고 되어 있으나 원문에 보면

명령형으로 되어 있습니다. 그래서 공동번역에는 '너는 나에게 영광을 돌리라'고 명령형으로 번역했습니다.

　그러면 어떻게 하는 것이 하나님을 영화롭게 하는 것입니까? 전도하는 것입니다. 기도하는 것입니다. 찬양하는 것입니다. 봉사하는 것입니다. 특별히 성도들끼리 서로 사랑하는 것입니다. 그러므로 우리 모두 감사를 통해 하나님께 영광 돌리는 삶을 살 수 있기를 주님의 이름으로 축원합니다.

거룩한 공회

(엡2;11-22)

오늘은 우리가 교회란 무엇인지에 대해서 함께 살펴보려고 합니다. 요즈음에 문제가 되고 있는 것 중에 하나가 바로 교회관의 문제입니다. 이것이 잘못된 모임이나 교회들이 적지 않게 있습니다.

1. 거룩한 공회(holy catholic church)란 무엇인가?

catholic = universal(보편적): 범세계적으로 교회는 하나란 뜻입니다. 천주교회에서는 교황을 수반으로 한 교회제도만을 참 교회라고 주장하는데 그것은 비성경적 발언입니다.

2. 왜 교회는 하나이어야 하나?

1) 교회는 기초가 하나이기 때문에

2) 그리스도께서 모퉁이 돌이 되시기 때문입니다.

3. 참 교회는 무엇이 있어야 하는가?

1) 말씀이 있어야 하고

2) 치리가 있어야 합니다. 그러나 오늘날 치리는 살아지고 있습니다. 혹여나 치리를 하면 나를 치리해. 다른 교회로 가면 되지 하고 말합니다.

4. 객관적으로는 다음 두 가지가 있어야 교회다운 교회입니다.

(1) 거룩함이 있고 세상과는 구별되어야 함

목적에서 교회는 하나님 중심이요 하나님의 영광 중심이어야 합니다. 그러나 세상은 항상 자기중심적입니다. 세상은 법과 검으로 다스리지만, 교회는 은혜와 사랑으로 다스려야 합니다.

(2) 교파 분열 금지

보편성이 있어야 합니다. 교파의 분열은 하나님의 마음을 아프게 합니다.

5. 왜 교파가 분열되는가?

(1) 교리적 차이

교리적 차이 때문입니다. 교단이 주님 위에 있는 현실은 잘못입니다. 교단에 충성을 요구하는 것도 교파 싸움을 부채질합니다. 그러므로 교단을 우상시해서는 안 됩니다. 교단이란 개교회가 잘못 되지 않도록 지도하는 '울타리'와 같은 것입니다. 따라서 결코 개교회 위에 군림해서는 안 됩니다. 감사한 것은 평신도들이 교단의식이 사라져 갑니다. 그러나 말씀을 옳게 분별하는 교회를 바로 선택할 줄 모르는 것은 참으로 안타까운 일입니다

(2) 정치적 이해관개

정치적 이해관계 때문입니다. 그러나 욕심이 잉태한즉 죄를 낳고 죄가 장성한즉 사망을 낳느니라고 하였습니다. 그러므로 각 교파 간에 이단이 아닌 다음에는 서로 연합하고 협력하는 것이 성경적입니다.

(3) 개교회주의

개교회주의 때문입니다. 개교회주의는 한국교회가 범하는 가장 큰 죄악입니다. 나는 어쩌다 대교회에서 목회를 했지만 대교회주의자가 아닙

니다. 다만 많은 사회적, 교회적 봉사를 하고 싶었을 뿐입니다.

(4) 선교에 나태함

선교에 열심히 없기 때문입니다. 선교를 중지한 교회는 이미 교회가 아닙니다. 4만 교회 중에서 2백 개 정도만 선교를 하고 있는 현실은 안타깝습니다

(5) 기업화된 교회

교회가 기업화되기 때문입니다. 그래서 많은 대교회 목회자들은 바른 목회학을 배우려 하지 않고 삼성과 같은 조직을 더 배우려고 합니다.

6. 교회는 교회다워야

그러려면 어떻게 해야 하나요?

(1) 바른 교회관 정립

교회관이 바로 정립되어야 합니다. 그리스도의 지체로서의 의식. 교회는 교회를 위해서 존재하지 않고 주님을 위해서 존재하며 지극히 작은 자들을 위해서 존재한다는 것을 분명히 해야 합니다.

(2) 개혁의 필요성

계속적인 개혁이 필요합니다. 칼뱅은 '쌤패르 레포만다'(계속적인 개혁)를 주장했으나 오늘날의 장로교는 개혁을 멈춘 지 오래 됩니다. 참으로 슬픈 일입니다. 바라기는 교회다운 교회, 성경적인 교회, 참 교회가 되기를 축원합니다.

갈보리의 십자가

(마27:45-56)

성경의 핵심은 두말 할 필요도 없이 구원문제입니다. 이것은 갈보리 언덕의 십자가를 통하여 표현되고 있습니다. 창세기에서 계시록까지의 구원의 역사는 갈보리를 중심으로 기록되어 있습니다. 그래서 이 시간에는 갈보리의 십자가의 진리가 구약에서 신약에 이르기까지 어떻게 표현되고 있는지를 살펴보면서 구원의 진리를 깨달아 함께 은혜를 나누려고 합니다.

고전 15:3절에 보면 "성경대로 그리스도께서 우리 죄를 위하여 죽으셨다"고 했습니다. 여기서 '성경대로'라는 말은 구약의 기록대로라는 말입니다. 사실 십자가의 진리가 구약성경에 그림자로 여기저기 기록되어 있습니다. 그것을 이 시간 함께 살펴보겠습니다.

1. 하나님이 지으신 가죽옷

최초의 기록은 창3:20 "여호와 하나님이 아담과 그 아내를 위하여 가죽옷을 지어 입히시니라" 가죽옷을 해 입히기 위해서는 동물을 먼저 죽여야 합니다. 따라서 하나님께서 아담에게 마련해 주신 가죽옷은 하나님께서 그리스도의 죽음을 통해 주신 구원의 그림자입니다. 그림자란 특징이 희미한 것입니다. 그래서 여기서도 구원의 진리는 희미하게 나타나 있습니다. 그러나 그것을 영적 눈으로 분명하게 보아야 합니다.

2. 믿음으로 드린 피의 제사

창 4:3-8, 아벨의 제사를 하나님께서 받으신 것은 믿음으로 드린 피의 제사였기 때문입니다.

(답) 히 9:22 "피 흘림이 없은즉 사함이 없느니라." 피의 개념이 처음으로 사용되고 있습니다.

3. 수양으로 드린 번제

창 22:1-13 특히 13절 : 아브라함이 눈을 들어 살펴본즉 한 수양이 뒤에 있는데 뿔이 수풀에 걸렸는지라 아브라함이 가서 그 수양을 가져다가 아들을 대신하여 번제로 드렸더라는 말씀은 대속의 개념으로 처음 사용되고 있습니다.

4. 구원한 피의 표적

출 12:1-14 특히 13절 "내가 애굽 땅을 칠 때에 그 피가 너희의 거하는 집에 있어서 너희를 위하여 표적이 될지라 내가 피를 볼 때에 너희를 넘어가리니 재앙이 너희에게 내려 멸하지 아니하리라"는 말씀은 피로 말미암은 구원을 가르쳐준다. 즉 양의 피를 바를 때에 재앙이 넘어간다는 말입니다.

5. 번제물과 속죄

레1:4 "그가 번제물의 머리에 안수할지니 그리하면 열납되어 그를 위하여 속죄가 될 것이라." 여기서 두 단어가 동의어로 되어 있습니다. '열납되어'란 말과 '속죄가 된다'는 말입니다. 4:4절에도 같은 진리가 언급되어 있습니다. 레위기는 잘 아는 대로 신자의 신앙과 인내를 저울질하는 곳입니다. 대개가 여기서 끝난다. 그러나 구약의 말씀 가운데 레위기만큼 십자가의 진리가 가장 잘 나타난 곳은 없습니다. 1-10장까지는 '하나님께 나아가는 비결'이 잘 나타나 있습니다. 11-27장까지는 '하나

님과 동행하는 방법'을 말씀하고 있습니다. 특히

1장에서는 번제,

2장에서는 소제,

3장에서는 화목제,

4장에서는 속죄제,

5장에서는 속건제가 기록되어 있습니다.

이것은 신약에서 성취될 십자가로 말미암은 구원을 그림자로서 보여주신 것입니다.

6. 바닷물을 가르심

출 14:21 "모세가 바다 위로 손을 내어민대 여호와께서 큰 동풍으로 밤새도록 바닷물을 물러가게 하시니 물이 갈라져 바다가 마른 땅이 된지라." 이 말씀은 애굽으로부터의 구원을 상징합니다. 수 4:18 "여호와의 언약궤를 멘 제사장들이 요단 가운데서 나오며 그 발바닥으로 육지를 밟는 동시에 요단 물이 본 곳으로 도로 흘러 여전히 언덕에 넘쳤더라."

이 구절은 약속의 땅, 즉 가나안 복지에 들어간 것을 말한 것입니다.. 이것은 구원의 양면성을 의미합니다. 즉 구원이란 '무엇으로부터 떠나는' 부정적인 면과 '무엇으로 들어가는' 긍정적인 두 가지 면이 있습니다. 이와 꼭 같은 진리가 '마라'(쓰다는 뜻. 오늘의 수에즈 운하에서 9킬로)의 사건에서도 십자가가 그림자로 나타나고 있습니다. 출 5:25절 "모세가 여호와께 부르짖었더니 여호와께서 그에게 한 나무를 지시하시니 그가 물에 던지매 물이 달아졌더라." 이 구절은 죽음의 쓴 물이 십자가를 상징하는 나무를 던지자 부활의 단물로 변화된 것을 말해줍니다.

7. 원망의 대가

민 21:8-9절은 모세를 원망한 대가로 불뱀으로 백성을 죽게 한 구절입니다. 이는 요한복음 3:14-15에서 새롭게 해석되고 있습니다. 여기서 뱀은 십자가의 반형적 그림자입니다. 공통점은 들리운다는 것과 둘째는 들린 자를 바라보는 자마다 생명을 갖게 되었다는 점입니다.

8. 성소와 지성소의 구별

출 26:33 "그 휘장이 너희를 위하여 성소와 지성소를 구별하리라", 마 27:51 "이에 성소 휘장이 위로부터 아래까지 찢어져 둘이 되고" = 여기서 휘장은 성육신하신 예수님 자신을 말합니다. 그래서 구약시대에는 일 년에 한 번씩밖에 못 들어가던 지성소에 마음대로 들어가는 특권을 얻게 되었습니다.

9. 영광을 위해 땅에 묻힘

요 12:24 "한 알의 밀이 땅에 떨어져 죽지 아니하면 한 알 그대로 있고 죽으면 많은 열매를 맺느니라." 이 구절은 영광스러운 추수를 위해 땅에 묻혀야 할 것을 말씀한 것입니다.

10. 떡 뗌과 잔 부음의 의미

마 26:26-28. 떡을 뗀다는 것은 그의 살이 찢기실 것을 상징하고 잔을 붓는다는 것은 피를 흘릴 것을 상징한 말씀입니다.

맺는말

시 104:34 "나의 묵상을 가상히 여기시기를 바라나니 나는 여호와로 인하여 즐거워하리로다." 성경을 그냥 읽는 것이 아니고 이렇게 모형론적 해석을 하게 되면 깨닫는 즐거움, 진리를 발견하는 즐거움을 갖게 됩니다. 이것이 바로 말씀의 묵상입니다. 시 1:2절에 복 있는 사람은 누구나에 대해 답하고 있습니다.

"오직 여호와의 율법을 즐거워하여 그 율법을 주야로 묵상하는 자로다".

시편 기자는 계속해서 비유하기를 시냇가에 심은 나무와 같다고 하였습니다. 이 구절은 이스라엘의 일기를 알아야 바로 해석할 수 있습니다. 그러나 한국에서는 시냇가에 심은 나무는 저주가 됩니다. 그 차이점을 구별해야 합니다.

그러면 어떤 결과를 가져오나요? 13절에 3가지의 결과를 말하고 있습니다.

① 과실을 맺음(열매 맺는 축복),

② 잎사귀가 마르지 않음(외형적 번영)

③ 그 행사가 다 형통(형통의 축복)입니다.

이런 축복이 우리 모두에게 넘치기를 축원합니다.

가서 가르치라

(마28:16-20)

1. 가서 가르치라는 이 말씀을 주신 분은 누구신가?

"하늘과 땅의 모든 권세를 내게 주셨으니"

예수님은 성부로부터 모든 권세를 부여받으신 분입니다. 주님은 전권자입니다. 그러므로 그의 명령은 절대적입니다.

2. 우리가 할 일은?

우리는 하나님의 은혜로 구원받고, 믿음으로 말미암아 구원받았으므로 마땅히 해야 할 사명이 있는 것입니다. 하나님은 먼저 주신 후에 하라고 명령하신 것입니다.

그러면 하나님의 명령은 무엇인가요? 두 가지가 있습니다. 하나는 문화명령이요 다른 하나는 복음전파의 명령입니다. 문화명령은 하나님이 창세기에서 제일 먼저 주신 명령입니다.

"이르시되 생육하고 번성하여 땅에 충만 하라. 땅을 정복하라. 바다의 고기와 공중의 새와 땅에 움직이는 모든 생물을 다스리라 하시니라(창1:28).

문화명령은 땅을 가꾸라는 말씀에 잘 나타나 있습니다. 현대의 비극은 환경오염과 자연의 훼손에서 비롯되고 있습니다. 공기공해, 소리공해, 물 공해 등 많은 공해들은 인간이 자연을 가꾸지 않는 데서 비롯된 것입니다. 산업사회가 되어서 조급하게 돈을 벌려고 하는 인간의 욕심이 그 원인입니다.

두 번째 명령인 복음전파 명령은 인간이 범죄하고 타락하므로 탈선한 인간들에게 본래의 자리로 돌아가는 비결을 가르쳐준 것입니다.

3. 복음전파와 제자훈련 명령

19절의 말씀을 자세히 보면 본동사는 '모든 족속으로 제자를 삼아'란 말씀이고. 다른 세 가지

① '너희는 가서', 선교의 명령이란 말씀입니다.

② "아버지와 아들과 성령의 이름으로 세례를 주고"(교회성장의 명령)입니다.

③ "내가 너희에게 분부한 모든 것을 가르쳐 지키게 하라"(기독교 교육의 명령)은 다 분사형으로 된 것을 볼 수 있습니다. 따라서 주님의 제자를 삼으라는 것이 근본명령이고 다른 세 가지는 이것을 이룩하는 방법이요 단계인 것을 말씀하고 있습니다.

그러면 '가서 가르치라'는 말씀은 무슨 뜻인가요? 먼저 '가서'라는 말은 국경을 넘어서, 문화의 한계를 넘어서 가라는 뜻으로 선교를 의미합니다. '가르치라'는 말은 교육을 뜻하는 말입니다. 여기서 우리는 복음전파와 기독교 교육의 절대적 관계를 발견합니다.

끝으로 기독교 교육의 내용은 무엇인가요?

① "네게 가르쳐 분부한 모든 것"입니다.

② 다음에는 교육의 목적이 나옵니다. '지키게 하라'는 말씀입니다. 모든 교육이 다 그러하지만 기독교 교육은 더욱이 지키는데 그 목적이 있습니다. 따라서 기독교 교육은 인격 교육이지 단순한 이론 교육이 아닙니다. 물론 여기서 가르쳐 지키게 하는 궁극적 목적은

주님의 제자가 되는데 있습니다.

여기서 우리는 제자란 무엇을 의미하나요? 제자가 되는 비결은 무엇인가를 살펴볼 필요가 있습니다. 제자란 그리스도를 닮기 위해 주님을 따르는 사람을 말합니다. 다음으로 제자훈련이란 영적인 성숙과 영적인 재생산을 개발하는 영적인 사역을 말합니다. 오늘날 교회의 문제점은 단순한 전도에 있습니다. 먼저 효과적 전도를 한 뒤에 기본적 양육을 하고 다음에는 동기부여를 통하여 전도의 열매를 맺게 하고 마침내 그들을 훈련자로(딤후2:2) 만들어 그들로 하여금 또 다른 제자들을 삼게 하고 제자 배가자가 되게 하는 것입니다. 배가자란 제3세대의 제자훈련을 말합니다.

그러나 제자양육에 앞서 중요한 것은 신실한 사람을 찾는 것입니다. 신실한 자를 찾는 것은 쉽지 않습니다. 그러나 신실한 사람을 발견할 때 기쁨이 옵니다. 그 기준은

① 말씀에 굶주린 자(벧전2:2; 레15:16),
② 거룩한 삶을 살려고 간구하는 자(요일2:3; 벧전15-16),
③ 하나님을 알려고 갈망하는 자(시42:12; 63:1),
④ 주님에게 근본적으로 헌신한 자(마6:33; 롬12:2; 순종하려는 의지와 기꺼이 맡으려는 의지가 필요),
⑤ 하나님께 쓰임받기를 갈망하는 자(롬1:11,15; 골2:1),
⑥ 사람을 사랑하는 자(고후5:14; 빌1:8; 살전2:7-9)입니다.

이제 바라기는 저와 여러분들이 다 주님의 제자가 되어 이 민족을 복음화해서 태평양 시대를 이룩할 수 있기를 주님의 이름으로 축원합니다.

가라 아니면 보내라

(마28:16-20)

저는 이 설교를 하기 전에 먼저 간증할 것이 있습니다. 저는 모든 설교나 강의나 원고를 반드시 전산처리를 합니다. 컴퓨터에 입력하여 그것을 가지고 설교를 합니다.

그런데 이번 설교는 두 번이나 입력을 하였으나 이상한 일이 계속해서 일어났습니다. 저 자신이 컴퓨터에 익숙한 편이어서 입력한 것이 저절로 없어지는 경우란 있을 수 없는 일인데 계속해서 없어져 도저히 입력할 수가 없었습니다.

나는 사탄의 역사가 이런 기계에까지 영향을 주는 것을 처음 체험해 보았습니다. 아마 여러분들이 이곳에 오는데도 여러 가지 사탄의 방해가 있었을 것입니다. 그러나 이것은 성령의 역사가 더 강하게 일어난다는 증거입니다. 죄가 많은 곳에 은혜가 많다는 것은 바로 이런 경우를 두고 하는 말입니다. 저는 이 시간 성령의 역사가 강하게 임할 것을 믿습니다. 여러분들도 믿으시면 아멘하시기 바랍니다.

사람에게는 누구나 두 개의 눈이 있습니다. 하나로 보면 초점이 잘 안 맞습니다. 마찬가지로 마음에도 두 개의 눈이 필요합니다. 하나는 내가 어디에 서 있느냐를 아는 지혜 즉 설 자리와 서서는 안 될 자리를 아는 지혜가 필요합니다. 다른 하나는 내가 사는 시대가 어떤 때인가를

아는 바른 역사의식이 필요합니다. 하나님께서 아담이 범죄 했을 때 '아
담아, 네가 어디 있느냐'고 물으셨습니다. 이것은 지리적 질문이 아니라
실존적 위치에 대한 질문이요 영혼의 주소를 물은 것입니다. 사람은 자
기가 있어야 할 자리에 있어야 가치가 있습니다.

　(예) 사람이 자기가 서 있어야 할 자리에 서 있으려면 자기가 사는
시대를 보는 역사의 눈이 있어야 합니다. 이것을 우리는 흔히는
철이 났다. 철이 안 났다는 말로 표현하기도 하나 좀 더 정확하
게는 역사의식이라고 부릅니다. 시편 90편에 보면 모세가 하나
님 앞에서 기도한 내용이 나옵니다. 12절에서 그는 "우리에게
날 계수함을 가르치사 지혜의 마음을 얻게 하소서" 하고 기도했
습니다. 이것이 바로 바른 역사의식입니다. 바울은 롬13:11절
에서 "또한 너희가 이 시기를 알거니와"라고 했는데 이 때 사용
한 단어는 카이로스 즉 기회 혹은 시기를 뜻하는 말입니다. 다
시 말하면 하나님의 창조와 주님의 재림 사이에 어떤 위치에 자
기가 서 있는지를 아는 영혼의 눈을 말하는 것입니다. 우리는
이 두 개의 눈을 갖기까지는 내가 무엇을 해야 하는지, 어디로
가야 하는지를 판단할 수가 없습니다.

　두 말할 필요도 없이 지금 우리는 주님의 재림 직전에 살고 있습니
다. 성경에 보면 종말이란 말이 두 가지로 표현되고 있습니다. 하나는
last days란 복수형으로 표현한 것인데 이것은 예수님의 초림에서 재
림 때까지를 이르는 신약시대 전체를 뜻합니다. 두 번째는 the last
day 즉 단수형으로 이것은 흔히 말세지말(末世之末)이란 말로 표현되는
데 그것은 예수님의 재림 때를 의미합니다. 그런데 지금 우리는 신약시
대의 마지막 시기인 주님 재림이 가까운 시기에 살고 있다는 말입니다.
이것은 마태복음 24장에서 예수님이 말씀한 4가지의 징조가 벌써 일어

나고 있기 때문입니다. 여기서 예수님은 정치적 군사적 위기, 기근과 지진, 도덕적 부패, 거짓 그리스도의 오심 등을 들고 있습니다. 그것이 지금 성취되고 있다는 말입니다. 따라서 우리의 할 일은 마 24:14절의 말씀대로 "이 천국복음이 온 민족에게 증거되기 위하여 온 세상에 전파되리니 그 제야 끝이 오리라"고 말씀하셨습니다. 바로 여기에 우리가 선교하지 않으면 안 되는 이유가 있습니다. 그러면 선교해야 할 이유를 몇 가지만 찾아보겠습니다.

1. 왜 우리는 선교해야 하는가?

(1) 주님의 지상명령 때문

주님의 지상명령이기 때문이다(마28:19). 18절에 보면 예수님은 하늘과 땅의 모든 권세를 하나님에게서 받았다고 하였습니다. 그 예수님께서 우리에게 "그러므로 너는 가서"라고 했는데 여기서 '가서'라는 말은 국경과 지역을 초월하여 선교하러 간다는 뜻입니다.

(2) 추수의 명령 때문

추수할 것을 명령하셨기 때문이다(마9:37). 추수는 계시록 14장을 보면 곡식추수와 포도추수로 나누어집니다. 곡식추수는 구원을 위한 은혜의 추수입니다. 그러나 포도 추수는 심판을 위한 저주의 추수입니다. 우리에게 이 은혜의 곡식 추수를 주님은 명한 것입니다. 이 얼마나 큰 축복인가요? 이 세상의 장래가 나와 당신의 손에 있다는 말입니다. 이것을 우리가 저버린다면 하나님은 우리에게 분명히 피값을 물을 것입니다.

(3) 선교하지 않으면 화가 있기 때문

선교하지 않으면 화가 있을 것이기 때문입니다(고전 9:16). 바울은 "내가 복음을 전할지라도 자랑할 것이 없음은 내가 부득불 할 일임이라.

만일 내가 복음을 전하지 아니하면 내게 화가 있을 것임이로다"라고 고백했습니다. 이것은 복음전파가 단순한 의무 이상임을 말한 것입니다.

(4) 민족이 사는 길이 있기 때문

우리 민족이 사는 길이 하나님의 말씀을 들어야 되기 때문입니다. 아모스는 "양식이 없어 주림이 아니며 물이 없어 갈함이 아니요. 여호와의 말씀을 듣지 못한 갈함이라"(암8:11)라고 당시의 상황을 분석했는데 지금 우리의 실정이 그렇습니다. 우리는 지금 많은 외채가 있지만 그래도 경제적으로는 과거 어느 때보다 부요한 생활을 하고 있습니다. 그러나 영적으로는 고갈할 대로 고갈되어 있고 사회적 소외현상이나 계층 간의 대립의식은 지금 극한상황에 놓여 있습니다. 하나님의 말씀밖에는 아무 것도 우리의 현실을 해결해줄 수가 없는 것입니다.

(5) 하나님이 기뻐하시는 선교 때문

선교는 하나님의 가장 기뻐하시는 것이기 때문입니다(고전1:21-24). 인간의 행복은 자기 자신의 행복을 추구해서는 오지 않습니다. 그것은 하나님의 영광과 이웃을 위해 봉사할 때 부수적으로 주어지는 것입니다.

2. 어떻게 선교해야 하는가?

(1) 기도부터 시작

선교의 문이 열려지도록 기도부터 시작해야 합니다. 계시록 3장에 보면 빌라델비아 교회에 보내는 편지에서 "볼지어다 내가 네 앞에 열린 문을 두었으되 능히 닫을 사람이 없으리라"(8절)고 하였습니다. 선교의 문을 말씀한 것입니다. 그런데 이 선교의 문은 기도를 통해 열려집니다. 선교방법론연구에 앞서서 기도부터 해야 합니다. 구하라, 찾으라, 문을 두드리라고 하였습니다. 그러면 열립니다.

(2) 십자가 정병 양성

십자가 정병을 모집해서 훈련해야 합니다. 선교는 영적 전쟁입니다. 오늘날의 전쟁은 개인적으로는 절대로 승리할 수가 없습니다. 조직화되지 않으면 안 됩니다. 악의 세력들이 점점 강하게 대적해 오기 때문에 우리도 뭉치지 않으면 안 됩니다. 그런데 이것을 방해하는 가장 무서운 적이 교파의식입니다. 물론 각 교파 간에는 교리가 다소 다르고 이해관계도 있습니다. 잘못된 교리도 있습니다. 그러나 이것 때문에 우리끼리 싸우고 있으면 결국 자멸하고 맙니다. 모든 신자들은 연합세력을 형성해서 싸워야 합니다. 한국에 선교할 때 장로교와 감리교는 지역을 분배한 것을 볼 수 있습니다. 젊은 십자가 정병을 모집해서 특별 전도훈련을 시켜 보내면 큰 효과를 거둘 수 있습니다.

(3) 전도 방법

'와서 보라'의 전도방법. 많은 사람들은 전도를 어렵게 생각합니다. 그것은 자기가 상대방을 믿게 하려고 하니까 그렇습니다. 인간이 남을 믿게 할 수는 없습니다. 성령께서 하시는 것입니다. 우리는 단순히 그의 도구가 될 뿐입니다. 다만 우리가 하는 것은 소개하는 일입니다. 와서 보라! 이 얼마나 간단한 방법인가요? 요 4장에 보면 사마리아 여인의 이야기가 나옵니다. 이 여인은 주님을 믿고 난 후에 와서 보라의 전도방법으로 많은 사마리아인들이 믿게 되었다고 하였습니다.

(4) 안드레식 전도방법

안드레는 요 1:42절을 보면 먼저 베드로에게 전도했습니다. 요 6:8절에는 어린이를 주님에게 데려왔다고 하였습니다. 요 12:20-22절에 보면 헬라인 몇을 데리고 빌립과 함께 예수님에게 왔다고 하였습니다. 여기서 우리는 맨투맨의 전도방법을 봅니다. 가까운 사람에게서부터 먼 사람에게로 전도하는 것을 봅니다. 사실 기독교의 가장 고전적 방법은 맨투맨 방법입니다. 이것이 가장 확실한 방법이고 마음과 마음이 가장 잘 통하는 방법입니다. 이 방법을 시시하게 보아서는 안 됩니다.

(5) 정거장식 전도방법

이것은 바울이 사용했던 방법으로서 그는 여러 전략적 요충지대에 교회를 세우고 그들에게 그 지역의 복음전파를 맡겼습니다. 이것은 책임 분배의 방법이기도 합니다. 그밖에도 여호수아 전도방법(수 6장에서 백성은 외치고 제사장들은 나팔을 불고 성벽은 무너지고)과 70인 전도방법(가가호호 방문) 등이 있습니다.

바라기는 우리에게 기회가 주어졌을 때에 호흡이 있는 기간 동안에 많은 전도와 선교를 함으로 주님의 뜻을 이루는 우리의 인생이 되기를 축원합니다.

언제 인류의 종말이 오는가?

(살후2:1-12)

1. 최근의 사회현상

최근에 1992년에 인류의 종말이 온다고 직장을 그만 두고, 학교를 그만 두고, 집을 팔고 땅을 팔고 적금을 해지하고 저축을 하지 않는 일이 우리 사회에 팽배하고 있습니다.

2. 왜 이렇게 종말에 관심이 많은가?

종로서적에만도 70여 종의 종말에 관한 서적이 팔리고 있습니다.

「1992년의 열풍」이란 이장림의 책은 나온 지 얼마 안 되어 50만 부를 돌파하였습니다. 그러나 따지고 보면 이런 현상은 88년부터 천국 콜레라 전염자인 펄시 콜레의 「내가 본 천국」, 「100가지 천국비밀」과 함께 천국성회가 여기저기서 일어나면서부터입니다. 그 이유는 크게 세 가지라고 할 수 있습니다.

(1) 종말론적 현상인 불법이 성하므로

향락산업의 번창, 인신매매, 10대들의 강도 및 성폭행, 마약사범들의 성행, 국회의원들의 뇌물수뢰, 교수들의 비리 등등.

(2) 이단 종파의 난무

안정된 사회에서는 이단이 발을 붙이지 못합니다. 종말론을 들고 나온 이단으로서는 다미선교회를 비롯한 20여 종이 있습니다.

(3) 걸프전쟁의 큰 영향

최근에 전쟁에 관한 비디오가 날개 달린 듯이 팔리고 있습니다. 특히 열심 있는 신자들에게 이것이 아마겟돈 전쟁이 아닌가 하는 염려를 가져왔습니다.

아마겟돈이란 무깃도 산이란 뜻입니다. 사사기에 보면 여기서 많은 전쟁이 벌어진 것을 볼 수 있습니다. 구약에 나오는 이스르엘 골짜기를 말합니다. 계시록 14:17-20절에 보면 마지막 때 악의 무리들을 사방에서(짐승과 그의 군대:유럽, 북방 왕:소련, 동방 왕들:중공과 일본, 남방 왕:아랍권) 이곳으로 모아 하나님의 진노가 임할 것을 말씀하고 있습니다. 그때 마귀는 불과 유황 못에 던짐을 받을 것이라고 하였습니다.

3. 허풍의 종말론들

(1) 1844년 빗나간 예언

단 8:14(BC 2300)- 주후 1844년에 윌리암 밀러가 예수 재림을 예언했으나 이루어지지 않았고 대신 안식교회가 시작되었습니다.

(2) 1988년 재림설

무화과나무 비유(마24:32-34). 1948년 이스라엘의 독립, 한 세대 40년으로 계산하여 1988년 재림설(에드가 와이즈 난트)이 나옴

(3) 1992년 빗나간 휴거설

이장림의 92년 휴거설. 6일 동안 세상을 창조하시고 하루 쉬심. 벧후 3:8(하루가 천년 같고). 그러므로 구약 4000년+신약 2000년=6000년 인류역사(어셔 감독의 인류역사 6000년 설). 여기서 9년 대환란을 빼면 92년에 공중 재림한니다는 결과가 나온다고 해석했습니다. 그러나 오늘의 서기는 4년 내지 6년의 오차가 있다는 것이 정설입니다.

4. 마지막 때에 나타날 적 그리스도와 666

물물교환＝화폐＝수표와 어음＝크레디트카드＝전자 화폐(바코드)가 유행했습니다. A를 6, B를 12, C를 18로 계산하면 computer는 합계 666이 된다. 이 해석은 재미는 있으나 성경적 해석은 아닙니다. 과거에는 네로를 666으로 보았고, 종교개혁 당시에는 교황을 그렇게 보기도 했습니다. 이장림의 견해에 의하면 적그리스도는 EC의 통합 대통령이라는 것입니다. 그는 바로셀로나 올림픽 때 VIP석에 앉아서 666을 선포할 것이라고 하였습니다. 그는 666(IBM의 국제고유 번호)이란 문신을 한 사람들만 살게 되고 그것이 없는 사람들은 핍박하여 완전히 통제할 것이라고 예언했습니다.

물론 정보화시대에 있어서 컴퓨터는 아주 중요한 역할을 하는 것은 사실이나, 그러나 그것은 단순히 수단일 뿐 그것을 지배하는 것은 사람입니다. 전통적으로는 '적그리스도＝666'으로 보고 있습니다. 구체적으로 적그리스도가 누구인지는 말하기 어려우나 반드시 어떤 한 사람으로만 볼 수는 없고, 그리스도를 대적하는 모든 세력을 다 포함한다고 할 수 있습니다.

5. 휴거가 있다면 어떤 것인가? 7년 대환란이란 무엇인가?

휴거(끌 휴, 가져갈 거)＝harpazo(살전4:16-17, 고전15:51-53). 휴거에는 크게 세 가지의 설이 있습니다. 환란 전 휴거설(공중 혼인잔치), 환란 중 휴거설(전3년 반 후에), 환란 후 휴거설(재림과 동시에 휴거). 중요한 것은 예수님의 이중 재림론입니다. 공중 재림과 지상 재림이 있을 것이란 표현입니다. 그러나 예수님의 재림은 일회적입니다. 다만 두 가지의 장면으로 묘사한 것뿐입니다. 하나는 성도를 중심으로 공중 재림을 표현하였고, 다른 하나는 불신자를 중심으로 지상 재림으로 표현을 했으나 사실은 단일사건입니다.

휴거의 구약 예표로는 에녹(홍수 전 세상에서 들어 올림)과 롯(소돔의 심판
전 이끌려 나옴)이 있습니다. 문제는 여기서 들려 올린다는 말은 묵시문학
적 표현으로서 상징적으로 해석해야 합니다. 이것을 문자적으로 해석하
면 웃기는 것이 되고 맙니다. 당시의 상황은 문자적으로 표현할 수가
없는 시대였기 때문에 묵시적으로 표현했던 것입니다. 따라서 들려 올
린다는 말은 갑자기, 빠르게 일어난다는 뜻이고, 신적인 능력으로 일어
난다는 뜻입니다. 이것은 한 마디로 해서 하나님의 절대적 보호를 의미
합니다.

다음으로 7년 대환란이란 문자적으로 해석해서는 안 되고 상징적으
로 해석해야 합니다. 문자적으로 해석하면 다음과 같은 우를 범합니다.
그리스도는 반석이십니다. 그러므로 성도들은 안방에 반석을 하나씩 가
져다 놓고 매일같이 섬겨야 합니다. 얼마나 웃기는 말인가요? 성경에는
복음, 시, 잠언, 비유, 율법, 은유, 묵시, 예언 등 여러 가지의 문학의
형태가 있으므로 그 형태에 따라 해석하는 것이 옳습니다. 그러면 7년
대환란이란 무엇인가요? 교회시대라고 할 수 있습니다. 이 환란은 알곡
과 쭉정이를 구별하고, 택함 받은 성도들의 신앙을 용광로처럼 순도 높
은 신앙으로 만들어 내는데 그 목적이 있습니다.

6. 종말에 어떻게 대처해야 하나?

1992년에 종말이 온다는 말은 그 의미에 따라 예와 아니오가 결정됩
니다. 말세라고 할 때 last days의 뜻으로 사용할 때와 the Last Day
의 의미로 사용할 때가 있습니다. 전자의 경우는 주님의 초림부터 재림
때까지를 의미하고, 후자의 의미는 말세지말 즉 주님의 재림 때를 의미
합니다. 만약 전자의 의미로 말한다면 그것은 매순간마다 임하는 것이

므로 예라고 해야 하나 후자의 뜻으로 말한다면 아니라고 할 수밖에 없
습니다. 왜냐하면 성경의 예언 중 많은 부분이 이루어진 것은 사실이나
아직도 이루어지지 않은 부분이 있기 때문입니다. 무엇보다도 불법의
사람이 나타나지 않았으며 또 복음이 땅 끝까지 전파되지도 않았습니
다. 그러므로
    ① 행 1:7절의 말씀대로 때와 기한을 알려고 하지 말고,
    ② 살후 2:2절의 말씀대로 "쉬 동심하거나 두려워하지 말고",
    ③ 살전 4:11절의 말씀대로 "종용하여 자기 일을 하고 너희 손으로
      일하기를 힘써야" 합니다.
    ④ 마 25:13절의 말씀대로 "그런즉 깨어 있어야" 합니다(기도, 하나님
      앞에서의 생활). 이것이 성경의 해답입니다.

40년 광야생활의 의미

(수5:2-9)

이 시간에는 일본으로부터의 해방의 의미가 이스라엘의 역사와 유사하여 이스라엘의 역사 속에서 함께 은혜와 교훈을 받기를 먼저 축원합니다.

1. 깨닫는 민족이 되어야

성경에 보면 이스라엘은 출애굽의 해방을 맞이했지만 금방 그들이 원하는 가나안에 들어가지 못했습니다. 우리도 마찬가지입니다. 일본으로부터 해방은 되었지만 아직 우리가 원하는 젖과 꿀이 흐르는 가나안땅이라고 할 수 있는 남북통일의 염원은 이루지 못했습니다. 왜 그런가요? 이스라엘이 출애굽은 했으나 한 주일이면 갈 수 있는 가나안에 들어가지 못하고 40년간을 광야에서 헤맨 것은 하나님의 백성으로서 갖추어야 할 자격을 갖추기 위한 훈련기간이 필요했기 때문입니다. 신 8:2-3절에 3가지 이유가 제시되어 있습니다.

1) 이는 너를 낮추시며(겸손케 하기 위해)
2) 너를 시험하사. 알려 하심이라(자격의 유무를 시험).
3) 사람이 떡으로만 사는 것이 아니요 여호와의 입에서 나오는 모든 말씀으로 사는 줄을 너로 알게 하려 하심이라(깨달음을 주시기 위해).

마찬가지로 하나님께서 우리 민족에게 지난 40년간 광야생활을 하게 하신 것은 첫째로 우리가 하나님 없이도 살 수 있다고 생각하는 교만 때문에, 두 번째는 하나님의 백성으로서 성화되지 못하고 자격이 없기 때문에. 세 번째는 수출만 많이 해서 돈만 벌면 선진국이 되는 줄로 착각하고 하나님의 말씀 없이도 살 수 있다고 생각하기 때문입니다. 그러므로 우리가 빨리 광야생활을 청산하려면 왜 하나님께서 우리에게 광야생활을 주시는지 그 이유를 정확하게 깨달아야 합니다. 깨달음이 없는 개인은 소처럼 채찍을 맞습니다. 마찬가지로 깨달음이 없는 민족은 시련과 역경에서 벗어 날 수 없습니다. 그러므로 우리는 왜 하나님께서 우리에게 해방은 주셨는데 통일은 주시지 않는지 그 이유를 깨달아야 합니다.

출 19:5-6에 보면 첫째로 내가 누구에게 소속되었는가를 알게 하시고 둘째로 하나님과의 언약을 지키고 셋째로 제사장 나라, 거룩한 백성이 되게 하시려고 하나님께서 이스라엘을 인도하셨다고 했습니다. 그런데 이 세 가지는 서로 뗄 수 없는 관계를 갖습니다. 즉 먼저 깨달음이 있어야 합니다. 그리고 하나님과의 언약의 말씀을 지켜야 합니다. 벧전 2:9절에 보면 왜 하나님께서 우리를 제사장의 나라로 삼으시는지 그 이유가 분명히 나타나 있습니다.

"이는 너희를 어두운 데서 불러내어 그의 기이한 빛에 들어가게 하신 자의 아름다운 덕을 선전하게 하려 하심이라."

2. 가나안 땅, 민족통일의 그 날을 가지려면 어떻게 해야 하나?

(1) 홍해를 건너는 출애굽의 역사 없이는 안 됩니다.

이것은 신령한 의미로는 중생을 의미합니다. 옛 사람은 죽고 새 사람은 다시 살아나는 거듭남 없이는 아무도 하나님 나라에 못 갑니다. 요 3:5 "사람이 물과 성령으로 나지 아니하면 하나님 나라에 들어갈 수 없느니라."

(2) 하나님께서 주신 훈련을 성실하게 받아 합격해야

군인이 되려고 해도 그냥 되는 것이 아닙니다. 논산훈련소에 들어가 훈련을 받고 졸업을 해야 됩니다. 우리도 합격자가 되어야 가나안에 들어 갈 수 있습니다.

(3) 요단강을 건너야

요단강은 죽음을 의미합니다. 즉 옛 사람은 죽고 새 사람이 되는 것을 말합니다. 그러나 여기서는 성화된 생활을 말합니다. 요단강을 건너기 전에 할례를 먼저 받으라는 말은 하나님께 완전히 바쳐지는 것을 말합니다. 계시록 14:1-5절에 보면 천국백성이 되는 7가지 조건을 말씀하고 있습니다.

첫째로 이마에 어린양의 이름이 기록(중생),

둘째로 새 노래를 부르는 자(성도의 특징),

셋째로 여자로 더불어 더럽히지 않은 자(독신자가 되라는 뜻이 아니고 신앙
　　　의 절개를 지키는 것),

넷째로 어린양의 인도를 따르는 자,

다섯째로 처음 익은 열매=마지막 추수 때 천국 창고에 들어 갈 보증
　　　을 받은 자(소속이 주님께 있는 자),

여섯째 입에 거짓말이 없는 자=요일 2:22에 보면 "예수께서 그리스
　　　도이심을 부인하는 자가 거짓말쟁이"라고 했습니다.

일곱 번째로 흠이 없는 자=즉 성화된 자를 말합니다.

누가 과연 성화된 자인가요? 그것은 그리스도의 피로 목욕하듯 씻김을 받고 말씀으로 세수하듯 날마다 씻고 거룩하게 하시는 성령의 지시대로 사는 성령에 속한 자를 말합니다.

(4) 여리고성을 무너뜨려야

155마일의 휴전선이 여리고 성처럼 높이 솟아 있습니다. 남북 간에 언어, 사상, 문화의 차이는 말할 필요도 없이 민족적 동질성이 상실되어가고 있습니다. 그러나 더 무서운 것은 '우리주의'와 현실주의의 장벽은 여리고 성보다 더 높습니다. 그러면 어떻게 여리고 성을 무너뜨릴까요? 여호수아 6장에 그 해답이 있습니다. 첫째로 여리고성을 매일 한 번씩 돌 것, 제7일에는 일곱 번 돌라(믿되 하나님에 대한 절대 신앙을 의미합니다), 둘째는 맨 앞에서 제사장들이 양각나팔을 불고 "그 뒤에 백성들이 다 큰 소리로 외쳐 부르라. 그리하면 그 성이 무너져 내리리니" 하나님의 말씀이 바로 무기임을 말씀하고 있습니다. 그뿐 아니라 성도들이 다 큰 소리로 외쳐 불러야 합니다. 요즘 벙어리 신자들이 너무 많습니다. 찬송이 없고 기도 없는 것은 벙어리일 뿐입니다.

(5) 아간의 죄가 없어야

이스라엘은 여리고성은 무너뜨렸지만 그만 아간의 죄로 인해 아이성에서 실패하고 말았습니다. 아간의 구체적 죄가 여호수아 7:2절에 잘 나타나 있습니다. 여기서 주목해야 할 것은 죄의 4단계가 나옵니다. 첫째로 보고(죄는 먼저 눈으로 들어옴), 둘째로 탐내어(마음의 죄), 셋째로 취하였나이다(손의 구체적 행위), 넷째로 감추었는데(죄는 죄를 낳는다, 그리고 자꾸 숨기려고 또 죄를 짓는다).

바라기는 저와 여러분들이 우리의 영적 40년간의 의미를 바로 깨달아 참으로 가나안 땅에 들어가기를 축원합니다.

4차원의 세계

(막1:14-15; 요14:6)

　인간은 시공의 지배를 받는 동물입니다. 이 세상의 어느 누구도 예외
는 없습니다. 그런데 공간의 범위를 표시하는 개념을 차원이라고 부릅
니다. 이 차원에는 4가지 종류가 있습니다.

　첫째는 1차원의 세계가 있습니다. 선을 우리는 1차원이라고 부릅니
　　다. 이 1차원의 세계는 아무도 살 수가 없습니다. 이것은 단순
　　히 상상의 세계일뿐입니다.

　둘째는 2차원의 세계가 있습니다. 평면을 우리는 2차원의 세계라고
　　부릅니다. 개미나 지렁이 같은 곤충들은 바로 이 평면의 세계
　　에서만 삽니다. 그들에게 있어서 이 입체적 세계란 아무런 의
　　미가 없습니다.

　셋째는 3차원의 세계가 있습니다. 소위 입체적 세계 즉 동물이나 인
　　간이 사는 이 공간적 세계를 의미합니다. 그러나 또 다른 세계
　　인 4차원의 세계가 있습니다. 영적 세계가 바로 4차원의 세계
　　입니다.

　4차원의 세계에는 하나님과 천사가 속해 있습니다. 그런데 여기서 중
　　요한 것은 이 서로 다른 차원 간에는 중요한 법칙이 있다는 점
　　입니다.

다시 말해서 높은 세계에서는 낮은 세계를 볼 수도 있고 지배할 수도 있지만 낮은 세계에서는 높은 세계를 볼 수도 없고 더구나 지배할 수는 더더구나 없다는 사실입니다. 그래서 동물이나 개미나 지렁이를 보지만 개미나 지렁이는 감각적으로 느낄 뿐 동물이나 사람을 볼 수는 없습니다. 더구나 지배를 할 수는 없습니다. 또 동물이나 사람은 3차원의 세계에 살고 있기 때문에 4차원의 세계에 계신 하나님이나 천사를 볼 수도 없고 더구나 지배를 할 수는 없습니다. 그러나 4차원의 세계에 계신 하나님과 천사는 우리 인간을 볼 수도 있고 지배도 합니다. 이것이 바로 이 공간세계의 법칙이요 원리입니다. 이것을 우리가 모르고는 인생을 바로 살 수가 없습니다. 그래서 이 시간에는 4차원의 세계란 제하에서 함께 은혜를 나누려고 합니다.

1. 4차원의 세계란 무엇인가?

4차원의 세계란 한 마디로 말해서 영적 존재들이 있는 하나님의 나라를 의미합니다. 인간은 근본적으로 3차원의 세계와 4차원의 세계에 살도록 창조되었습니다. 아담이 범죄함으로 4차원의 세계에서는 완전히 축출당하고 3차원의 세계에서만 살도록 되고 말았습니다. 그래서 하나님도 못 보고 천사도 못 보고 참 자유도 없고, 참 행복도 상실하고 말았습니다. 왜냐하면 인간이 흙으로 빚어졌을 때 이것은 바로 3차원의 세계를 의미하는 것이었습니다. 그러나 하나님께서 그의 콧김을 불어넣으셨을 때 이것은 바로 인간의 영혼이 되었으며 또 이것은 인간으로 하여금 영적 세계에서 살도록 연결시켜주는 끈이 되었던 것입니다. 그래서 모든 동물이 땅을 바로 보면서 땅에 소망을 두고 살고 있지만 인간만은 항상 발은 땅에 두고 있지만 머리는 위를 향하여 살고 있는 것입니다. 비록 인간이 타락한 후에도 계속해서 여러 가지의 종교가 있었던 것은 인간은 바로 종교적 동물이기 때문입니다. 즉 4차원의 세계를 떠나서는 인간의 가치나 보람이나 참 기쁨을 누릴 수 없다는 말입니다.

그러면 종교란 무엇인가요? 한마디로 해서 3차원의 세계에서 4차원의 세계로 가는 수단입니다. 종교는 크게 두 가지로 나누어집니다. 하나는 3차원의 세계에서 4차원의 세계로 가려고 하는 소위 자력종교가 있고 다른 하나는 4차원의 세계에서 3차원의 세계로 길을 열어주고 있는 타력종교가 있습니다. 대부분의 종교는 자력종교입니다. 타력종교로는 이슬람교, 유대교, 기독교가 있는데 이 세 종교의 차이점은 이슬람교는 아랍 사람들의 문화에서 기독교를 잘못 토착화시킨 변질된 종교이고 유대교는 나방이가 날아간 뒤의 고치껍질과 같은 형식적 종교이고 기독교는 나방이가 되어 날아간 산 종교입니다.

그러면 불교와 같은 자력종교는 어떤 것인가요? 이것은 마치 이 세계를 벗어나기 위해 로켓을 쏘아 올리는 것 같아서 추진력이 있는 동안은 잘 올라가지만, 그러나 언젠가는 그 힘이 다하였을 때에는 결국 다시 지구로 떨어지고야 맙니다. 왜냐하면 지구가 만유인력을 가지고 있고, 인간에게는 '죄'라는 끌어 당겨지는 요소가 있기 때문입니다. 이것은 바로 아담의 원죄에서 오는 성향성입니다. 그러나 우리 예수님은 이런 우리들에게 길을 열어 주셨습니다.

"내가 길이요 진리요 생명이니 나로 말미암지 않고는 아버지께로 올 자가 없느니라."

2. 4차원의 세계로 들어가는 두 개의 열쇠

막 1:15절에 "때가 찼고 하나님의 나라가 가까웠으니 회개하고 복음을 믿어라"고 하였습니다. 이것이 바로 천국에 들어가는 두 개의 열쇠입니다.

부산의 코모도 호텔을 가보면 층간을 오르내리는데 계단이 없고 반드시 승강기를 통해서만 오르내리도록 되어 있습니다. 3차원의 세계와 4차원의 세계도 인간이 걸어서 오를 수 있는, 다시 말해서 인간의 공로로 올라가고 내려갈 수 있는 계단은 없고 오직 승강기라고 하는 타력에 의해서만 오르내리도록 되어 있습니다. 그 승강기는 바로 예수 그리스도이십니다.

그러면 승강기를 어떻게 타고 내리는가요? 승강기를 타는 요령은 두 번 단추를 누르면 됩니다. 한 번은 타기 전에 두 번째는 타고난 후에 목적지를 향해 눌러야 합니다. 여기에는 예외가 없습니다. 권력자도, 부자도, 학자도 나는 한 번만 눌러서 산다고 할 수 없습니다. 기름칠해도 안 되고 누구나 두 번 눌러야 합니다.

첫 번째 누르는 단추는 회개의 단추입니다

회개는 원문에 보면 'crime과 sin의 차이점' 하나님은 이것을 위해 계명이란 것을 우리에게 주셨습니다. 대관령 가는 길에는 밑에는 깊은 계곡이 있고 길옆에는 조그만 기둥들이 있고 쇠사슬로 묶여 있습니다. 차가 부딪치면 견뎌내지는 못하지만, 그러나 이것은 하나의 위험신호로 만들어 놓은 것입니다. 그리고 표지판에는 시속 30킬로라고 기록되어 있습니다. 율법이란 바로 이런 것입니다. 그래서 다윗은 "내가 범죄 하지 아니하려 하여 주의 말씀을 마음에 두었나이다"라고 고백한 것입니다(시119:11). 그러면 죄에는 어떤 종류가 있나요? 크게는 원죄와 자범죄가 있고 또 이 자범죄는 요일 2:16절에 보면 세 가지로 요약하고 있습니다. "육신의 정욕과 안목의 정욕과 이생의 자랑"입니다. 육신의 정욕은 탐욕을 불러일으키는 샘이 됩니다. 다음은 안목의 정욕입니다. 눈은 인간에게 상상력을 갖게 합니다. 이 세상에는 많은 관심을 끄는 것들이 있습니다. 이런 것들에게 매력을 느끼게 하는 것은 바로 눈의 유혹입니다. 인간은 언제나 죄를 지을 때 보는 눈을 통해 짓습니다. 하와도 선악과를 '보았을 때' 보암직도 먹음직도 하였다고 하였고 아간이 도적질했을 때도 '보고 탐하여' 숨겼다고 하였고. 다윗이 범죄할 때에도 밧세바를 '보고 음욕을' 품었던 것입니다. 끝으로 이생의 자랑이 있다고 하였습니다. 이것은 허영을 의미합니다. 이것이 바로 인간에게 죄를 짓게 합니다.

회개란 후회하는 것만으로는 부족합니다. 가룟 유다와 베드로의 경우를 살펴보면 유다는 후회하고 목매여 죽었지만 베드로는 주님을 세 번 부인한 것을 회개하였습니다. 즉 방향을 주님께로 향한 뒤에 그에게 순종하였던 것입니다. 이것이 바로 회개입니다.

그러나 기억해야 할 것은 우리가 회개하기 때문에 이것을 근거로 하나님이 우리를 용서하는 것은 아닙니다. 사실 우리는 범죄한 것 가운데 회개 안 한 것도 있습니다. 모르고 지은 죄는 아무도 회개할 수 없습니다. 그런데도 용서해 주시는 이유는 무엇인가요? 그것은 바로 예수님의 대속의 죽으심 때문입니다.

(예화) 자동차 사고로 사람을 죽였다고 가정합시다. 그때 피해를 입은 사람들과 합의가 이루어져서 천만 원을 주기로 하였을 때 누가 대신 내어주면 그 사람은 법을 범했지만 풀려날 수가 있습니다. 그리스도가 바로 그런 분이십니다.

우리도 마찬가지입니다. 성경은 말합니다. "죄의 삯은 사망이요." 우리는 다 우리가 범한 죄의 대가로 다 죽어야 합니다. 그런데 예수님이 대신해서 우리의 부채를 갚아주셨습니다. 대신 죽으신 것입니다. 그래서 우리는 죄인인데도 죄인 아닌 취급을 받게 된 것입니다.

두 번째 열쇠는 믿음입니다.

회개가 토해내는 것이라면 믿음이란 삼키는 것과 같습니다. 그래서 믿음이란 단순히 동의하는 것과는 다릅니다. 그런데 많은 사람들이 예수님이 하나님의 아들이요 메시야인 것을 인정합니다. 그러나 이것이 바로 믿음의 전부는 아닙니다.

　(예화) 어떤 사람이 인삼, 녹용으로 보약을 지었습니다. '그것 참 좋습니다.'라고 말한다고 자기에게 어떤 변화나 영향이 있는 것은 아닙니다. 먹어야 합니다. 마찬가지로 예수님은 우리의 구주십니다. 그를 믿으면 천국에 간다고, 인정한다고 이것이 믿음의 전부가 될 수는 없다는 말입니다. 왜냐하면 성경에 보니 "마귀도 믿고 떠느니라"고 하였습니다. 이것은 바로 이런 지적 신앙을 의미합니다. 중요한 것은 삼키는 것입니다. 약은 삼켜야 그 효과가 나타납니다. 사실 우리가 잘 모르는 약은 망설여집니다. 이것이 어떤 부작용은 없을까? 하고. 그러나 약은 삼켜야 그 효과가 나타납니다. 믿음도 그런 것입니다.

　두 번째로 믿음이란 그 결과에 책임을 지고 내어 맡기는 것을 의미합니다.

　(예화) 수영의 방법(온 몸을 물에 내어 맡겨야). 왜 교인들이 성경을 배우고 교리를 배우는데 믿음이 없을까요? 성경은 말하기를 믿음은 들음에서 나며 라고 했는데 이유는 지적으로만 인정하고 그 말씀에 자신을 내어 맡기지 않기 때문입니다. 그러면 참 믿음은 어디서 나오는가요? "복음을 믿어라" 에누리 없이 믿어야 합니다.

　(예화) 각 나라마다 물건을 살 때 습관이 다릅니다.

　　불란서 : 최신유행입니까?

　　미국 : 실용적입니까?

　　소련 : 이것 공짜입니까?

한국 : 이것 진짜입니까? 그 후에 이것 좀 깎읍시다 하고 말합니다. 깎지 않고 사면 무엇인가 비싸게 산 것 같고, 속은 것 같은 느낌을 줍니다.

나는 가끔 아내를 기쁘게 하기 위해 무엇을 사는 경우가 있습니다. 한 번은 강화도 화문석을 가지고 학교로 왔습니다. 얼마입니까? 15만원인데 급해서 파니 10만원만 주세요. 얼른 사가지고 집으로 갔더니 아내왈 '이것 속았어요. 강화도 화문석도 아니고 또 값도 좀 비싸고.'

그래서 나는 물건을 이제는 가능하면 안 삽니다. 그런데 이런 속임수 때문에 많은 사람들이 성경을 액면 그대로 믿지 않고 이것을 디스카운트합니다. 깎는다. 바로 여기에 문제가 있습니다. 믿음이란 액면 그대로 받아들이는 것을 말합니다.

3. 언제 4차원의 세계에 우리는 들어갈 수 있는가?

본문에 보니 "때가 찼고 가까웠으니"라고 하였습니다. 승강기는 가까이 내려왔을 때 타야지 멀리 있을 때 탈 수는 없습니다.

(예화) 명지실업전문 대학의 10층에서의 사고. 그런데 여기서 말하는 때란 말은 카이로스를 의미합니다. 즉 기회란 뜻입니다. 다시 말하면 예수님이 이 땅에 오심으로 하나님의 나라가 성취되었다는 말입니다. 그래서 성경은 말합니다. "보라 지금은 은혜 받을 만한 때요 보라 지금은 구원의 날 이로다." 그러므로 우리는 지금이란 시간을 잃지 말아야 합니다. 기회란 언제나 오는 것이 아닙니다. 내일은 나의 시간이 아닙니다. 그것은 하나님의 시간입니다. 그러므로 우리는 바로 이 시간에 4차원의 세계에 들어갈 수 있습니다. 즉 예수님이 바로 천국입니다. 그러므로 회개하고 예수님을 영접하면 우리는 지금 바

로 4차원의 세계에 들어가게 되고 그 시민으로서의 행복을 누리게 됩니다. 헤밍웨이나 마리린 먼로처럼 세상의 것만을 추구하면 결국 허무주의에 빠져 죽고 맙니다. 이제 결단합시다. 왜 동물처럼 살려고 하나요? 4차원의 세계에 속하여 하나님이 주시는 참된 기쁨과 행복을 누리는 여러분들이 되기를 축원합니다.

하나님과 겨루어 이긴 야곱

(창32:24-32)

역사상 하나님과 겨루어 이긴 사람은 야곱을 제외하고는 아무도 없습니다. 도대체 어떻게 피조물인 인간이 창조자이신 하나님과 겨루어 이길 수가 있겠습니까? 그러나 분명히 성경은 야곱이 하나님과 겨루어 이겼다고 했습니다. 이 얼마나 놀라운 일입니까?

창 31장에 보면 야곱의 외삼촌 라반이 살의에 찬 추격을 하는 것을 겨우 벗어난 것을 볼 수 있습니다. 라반이 야곱을 추격한 것은 자신의 재산이 야곱의 잔꾀에 넘어가 많이 빼앗긴 것 때문이었습니다. 그러나 가나안에서는 형, 에서가 20년이나 동생이 오면 복수하겠다고 호시탐탐 기다리고 있었던 것입니다. 그야 말로 사면초가입니다. 아주 절박한 상황입니다. 바로 이런 상황에서 야곱은 얍복강에서 결사적인 기도를 하였고 여기서 마침내 하나님과 겨루어 그의 목적을 달성하였습니다.

1. 야곱이 하나님과 겨루게 된 배경

피조물인 인간이 하나님과 겨루려고 한다면 이것은 어떤 면에서 교만입니다. 그러나 야곱은 교만한 의미에서 하나님과 겨룬 것이 아닙니다. 아주 절박한 상황에서, 즉 뒤에는 외삼촌이 추격하고 있고, 앞에는 형 에서가 20년의 한을 풀려고 기다리고 있는 상황입니다. 이 상황은 우리들에게 나그네 인생은 쫓기고 시달리는 삶인 것을 잘 말해줍니다.

그래서 야곱이 한 것이 기도입니다. 이것은 인생이 어려움을 당할 때에 그것을 해결할 수 있는 방법은 기도밖에는 없다는 것을 보여줍니다.

2. 하나님과 겨룬 야곱

야곱은 잔꾀가 참 많은 사람입니다. 또 종들도 많고, 양과 소도 많은 부자입니다. 그런데 뒤에는 라반의 추격이, 앞에는 에서의 기다림이 있는 정말 이 절체절명의 순간에는 아무것도 그에게 도움이 되지 않습니다.

저는 병원에서 가끔 죽음을 앞둔 환자를 대하는 경우가 있습니다. 어떤 분은 돈도 많고, 또 사회적인 명성도 있는 분이지만 죽음 앞에서는 똑같이 어린애처럼 나약한 것을 봅니다. 저 자신도 도와주고 싶은 마음뿐 실제로는 아무런 도움을 주지 못하는 것을 발견하고 겸손하게 무릎을 꿇고 맙니다.

그러면 어떻게 기도합니까? 적어도 4가지를 기억해야 합니다.

(1) 약속을 붙잡고 기도해야

야곱이 하나님이 은혜를 베푼다는 말씀을 붙잡고 기도했듯이(9절) 우리도 그래야 합니다. 성경은 분명히 말씀하고 있습니다. "구하라 그러면 너희에게 주실 것이요, 찾으라 그러면 찾을 것이요, 문을 두드리라. 그러면 너희에게 열릴 것이니"(마7:7).

(2)겸손한 마음으로 구해야

본문 10절에서 야곱은 "주께서 베푸신 모든 은총과 진리를 감당할 수 없사오니"라고 고백한 것을 보면 그의 겸손을 볼 수 있습니다.

(3)기도는 언제나 구체적이어야

야곱은 11절에 보면 구체적인 기도를 합니다. 우리는 기도를 할 때 도매금으로 해서는 안 됩니다. 마치 하나님께서 아무것도 모르시는 것처럼 자세하게, 구체적으로 기도해야 합니다. 그것은 하나님이 몰라서가 아니라 구하는 나 자신이 무엇이 필요한지 분명하지 않기 때문입니다.

(4) 기도는 성취될 때까지 해야

본문 26절에 보면 야곱이 그러했습니다. "그 사람이 가로되 날이 새려 하니 나로 가게 하라 야곱이 가로되 당신이 내게 축복하지 아니하면 가게 하지 아니하겠나이다."

3. 기도의 결과는?

(1) 자기의 무가치함을 인정

자신의 무가치함을 먼저 발견했습니다. 그렇게 함으로서 하나님의 은혜에 전적으로 의지하게 되었습니다.

(2) 자기의 수단과 능력을 부정하고

자신의 인간적 기질과 육체적인 수단을 완전히 버리게 되었습니다.

환도뼈란(25절) 넓적다리의 움푹 패인 곳, 즉 둔부 아래쪽에 있는 좌골을 의미합니다. 그것을 하나님이 위골되게 하였다고 했습니다. 지금까지 육적 수단에 의지하여 왔던 것을 버리고 이제는 하나님만을 완전히 의지하게 되었다는 뜻입니다.

이처럼 기도란 내 뜻을 성취하는 것이 아니라 하나님의 뜻을 성취하는 것입니다. 나는 죽고 주님이 사는 것이 바로 기도입니다.

(3) 이름 바꾸기

중요한 것은 이름이 야곱에서 이스라엘로 변화된 것입니다. 야곱이란 속이는 자란 뜻입니다. 이스라엘이란 하나님과 씨름하여 이긴 자란 뜻입니다. 이 얼마나 멋진 이름입니까? 사실 기도를 떠나서는 절대로 변화될 수가 없습니다. 오직 기도만이 우리를 변화시킵니다.

(4) 축복받음

29절에 보니 하나님의 축복을 받았다고 했습니다. 이처럼 기도하면 복을 받습니다.

(5) 형 에서와 화해

33장 4절에 보면 그 내용이 자세히 기록되어 있습니다. "에서가 달려와서 그를 맞아서 안고 목을 어긋맞기고 그와 입 맞추고 피차 우니라."

칭찬받은 사람과 책망 받은 사람

(마25:23-30)

이 세상에 사는 사람들은 누구나 칭찬받기를 원합니다. 아무도 책망 받기를 원치 않습니다. 청개구리 같은 사람이 없는 것은 아니나 그들도 다 따지고 보면 비정상적인 방법으로 다 관심을 받고 싶기 때문입니다. 그러면 어떻게 하면 다 칭찬받는 사람이 될 수 있을까요?

1. 책망 받은 사람은?

(1) 악하고 게으를 때

26절에 보면 한 달란트 받은 사람에게 "악하고 게으른 종아"라고 주인이 책망을 한 것을 볼 수 있습니다. 그러면 그가 게으른 내용은 무엇이었나요? 그것은 주인이 준 한 달란트를 땅속에 묻어둔 것입니다. 여기서 달란트란 돈, 재능, 시간, 건강 등을 말합니다. 생각해 보면 우리는 하나님이 주신 손으로 봉사하지 않고 하나님이 주신 건강으로 선한 일하지 않고 하나님이 주신 돈으로 섬기지 못하고 있습니다. 그것이 바로 책망의 이유인 것입니다.

(2) 순종대신 변명하였기 때문

하나님께서 가장 기뻐하시는 것은 순종입니다. 삼상 15:22절에 "순종이 제사보다 낫고 듣는 것이 수양의 기름보다 나으니"라고 한 것은 바로 하나님이 얼마나 순종을 기뻐하시는가를 보여줍니다. 그런데 우리는 어떠한가요? 처녀가 애를 낳아도 할 말이 있다는 말도 있으나 우리는 자신의 잘못을 고치기는커녕 합리화만 하려고 합니다. 창세기에 나오는 아담과 하와와 같습니다.

(3) 이익을 남기지 않았기 때문

인생이란 어떤 면에서 장사꾼입니다. 하나님이 주신 시간, 건강, 재능, 물질, 지식을 이용하여 하나님께 영광을 돌리고 세상에 열매를 맺어 그것을 후손에게 남겨주어야 합니다. 그런데 우리는 세상에서 죄라는 쓰레기만 남기고 갑니다. 마치 산에 놀러간 사람들이 여기저기 쓰레기를 버리듯이 말입니다. 과연 우리는 하나님께서 보실 때에 무익한 종이 아닌지 모르겠습니다.

(4) 작은 일에 충성을 하지 않았기 때문

인간은 누구나 큰일을 맡겨주면 잘 할 것으로 착각합니다. 그러나 실제로는 작은 일에 충성한 사람만이 큰일을 잘 감당합니다. 적은 박봉을 가지고 살림을 잘하는 주부가 큰일을 맡겨주어도 잘 감당합니다. 마찬가지로 시간 하나 못 지키는 사람은 큰돈을 맡겨주어도 결국 떼어먹거나 충성하지 못합니다. 그래서 주님은 "지극히 작은 것에 충성된 자는 큰 것에도 충성되고 지극히 작은 것에 불의한 자는 큰 것에도 불의 하니라"(눅16:10)고 말씀하신 것입니다.

2. 칭찬받은 이유는 ?

(1) 즉시 사명을 감당했기 때문

16절에 보면 "다섯 달란트 받은 자는 바로 가서 그것으로 장사하여 또 다섯 달란트를 남기고 두 달란트 받은 자도 그같이 하여" 라고 했습니다. 여기서 '바로 가서' 혹은 '그같이 하여'라는 말은 즉시 사명을 감당했다는 뜻입니다. 참으로 지혜로운 사람은 인생이 짧다는 것을 알고 시간을 쓸데없이 낭비하지 않습니다. 그러나 어리석은 사람은 '소털같이 많은 세월 뭐 서두르느냐?'라고 하면서 내일로 미룹니다. 이것은 마귀의 유혹입니다. 애굽인이 가장 많이 사용하는 말은 '인쇄알라=알라의 뜻이다'라는 말과 '보쿠라' 즉 내일이란 말입니다. 그래서 그들은 못삽니다.

(2) 주신 능력으로 사명을 충실히 감당했기 때문

이 세상에는 아무리 천재라도 게으른 사람이 성공한 예는 없습니다. 그러나 머리는 좋지 않으나 열심히 해서 성공한 경우는 많이 있습니다. 그래서 잠언에 보면 "게으른 자여 개미에게로 가서 그 하는 것을 보고 지혜를 얻으라"고 하였습니다. 계시록에 보면 라오디게아 교회에 보내는 편지에서 "열심을 내라"고 하였습니다. 그것은 바로 나와 여러분에게 주신 말씀입니다.

(3) 이유 없이 무조건 순종하였기 때문

세상일은 무조건 순종하면 병신 취급을 받습니다. 그러나 하나님의 명령은 무조건 순종하지 않으면 안 됩니다. 왜냐하면 우리는 하나님의 깊으신 뜻을 다 헤아릴 수가 없기 때문입니다. 그래서 이사야 1:19절에 보면 "너희가 즐겨 순종하면 땅의 아름다운 소산을 먹을 것이요"라고 한 것입니다.

(4) 갑절의 이익을 남겼기 때문

우리는 이 세상에 살면서 하나님께서 주신 것의 갑절의 이익을 남겨야 합니다. 받은 것보다 주는 것이 더 많아야 한다는 말입니다.

(5) 작은 일에 충성하였기 때문

작은 일에 충성하는 사람이 참으로 성실한 사람입니다. 작은 일에 충성하려면 ① 겸손(삼상 15:17) ② 작은 것 하나라도 버리지 말고(마5:19) ③ 지극히 작은 자에게 봉사할 때(마25:40) 즉 변두리 인생, 망각지대에 있는 사람에 대한 관심을 가질 때 작은 일에 충성하게 됩니다.

행복한 가정의 인간관계

(엡 5:22~28:6:1~4)

머리말

과거에 여성들의 인간관계는 '삼종지도'라고 해서 출가 전에는 부모에게, 출가 후에는 남편에게, 남편이 죽은 후에는 자식에게 무조건 따랐고 '칠거지악'이라고 하여 아내를 내쫓을 수 있는 일곱 가지의 조건이 있었습니다. 그 내용은 다음과 같은 것입니다.

1) 부모에게 순종하지 않는 것(불순구고)

2) 자식을 못 낳는 것(무자)

3) 행실이 음탕한 것(음행)

4) 질투하는 것(질투)

5) 나쁜 병이 있는 것(악질)

6) 말썽 많은 것(구설)

7) 도둑질하는 것(도절)

어디 그것만인가요? 시어머니와 시집 시누이들에게서 받는 시집살이는 고추보다 더 매웠습니다. 그런데 요즈음은 시집살이의 내용이 바뀌고 있습니다. 소위 '자식 시집살이'란 것입니다. 자식이 집안에서 얼마나 상전노릇을 하는지 꾸짖을 일도 공부에 방해될까 봐 참습니다. 어떤 이는 이렇게 말합니다.

"만일 남편이 자식처럼 힘들게 군다면 1년도 못 참고 이혼할 수밖에 없다"라고 호소합니다. 이 같은 자식 시집살이의 가장 큰 이유는 '공부 잘하는 게 최고의 효도'라고 끝없이 강조한 때문입니다. 이 공부지상주의 풍조 때문에 모두들 벌벌 떱니다. 이렇게 요즘 아이들 공부 자기를 위해 하는데 무슨 벼슬을 하는 것처럼 큰소리를 칩니다. 심지어 자녀의 성적이 떨어지면 으레 집에서 살림하는 주부의 책임인 것처럼 되어 있습니다. 자녀들의 공부 때문에 보고 싶은 TV도 마음대로 못 봅니다. 외출도 함부로 못합니다.

그래서 어떤 분은 말하기를 '늙기는 싫지만 이런 자식 시집살이를 벗어나고 싶어서 빨리 대학생 부모가 되고 싶다'고 말하기도 합니다. 더구나 자살까지 하는 아이들이 많아지면서 부모는 '어찌됐든 너만 잘된다면 (그게 공부이지만) 무슨 대과라도 치르겠다'는 식의 태도가 자기 자신밖에 모르는 자녀들을 만들고 있습니다. 심지어 시장을 가도 시부모나 남편보다 자녀들 입맛부터 먼저 생각하게 되었습니다. 옛날에는 기성세대를 '아더메치족'이라고 하였으나 지금은 자식들이 '아더메치'들입니다.

산업사회가 되면서 여성의 역할이 많이 변했습니다. 소위 이분화되고 있습니다. 남편은 직장에서 생산을 담당하고 아내는 가정에서 소비를 담당하여 적어도 외형적인 면에서는 이분화가 되었으나 여성에게 경제권이 없는 한 이것은 외형적인 것일 뿐 결국 남의 집에 가서 돈이나 꾸어올 뿐 현대의 가부장제도에 불과합니다. 지금은 부부의 '역할고정관념'을 깨뜨릴 때가 되었습니다.

다시 말해서 동등한 관계가 이루어져야 합니다. 물론 남편이 직장에서 돈을 번 것은 사실이나 아내도 집에서 일한 것을 돈으로 계산해야 합니다. 요즈음 가정의 파출부가 평균 하루에 7,000원 받습니다. 그러면 한 달에 아내가 버는 돈은 21만 원이나 됩니다. 어디 그뿐인가요?

아이들 공부를 위해 가정교사까지 하는데 요즈음에는 비밀 과외하려면 적어도 100만 원은 주어야 합니다. 게다가 남편에게 서비스까지 해야 하니 아내의 수입은 줄잡아도 한 달에 백만 원은 넘습니다. 그러나 여자들이 음식이나 축내는 기생충처럼 취급당할 때가 있고 때로는 남편한테 매까지 맞아야 하는 여성들의 역할이 과연 무엇인가요?

최근 부부생활의 10계명이란 것이 나왔습니다. 명동성당에서 고마태오 신부가 연구한 것입니다. 그는 결혼생활을 둘이서 한쪽 다리를 묶고 뛰는 2인 3각 경기에 비교하고 있습니다. 사실 결혼생활에는 사랑과 기쁨과 희망이 있는 대신 성격과 자라온 환경이 서로 다른 너와 나의 공동생활이 결코 평탄하지만도 않은 것이 사실입니다. 그러나 이해와 관용만 있다면 2인 3각 경기는 멋지게 해낼 수 있는 것입니다. 그러면 어떻게 하면 될까요?

1. 아내를 위한 남편의 10계명

① 결혼 전과 신혼 초에 보였던 자상한 관심과 사랑이 계속 변치 않도록 노력할 것.

② 결혼기념일과 아내의 생일을 잊지 말라. 서양 속담에 신사는 정월 초하루 새 수첩에 기록해야 할 것이 세 가지 있다고 하였습니다. 아내의 생일과 결혼기념일, 그리고 한 달에 한 번씩 신경질 내는 기간이 그것입니다.

③ 평소에 아내의 옷차림과 외모에 관심을 보여라. 왜냐하면 남편은 아내의 사랑스러움을 가꾸는 정원사이기 때문입니다.

④ 아내가 만든 음식에 대해 말이나 행동으로 아내에 대한 감사를 표시하라. 아내의 음식 솜씨를 어머니와 비교하여 탓하는 것은 금물입니다.

⑤ 모든 일을 아내와 의논하고 결정하는 습관을 길러라. 결혼의 행복이란 부부간의 사랑보다도 평소에 부부가 얼마나 많은 대화를 나누는가에 달려 있습니다. 아무리 서로 사랑한다 해도 서로의 감정과 생활을 공유하지 않는다면 결혼생활에 대한 회의와 갈등이 생기며 이런 경향은 예민한 아내 쪽이 심합니다.

⑥ 아내의 마음에 상처를 주는 농담이나 행동은 삼가라.

⑦ 가정의 불화가 있을 때 한 걸음 아내에게 양보하라. 아내의 매력이 사랑스러움이라면 남편의 매력은 너그러움입니다.

⑧ 가정경제는 아내에게 일임하여 아내가 보람을 갖게 하라. 가정은 아내들의 왕국인 만큼 가정살림에서 아내의 위치를 최대한 존중하여야 합니다.

⑨ 아내의 개성과 취미를 존중해주고 키워주라.

⑩ 하루에 두 번 이상 아내의 좋은 점을 발견하여 즉시 일러줌으로써 아내에게 기쁨을 주는 습관을 가져라.

2. 남편을 위한 아내의 10계명

① 자기 자신과 가정을 아름답게 꾸밀 줄 아는 재치와 근면성을 길러라.

② 음식 준비에 정성을 기울이고 남편의 식성에 유의하라. 식탁은 가정의 화목을 도모하고 대화를 나누는 친교의 광장이며 하루의 피로를 풀고 내일을 꿈꾸는 희망의 산실입니다.

③ 혼자만 말하지 말라, 남편도 할 말이 있다는 것을 잊지 말라, 남편에게 말할 기회를 주지 않아 부부가 충돌하는 경우가 의외로 많습니다.

④ 남들 앞에서 남편의 결점을 늘어놓거나 지나친 자랑을 하지 말라.

⑤ 남편에게 따져야 할 일이 있을 때는 그의 기분상태를 참작하라.
⑥ 남편에게는 혼자만의 정신적 휴식시간을 갖고 싶어 하는 심리가
   있음을 잊지 말라.
⑦ 중요한 집안일을 결정할 때에는 남편의 뜻을 따르라.
⑧ 남편의 수입에 맞춰 절도 있는 살림을 꾸려 나가도록 하라.
⑨ 모든 일에 참을성을 가지라.
⑩ 하루에 두 번 이상 남편의 좋은 점을 발견하고 지적해 줌으로써
   남편이 기쁨과 긍지를 갖도록 하라.

3. 부모와 청소년

"눈(결점) 없는 콩은 없다"라는 서양의 속담처럼 어느 세대나 흠은 다 있기 마련입니다. 청소년들을 우리는 '십대의 반항' '이유 없는 반항' 성난 젊은이로 몰아세우기 쉽습니다. 원예사의 말에 의하면 장미도 피어서 질 때까지 계속 아름다운 것이 아니라 피어서 단 5분간이 가장 아름답고 고귀해 보인다고 합니다. 우리의 십대는 바로 이 5분간의 피어난 장미꽃인 것입니다. 발랄하고 정의감이 있고 지는 달을 보고 눈물을 흘리는 다정다감한 십대입니다. 그런데 문제는 무엇인가요?

오늘의 십대들은 부모가 어떤 경우에 화를 내는지 잘 알고 있습니다. 부모들은 산뜻한 것을 좋아합니다. 그러나 십대들은 너저분해지고 그들의 방은 지저분하고 옷은 다 해지고 머리는 빗질도 하지 않습니다. 이때 부모가 예의바른 행동을 요구하면 대꾸도 않거나 불경한 말로 맞서려고 합니다. 또 말을 할 때에도 천한 은어를 좋아할 것입니다. 하라는 공부는 않고 저질 음악이나 들을 것입니다. 이렇게 되면 부모는 계엄령을 발동하여 그들을 제압하려고 할 것입니다. 부모가 처음부터 완고해지는 것은 아닙니다. 이런 과정을 통해 완고해집니다. 그러나 실패하게

되면 이제는 논리적으로 설득하려고 합니다. 이런 과정을 몇 번이나 반복하는 것입니다. 여기에 단 하나의 방법이 있음을 기억하십시오. 그것은 동양의 격언입니다. '막다른 골목에서는 돌아가라'는 것입니다.

여기서 우리는 십대들에 대해 먼저 몇 가지 이해하고 지나가야 할 것이 있습니다. 첫째는 십대는 격동기라는 점입니다. 이들은 자신들에게 이렇게 물어봅니다. 나는 과연 누구인가? 이들은 자신은 보잘것없는 사람이 되지 않을까? 주변의 어른들처럼 닮지는 않을까? 하고 두려워합니다. 그래서 거역하고 반항합니다. 결코 부모를 무시해서가 아닙니다. 그러나 이들은 참으로 부모의 도움을 필요로 하는 세대입니다. 어떻게 도와줄까?

① 침착 없는 태도와 불평도 받아들여져야 합니다.

② 지나치게 이해하려는 것은 금물입니다.

③ 납득과 찬성은 다릅니다.

④ 결점을 끄집어 내지 말라.

⑤ 과거를 들추지 말라.

⑥ 의타심을 길러주지 말라.

⑦ 바로잡을 일이라도 성급히 굴지 말라.

⑧ 프라이버시를 침해하지 말라.

⑨ 상투어와 설교는 피해야 합니다.

⑩ 장황한 훈계는 삼가야 합니다.

⑪ 면전에서 그들을 비평하지 말라.

⑫ 모순된 메시지는 삼가야 합니다.

⑬ 미래의 일을 논하지 말라.

십대들과 대화하게 되면 가끔 화가 치밀어 오를 때가 있습니다. 이때 어떻게 하나? 먼저 우리는 자신의 감정을 잘 생각해 보아야 합니다. 그

리고 어떻게 해야 할 것인가를 생각하십시오. 결코 사람을 공격해서는
안 됩니다. 대화는 이런 것이 바람직합니다. 너 왜 나를 이렇게 약을 올
리니? 나를 난처하게 만드는구나? 싸우는 소리엔 진저리가 나. 등의 대
화는 간접적으로 메시지를 전달하게 됩니다.

자녀교육에서 칭찬은 큰 도움이 되나 파괴적인 칭찬도 있다는 것을
기억하십시오. 예를 들면 넌 언제 봐도 착한 아이야. 또 모욕적인 칭찬
도 있습니다. 즉 추켜세우고는 욕을 하는 경우입니다. 제일 좋은 것은
사실은 말하되 평가는 하지 않는 것입니다.

다음은 십대들이 음주할 때입니다. 이들이 음주하는 것은 권위에 대
한 반항 혹은 단순한 호기심에서입니다. 여기에는 적절한 치료법이 별
로 없으므로 예방책을 쓰는 것이 좋습니다.

① 젊은이의 인격과 성격을 강화시키는 것
② 틴에이저의 신분으로 술을 마셨을 때의 상태를 밝히는 것입니다.
끝으로 직업선택에 대해 살펴보겠습니다. 절대로 꼭두각시로 만들지 마
십시오. 이렇게 말하세요. 결정하려면 힘이 들 것입니다. 좀 더 시간을
두고 깊이 생각해 보자라고 하든가 무대 위에 직접 등장할 사람은 바로
너 자신이다, 내가 할 일은 관중석에 앉아서 동정을 보내고 기도해 주
고 격려하는 길뿐이다 등등. 절대로 너 뭐가 되라 혹은 이런 일을 하라
고 해서는 안 됩니다. 그것은 꼭두각시를 만들 뿐입니다.

4. 고부간의 인간관계

작가인 박화성씨의 글은 많은 사람들의 마음을 대표해 줍니다. 이분
은 27세에 혼자 되어 아들 형제를 길렀습니다. 물론 결혼 전에는 결혼
하면 따로 살라고 말했습니다. 그러면 아들은 펄쩍 뛰면서 한 시도 떨
어져서는 못 산다고 대답했습니다.

그런 아들이 결혼하고 일주일이 되면서 눈치를 보이기 시작하더니 4개월 만에 살림을 나게 되었습니다. 아무리 아들이 나가 살 것을 각오하였지만 그 충격은 감당할 수 없는 정도였습니다. 이제 모든 것은 끝났구나 하는 생각을 하게 되었습니다. 아들을 잃은 듯한 서러움.

아들이 이사 가는 날 어머니는 목이 메어 밥도 먹지 못하는데 아들 내외는 무엇이 그렇게 신나는지 수선을 피웠습니다. 옛날이 생각났습니다. 아들이 늦게 돌아오면 우산을 들고 골목에 서서 기다리고 저녁도 못 먹고 대문만 바라보고 있기를 몇 해였던가? 이것은 부모들의 일반적 감정입니다.

그러면 새로 온 며느리와 함께 사는 경우는 어떤가요? 며느리는 시어머니를 할머니로 단정하고 입을 봉합니다. 경로당이나 가라고 합니다. 새벽 5시에 일어나지만 방해가 될까 봐 며느리만 일어나기를 바랍니다. 7시 반쯤 되어 겨우 일어난 며느리가 아들이 출근하면 설거지도 않고 신문이나 읽습니다. 시어머니가 설거지를 하려고 해도 천천히 하는 것이 좋다고 하면서 몸도 불편하니 그냥 두라고 합니다.

이불을 개어놓지만 이것을 얹어놓지도 못하고 있는데 손자가 와서 이불 위에서 덤블링을 합니다. 그러지를 말라고 하면 며느리는 자유롭고 구김살 없이 키워야 한다고 말합니다. 이것이 오늘의 현실입니다.

과거에는 딸을 낳으면 두 번 눈물을 흘린다고 했습니다. 출산했을 때에 시집갈 때, 그러나 이제는 아들이 결혼하여 새살림 나도 부모는 서운합니다. 이것은 근본적으로 가부장제도에서 비롯합니다. 아들 중심의 사회제도에서 비롯된 것입니다. 그래서 어떤 교수(서울대 이광규 교수)는 그 해결 방법으로 어머니는 아들을 덜 사랑하라, 그러면 며느리를 덜 미워하게 된다고 하였습니다. 또 며느리는 자기도 시어머니가 된다는 철칙을 깨달아 자녀를 사랑하는 마음의 반만 시어머니를 존경하고 사랑하도록 힘쓰는 것이라고 하였습니다. 동아일보(1981년. 12월 7일자)에서는 다음 5가지를 제시하고 있습니다.

1) 서로 상대에게 육친으로의 사랑을 기대하지 말 것
2) 결코 성급하지 말 것
3) 불만을 털어놓을 것
4) 서로 줄 것
5) 자신을 위해 화목하도록 할 것

등 다섯 가지 일반적 제시를 하였습니다. 사실 고부간의 문제의 근본적 문제는 가부장제도에서 비롯되었습니다. 그렇다고 모계제도에도 문제는 있습니다. 그러면 어떻게 하면 좋은가요? 시계추는 아무도 뒤로 돌아가게 할 수 없으므로 서로 이해하려고 힘쓰고 인내하고 관용하는 일이 있을 뿐입니다.

더구나 최근의 고부 문제는 과거와 다른 점이 세 가지가 있습니다.

첫째는 경제적으로 자녀가 부모에게 의존하지 않습니다.

둘째는 자녀가 독립성을 요구합니다.

셋째는 성장의 문화권이 전혀 다르다는 것입니다.

그래서 오늘날의 고부관계에 있어서는 과거와는 달리 많은 시어머니가 수세에 있다는 점입니다. 그러면 어떻게 해야 하나요?

첫째로는 예수님이 제자들의 발을 씻기는 섬김의 사랑을 베푸는 것입니다. 받아서 싫어하는 사람은 없기 때문입니다.

둘째로는 너무 자녀들에게 의존하지 말고 자기대로의 인생을 살도록 힘쓰는 것입니다.

믿는 자가 되라

(요20:24-29)

오늘은 우리 예수님께서 무덤에서 다시 살아나신 부활의 날입니다. 바라기는 우리 모두에게 부활의 주님을 만나는 기쁨과 천국에 들어가는 확신을 다 가지질 수 있기를 주님의 이름으로 축원합니다.

특별히 도마처럼 의심하는 자가 아니라 다 주님의 부활을 믿는 자가 되기를 축원합니다.

1. 도마의 의심

도마의 의심은 그가 부활하신 예수님을 만나지 못한 데서 비롯되었다는 것을 기억하시기 바랍니다. 이것은 오늘날도 마찬가지입니다. 얼마나 많은 신자들이 교회의 정규예배에 결석함으로 하나님의 은혜를 받지 못하고 많은 것을 잃고 있는지 모릅니다. 때때로 교회에서 천국잔치를 준비하고 기다리는데 성도들이 모여주지 않아 마음에 괴로움을 느낄 때가 종종 있습니다. 마치 여러분들이 자녀를 위해 맛있는 반찬을 준비하고 기다리는데 학교에서 안 오고 직장에서 안 올 때에 갖는 그런 심정인 것입니다.

성경은 말합니다. "보라 지금은 은혜 받을 만한 때요 보라 지금은 구원의 날이로다." 그래서 히브리서 10:25절에서는 이렇게 권면합니다. "모이기를 폐하는 어떤 사람들의 습관과 같이하지 말고 오직 권하여 그

날이 가까움을 볼수록 더욱 그리하자."

그러므로 우리는 적어도 주일 집회만은 병원에 입원하거나 외국에 출장을 갈 때를 제외하고는 언제나 꼭 참여하시기를 바랍니다.

2. 늦게 믿는 자도 영접

그러나 주님은 더디 믿는 자를 향해 책망하지 않으시고 오히려 친절을 베풀어주셨다는 것을 기억하시기 바랍니다.

사실 도마의 행위는 버릇없는 짓이라고 할 수 있습니다. 25절에 말하기를 "내가 그 손의 못 자국을 보며 내 손가락을 그 못 자국에 넣으며 내 손을 그 옆구리에 넣어 보지 않고는 믿지 아니하겠노라." 그러나 이것은 우리의 진실을 보여주고 또 우리가 흔히 가지는 바로 그 모습이기에 우리에게 위로를 줍니다. 심지어 예수님의 제자들도 의심을 하였다는 사실은 주님에게서 직접 배우지 못한 우리가 의심하는 것은 하나도 이상할 것이 없고 오히려 자연스럽다는 것을 보여줍니다.

그러므로 이 시간 그 동안 마음에 의심을 가지신 분들도 나는 믿음이 없어, 나는 안 돼 하고 생각하던 것을 보다 긍정적으로 바꾸어 생각하시기 바랍니다. 나도 도마처럼 의심이 생기지만 그러나 나도 도마와 같은 절대적인 믿음을 가질 수가 있어 하고 말입니다.

예수님의 제자들은 그 성격이 하나같이 달랐습니다. 도마는 의심이 많았고 베드로는 너무 성급하고 충동적이었고 요한은 조용하고 사랑의 성품을 가지고 있었던 것입니다. 그러나 아무도 그 차이점 때문에 남을 책하지 않았습니다. 자기와 같아야 한다고 주장하지 않았습니다. 교회도 그래야 합니다. 자기와 같은 스타일의 신앙을 요구하면 안 되고 또 그것을 표준으로 해서도 안 됩니다. 서로 보충하여 주었습니다. 이것은 가정생활에도 중요한 원리입니다. 참으로 행복한 부부가 되려면 서로

서로 모자라는 것을 채워주어야지 상대방에게서 모자라는 것이나 찾고
또 좋은 것이나 빼앗으려는 태도는 버려야 합니다.

3. 부활 후 주님의 최초 말씀

부활하신 주님께서 제자들에게 하신 최초의 말씀은 무엇인가요?

19절에 보면 "너희에게 평강이 있을지어다"라고 하였고 본문 26절에
도 "너희에게 평강이 있을지어다"라고 하였습니다. 그렇습니다. 주님은
평강을 주시기 위하여 이 땅에 오셨습니다. 그래서 눅 2:14절에 보면
천사들의 찬양하기를 "지극히 높은 곳에서는 하나님께 영광이요 땅에서
는 기뻐하심을 입은 사람들 중에 평강이로다." 하였고 요 14:27절에는
"평안을 너희에게 끼치노니 곧 나의 평안을 너희에게 주노라 내가 주는
것은 세상이 주는 것 같지 아니 하니라"고 하였습니다.

그러면 이 평강이 있을지어다 라는 말은 무엇인가요?

첫째로 이것은 유대인들의 인사입니다. 유대인들은 만나면 살롬이라
고 인사를 합니다. 바로 그 인사인 것입니다. 그러나 요 14:27
절의 말씀을 보면 이것은 단순한 인사로 끝나는 것이 아님을
알 수 있습니다.

둘째로 주님의 평안은 하나님과의 화해를 의미합니다. 죄로 인해 담
이 쌓인 인생에게 그 담이 무너지고 화해가 이루어지는 것을
말합니다.

셋째로 주님의 평안은 하나님과의 화해의 결과로 이루어지는 횡적 평
안을 의미합니다. 이웃 간에 맺어지는 화목을 의미합니다. 바
로 이것이 우리 사회에 이루어지려면 지금처럼 동서 간에 싸움
도 없고 또 심지어 남북통일도 쉽게 이루어질 수 있습니다.

넷째로 주님의 평안은 마음의 평안인 것입니다. 인간의 마음은 배와

같아서 바람이 불면 흔들리고 움직입니다. 그러나 주님께서 우리의 항구가 되어주시면 우리의 배가 정착할 수가 있고 정박할 수가 있는 것입니다. 바로 이 평안을 주신다는 것입니다. 부활절을 맞아 이 시간 이 평안이 여러분들의 마음에 충만하기를 주님의 이름으로 축원합니다.

4. 의심하는 도마에게 주신 말씀

"네 손가락을 이리 내밀어 내 손을 보고 네 손을 내밀어 내 옆구리에 넣어보라. 그리하고 믿음 없는 자가 되지 말고 믿는 자가 되라."

여기서 먼저 우리는 도마의 의심을 분석해 보고 다음으로 이런 도마에게 주신 주님의 치유법을 분석해 보려고 합니다.

(1) 도마의 의심의 성격

의심은 사탄이 이용하는 최초의 무기요 또 가장 무서운 무기라는 점입니다. 하와가 타락한 것도 먼저 의심에서 시작하였습니다. 사탄은 뱀을 통하여 말합니다. "하나님이 참으로 너희더러 동산 모든 나무의 실과를 먹지 말라 하시더냐?" 여기서 '참으로'라는 말은 하와로 하여금 의심을 하게 하려는 전술에서 비롯된 것입니다. 그렇습니다. 의심은 참으로 무서운 것입니다. 그러면 도마의 의심은 어떤 성격을 가진 것인가요?

첫째로 그는 남의 말밖에 듣지 않았습니다. 그는 다른 제자들과 함께 있지 아니 하였다고 했습니다. 그래서 그는 주님을 직접 만나지 못했던 것입니다. 말하자면 그는 실증주의자였다고 할 수 있습니다.

둘째로 그러나 그의 의심은 사두개인들의 의심과는 차이가 있다는 것을 알아야 합니다. 사두개인들의 의심은 근본적으로 불신앙에 기초한 것이지만 그러나 도마의 의심은 체험 부족에서 온 것임을 알 수 있습니다. 그는 감각적인 증거를 요구했던 것입니다.

셋째로 주님께서 장차 부활할 것을 말씀하셨는데도 이것을 단순히 먼 훗날의 사건으로만 생각했다는 데 문제가 있습니다. 이것은 도마의 부활신앙이 바르지 못했다는 것을 말해줍니다. 여러분의 부활신앙은 기독교의 핵심입니다. 이것이 무너지면 다른 것은 다 무너집니다. 그러므로 부활절을 맞아 여러분들의 마음속에 이 부활의 신앙이 굳건하게 뿌리박히기를 축원합니다.

(2) 주님의 치유방법

도마가 원하는 대로 만지게 하셨습니다. 그리고는 믿음 없는 자가 되지 말고 믿는 자가 되라고 말씀하신 것입니다. 여러분, 우리는 믿는 자가 되어야 합니다. 그러면 무엇을 믿어야 합니까? 히 11:6절에서 "믿음이 없이는 하나님을 기쁘시게 못하나니 하나님께 나아가는 자는 반드시 그가 계신 것과 또한 자기를 찾는 자들에게 상주시는 이심을 믿어야 할지니라."고 하였습니다. 그러므로 우리는

첫째로 하나님의 존재를 믿어야합니다.

둘째로 하나님은 심판자이심을 믿어야 한다고 했습니다. 그러나 본문에서는 예수님의 부활을 믿어야 한다고 했습니다.

그러면 도마는 주님의 손을 만져보고 또 그의 말씀을 들은 후에 어떤 신앙을 갖게 되었는가요? 28절에 "나의 주시며 나의 하나님이시니이다"라는 고백을 하게 된 것입니다. 이 얼마나 놀라운 신앙인가요? 이것은 그야 말로 절대적 신앙인 것입니다. 바로 인런 신앙을 우리는 가져야 합니다.

5. 우리는 어떤 믿음을 가녀야 하나?

한 마디로 해서 도마가 가졌던 "나의 주시며 나의 하나님이시니이다."라는 그런 믿음을 가져야 합니다. 이것은 절대적인 신앙입니다. 본문에

보면 보고 믿는 믿음이 있고 다음은 안보고 믿는 믿음이 있다고 주님은 말씀하십니다. 그런데 여기서 중요한 것은 "보지 못하고 믿는 자들은 복되도다."라는 말씀입니다. 그런데 사람들은 보고 믿으려고 합니다. 눈을 너무 의지합니다. 바로 여기에 문제가 있습니다. 백문이 불여일견이라는 것이 세상에서는 진리이지만, 그러나 믿음의 세계에는 안 그렇습니다. 오히려 듣는 것이 중요합니다. 그러므로 우리는 하나님의 말씀을 듣고 믿을 때 더 큰 복이 있을 것입니다. 그러면 어떤 복이 있나요?

첫째로 더 큰 믿음을 소유하게 된다.

둘째로 흔들리지 않는 믿음을 가진다.

셋째는 주님에게서 칭찬받는 믿음을 가진다.

그러나 가장 큰 축복은 보고 믿는 것은 한계가 있지만 보지 않고 믿는 것은 계속적으로 성장하는 축복을 가져옵니다.

맺는말

우리 교인들이 보고서 겨우 믿는 성도들이 아니라 보지 않고도 말씀에 의지하여 믿는 그런 큰 믿음의 소유자가 다 되시기를 축원합니다. 그러면 주님의 말씀대로 더 큰 믿음, 흔들리지 않는 믿음, 계속적으로 성장하여 주님의 충만한 분량에 이르는 성숙한 믿음이 되실 것입니다. 이제 우리는 부활절을 맞이하면서 도마처럼 의심하지 말고 다 믿는 자가 되기를 다시 한 번 축원합니다.

폭풍을 잔잔케 하시는 예수님

(눅8:22-25; 막4:35-41)

　　마가복음에 보면 이 사건이 씨 뿌리는 비유를 말씀하신 그 날 저녁에 일어났다고 밝히고 있습니다.

　　본문에 예수님께서 제자들에게 "호수 저편으로 건너가자"고 하셨습니다. 이 호수는 두 말 할 필요도 없이 갈릴리 바다입니다. 이곳은 게네사렛 호수 혹은 갈릴리 바다, 혹은 디베랴 바다라고 부릅니다.

　　갈릴리 바다는 해면보다 700피트나 낮습니다. 게다가 산들이 주변에 둘러싸여 있어서 갑작스럽게 바람이 불 때가 많습니다. 왜냐하면 차가운 공기가 높은 곳에서부터 깎아 세운 듯한 협곡을 거쳐 동쪽으로 불어치기 때문에 잠깐 동안에 파도를 거세게 일으키기 때문입니다. 그날따라 예수님은 하루 종일 가르치신 후이기 때문에 피곤하셔서 잠이 들었습니다. 제자들이 탄 배에 파도로 인해 물이 가득하게 되어 제자들은 매우 위급하게 되었습니다.

　　이때에 제자들은 "주여 주여, 우리가 죽겠나이다"라고 떠들어댔습니다. 마가복음의 기록에 보면 "우리의 죽게 된 것을 돌아보지 아니 하시나이까"라고 했다고 하였고 마태복음에는 "주여, 나를 구하소서"라고 하였다고 기록하고 있습니다. 이 때에 예수는 바람을 꾸짖으셨다고 하였습니다. 여기서 '꾸짖다'라는 동사는 폭풍의 뒤에는 악한 세력이 있다는

것을 암시해 줍니다. 그 결과 갈릴리 바다는 잠잠해졌다는 것이 본문의
내용입니다. 여기서 누가는 예수는 자연까지 지배하는 권능의 주님인
것을 가르쳐 줍니다.

이 시간 우리는 이 말씀을 가지고 '풍랑을 잔잔케 하시는 예수'라는
제목으로 우리의 삶속에서 일어나는 여러 가지 풍랑들을 해결하는 시간
이 되기를 간절히 바랍니다.

1. 세상 풍파

이 세상은 갈릴리 바다처럼 갑자기, 큰 풍랑이 부는 바다라는 사실을
먼저 기억해야 합니다. 갈릴리 바다는 평소에는 그렇게 잔잔할 수가 없
습니다. 제가 히브리 대학의 객원교수로 얼마간 있을 때에 갈릴리 바다
를 구경할 수 있는 기회가 있었습니다. 그림에서나 볼 수 있는 아름답
고 평온한 곳 이었습니다.

이 세상도 그렇습니다. 평소에는 신앙이 있는 사람이나 없는 사람이
나 별로 차이가 없습니다. 그러나 언제나 이 세상이 평온한 것은 아닙
니다. 때때로 그것도 예고도 없이 풍랑이 불어옵니다. 우리에게 불어오
는 풍랑은 크게 세 가지입니다.

하나는 개인적 풍랑이고, 다른 하나는 사회적 풍랑이고 마지막은 자
연적 풍랑입니다. 개인적 풍랑으로는 질병, 실직 혹은 사업의 실패, 가
정에서의 불화, 여러 가지의 시험과 죽음 등을 들 수 있고. 사회적 풍랑
으로는 정치적 불안정과 전쟁, 사회적 불경기, 폭력과 범죄 등이 있습
니다. 끝으로 자연적 풍랑을 들 수 있습니다. 수해, 태풍, 가뭄 등입니
다. 그런데 이런 풍랑들이 우리에게는 번갈아 가면서 불어옵니다.

인생에 있어서 성공과 실패란 결국 이런 풍랑들이 불어올 때 어떻게
대처하고 극복하느냐에 달려 있습니다. 인생의 성공자는 결단코 풍랑이

전혀 없는 팔자 좋은 사람은 아닙니다. 오히려 풍랑이 불어올 때 그것을 역으로 이용한 사람들입니다. 찬송가 503장에도 2절에서 "큰 물결 일어나 나 쉬지 못하나 이 풍랑 인연하여서 더 빨리 갑니다."라고 고백한 것은 바로 이 이유 때문입니다.

2. 풍랑이 오는 이유

풍랑을 잔잔케 하거나 역이용하여 승리하려면 왜 풍랑이 부는지 그 이유를 알아야 합니다. 풍랑 중에는 나 때문에 생기는 것과 나의 잘못에 관계없이 일어나는 풍랑이 있습니다. 개인적 풍랑은 죽음을 제외하고는 거의가 나에게 원인이 있으나 사회적, 자연적 풍랑은 다른 데 그 원인이 있는 것이 보통입니다. 이런 때에 우리는 기도 중에 왜 풍랑이 일어나게 되었는지 그 원인을 찾아내야 합니다. 풍랑의 원인은 다음 몇 가지 이유 때문입니다.

(1) 세속적일 때

세속적 생활에 삶의 초점이 맞추어져 있기 때문입니다. 인간은 하나님께서 창조하실 때 땅에 발을 딛고 살되 위엣 것을 보면서 살라고 창조하셨습니다. 그런데 그 인간이 동물처럼 땅엣 것에 얽매이게 될 때 여러 가지 풍랑이 불어옵니다. 그런데 하나님께서 인간을 창조하실 때 두 세계에서 살도록 하셨습니다. 발은 땅에, 머리는 하늘을 향하도록 하신 것입니다.

그러나 많은 사람들은 땅의 것만을 바라보며 살려고 합니다. 어린아이가 어려서는 기어 다니다가 조금 자라면 서서 걸어 다녀야 하듯 인간은 성장하면서 독수리처럼 위를 향한 비전을 가지고 살아야 합니다. 그러므로 개인적 풍랑이 불 때 나의 인생 초점을 다시 맞추라는 하나님의 경고로 받아 들여야 합니다.

(2) 믿음이 없을 때 오는 풍랑

본문 25절에 "너희 믿음이 어디 있느냐?"는 주님의 말씀은 바로 제자들이 믿음이 없었다는 말입니다. 마태복음에는 믿음이 적은 자여 왜 의심하느냐고 하였습니다. 믿음이 적을 때에 의심이 듭니다. 본래 의심은 마귀가 인간에게 뿌린 독소입니다.

(3) 예수께서 주무신다고 생각하기 때문

물론 제자들이 배에서 풍랑을 만났을 때 예수가 주무신 것은 사실입니다. 그는 너무나 피곤하셨기 때문입니다. 그러나 저는 그 밖의 이유도 있었다고 생각합니다. 즉 제자들의 신앙을 시험해 보시려고 주무셨다는 말입니다. 사실 우리가 세상을 볼 때 의인들보다 악인들이 더 잘 사는 것을 봅니다.

이때 우리는 하나님의 존재 내지는 그의 권능에 대해서 의심이 날 때가 있습니다. 즉 예수께서 주무신다고 생각하는 것입니다. 그러나 주님은 "아버지께서 일하시니 나도 일한다"고 하셨습니다. 다시 말해서 주님은 쉬지 않고 우리를 돌보고 계신다는 말입니다.

(4) 내가 범한 죄악 때문에 풍랑이 일 때

아담은 선악과를 따먹은 죄 때문에 낙원에서 쫓겨나는 풍랑이 있었고 다윗은 밧세바와 음행을 범하는 죄 때문에 아들을 잃고 또 자녀들의 다툼과 반란의 풍랑이 있었습니다. 그래서 성경은 죄의 삯은 사망이라고 경고합니다.

(5) 풍랑의 시련을 통해 주시는 축복

우리에게 풍랑이라는 시련을 통하여 더 큰 축복을 주시려는 하나님의 시험일 때가 있습니다. 이것은 선생이 학생들에게 숙제를 주고 시험을 어렵게 해서 공부를 하게 하는 것과 같습니다. 그러므로 훌륭한 교사는 학생들을 공부하도록 괴롭힙니다. 좋은 아버지도 재산이나 물려주지 않습니다. 왜냐하면 그것은 아들을 방종하게 하고 망하게 할 위험 때문입니다.

3. 풍랑이 불어올 때 어떻게 해야 하나?

출 14:13절 이하에 그 해답이 나옵니다.

(1) 두려워하지 말라.

두려움은 할 수 있는 일도 못하게 만듭니다. 어린이는 혼자 있을 때 무서워합니다. 그러나 부모가 함께 있을 때는 안심합니다. 폭풍이 볼 때 나 혼자가 아니라 하나님이 함께하심을 알고 안심하시기 바랍니다.

(2) 가만히 서라

원문에는 확고히 서라고 되어 있습니다. 즉 영적 근시안이 되지 말고 영의 눈을 가지고 능력의 손을 보면서 기다리란 말입니다.

(3) 어찌하여 내게 부르짖느냐?

15절의 "어찌하여 내게 부르짖느냐?"라는 말씀은 이상한 구절입니다. 왜냐하면 예수께서 기도를 금지하셨기 때문입니다. 하나님은 다음 다섯 가지의 경우 기도를 원하지 않으십니다.

첫째 자기가 할 수 있는 것을 안 하면서 기도 할 때,

둘째 이미 주신 지시는 순종치 않고 새 지시를 기도할 때,

셋째 하나님의 시간표 전에 성취해 달라고 구할 때,

넷째 믿지 않고 기도할 때,

다섯째 중언부언 기도할 때입니다.

(4) 이스라엘 자손에게 명함

15절에 "이스라엘 자손을 명하여 앞으로 나가게 하고." 즉 전진하라는 말씀입니다. 신앙인에게 후퇴는 없습니다.

(5) 지팡이 위력의 상징

16절에 "지팡이를 들고 그것으로 갈라지게 하라." 여기서 모세의 지팡이에 어떤 마술적 능력이 있다고 생각해서는 안 된다. 그것은 평범한 지팡이입니다. 다만 그것은 하나님이 함께 계시다는 상징일 뿐입니다. 즉 임마누엘 신앙의 상징인 것입니다. 그렇다면 오늘의 우리에게도 지팡이는 있습니다. 그것은 바로 풍랑을 잔잔케 하시는 능력을 가진 주님을 바라보는 신앙입니다. 그러므로 그 어떤 풍랑이 우리에게 닥쳐와도 두려워 말고 확고하게 서서 우리의 선장이 되시는 예수님만 믿고 의지해야 합니다.

하나님의 마음에 합한 사람

(행13:13-23)

　본문의 말씀은 비시디아 안디옥에서 바울이 설교한 내용입니다. 통일 왕국시대에 하나님께서 다윗이란 무명의 목동을 택하여 "내 마음에 합한 사람이라. 내 뜻을 다 이루리라"고 말씀하시고 또 이스라엘 역사상 가장 완전한 그래서 유대인들이 메시야왕국의 모형으로 생각할 만큼 만드셨습니다.

　하나님은 그의 뜻을 이루어 가실 때 그의 마음에 합한 사람을 쓰신다는 말씀입니다. 그래서 이 시간 먼저 우리 모두가 하나님의 마음에 합한 사람이 되기를 주님의 이름으로 축원합니다. 그러면 어떤 사람이 하나님의 마음에 합한 사람인가요? 다음 4가지를 가질 때 하나님의 마음에 합한 사람이 됩니다.

1. 자기의 일에 충성하는 사람

　다윗은 자기의 일에 충성을 다하는 사람이었습니다. 삼상 16장에 보면 유명한 선지자인 사무엘이 자기 집에 왔는데 호기심에서라도 와 봐야 하는데 그는 자기의 책임인 양을 치기 위해 집에 가지 않았습니다. 이것은 그의 성실성을 잘 말해줍니다. 하나님은 자기의 생업에 충실한 사람을 불러 그 시대에 하나님의 뜻을 이루게 하십니다.

　가장 대표적인 예가 구약의 모세며 신약의 베드로입니다. 모세는 바로의 공주의 아들로 화려한 생활을 했으나 애굽인을 죽인 다음 호렙산에 망명하면서 목자의 생활을 했습니다. 그는 비록 높은 교육과 신분이었지만 지금 그가 하고 있는 목자로서의 생활에 충성을 다 하였습니다. 그때 하나님은 모세를 불러 그를 통하여 이스라엘을 해방시키는 놀라운 역사를 감당케 하신 것입니다.

베드로도 그렇습니다. 그는 갈릴리 바다에서 고기를 잡는 어부였습니다. 그가 얼마나 자기의 일에 충실했는가는 누가복음 5장에서 그가 밤새도록 고기를 잡았다는 것을 보아서도 알 수 있습니다. 그때 주님은 베드로를 제자로 부른 것입니다. 하나님은 각 시대마다 그의 종을 부르십니다. 인간적으로 똑똑한 사람을 부르는 것이 아니라 하나님의 마음에 합한 사람을 부르십니다. 누가 하나님의 마음에 합당한가요? 무엇보다도 자기의 생업에 충실한 사람을 하나님은 부르십니다.

2. 다윗은 신앙의 사람

사무엘상 17장에 보면 다윗은 전쟁 경험이란 전혀 없는 목동에 불과하였습니다. 사실 전쟁에서 승리하려면 무기가 좋아야 하고 경험이 많아야 하고 힘이 세어야 합니다.

그러나 다윗은 그렇지 않았습니다. 그의 상대가 되는 골리앗은 역사상 가장 힘이 센, 당시 세계를 호령하던 블레셋의 장군이었습니다. 도무지 비교가 되지 않았습니다. 그때 다윗은 무기는 자기가 목동생활 할 때 사용하던 물맷돌 5개를 가지고 나갔다. 그러나 그는 외쳤습니다. 만군의 주 여호와 하나님의 이름으로 네게 가노라. 다윗은 손에 칼도 없었지만 "너를 내 손에 붙이시리라" 라는 임마누엘 신앙을 가지고 있었기 때문에 골리앗을 이길 수가 있었던 것입니다.

히브리 11장에 보면 신앙의 위인들이 나오고 38절에 "이런 사람은

세상이 감당치 못하도다"라고 하였습니다. 롬 1:17절에는 "의인은 믿음
으로 말미암아 살리라"는 말씀이 나오는데 여기서 의인이란 하나님과
바른 관계를 가진 사람을 말하고 그것은 믿음으로 이루어진다고 하였습
니다. 다시 말해서 믿음이 있어야 하나님의 마음에 합한 사람이 된다는
것입니다.

3. 다윗은 의리의 사람

사무엘하 9장에 보면 다윗이 므비보셋에게 은총을 베푼 것을 기록하
고 있습니다. 잘 알다시피 므비보셋은 요나단의 아들, 즉 사울왕의 손
자입니다. 옛날에는 정치범은 삼대를 멸하는 관습이 있습니다. 그것은
복수를 못하도록 하기 위해서입니다. 사울은 정치적인 면에서나 개인적
으로 다윗의 원수입니다.

그러나 그는 삼하 9:7에서 "무서워 말라 내가 반드시 네 아비 요나단
을 인하여 네게 은총을 베풀리라. 내가 네 조부 사울의 밭을 다 네게 도
로 주겠고 또 너는 항상 내 상에서 먹을지라."고 하였습니다. 의리란 의
인의 생활 원리입니다. 세상 사람은 조조처럼 시대에 따라 환경에 따라
변합니다. 따라서 하나님의 마음에 합한 사람이 되려면 의리를 지키는
사람이 되어야 합니다.

사람과의 의리도 중요하지만 하나님과의 의리(언약, 혹은 서원기도 등)는
더욱 중요합니다. 몸에 병이 나고 가정에 풍파가 일어날 때는 하나님,
이번 한 번만 도와주시면 무엇무엇을 하겠다고 철석같이 약속을 하고서
도 그 일이 지나가면 언제 그런 일이 있었느냐는 듯이 벙어리 꿀 먹은
듯이 조용한 우리가 아닌가요? 심지어 깡패의 세계에도 의리가 있는데
왜 신자들끼리는 의리가 없나요? 왜 교회에는 의리가 없나요? 그러나
하나님은 인간들끼리 의리를 존중하고 그것을 지키는 사람을 좋아하셔

그의 종으로 쓰십니다. 그것은 눈에 보이는 사람에게 의리를 지키지 않는 사람은 눈에 보이지 않는 하나님에게는 더욱 안 지킬 것이기 때문입니다.

4. 다윗은 회개의 사람

우리는 다윗이 우리아의 아내 밧세바와 동침을 하고 또 그것을 감추기 위해서 우리아를 격전지로 보내어 죽게 한 것을 삼하 11장에서 보아서 압니다. 이런 사건은 옛날 불신사회에서는 흔히 있는 일이었습니다.

그러나 하나님의 사람 나단 선지자가 그것을 비유로 지적했을 때 그는 침상이 젖도록 밤새도록 회개하였습니다. 이때 다윗이 지은 시가 시편 51편입니다. 이 시는 다윗의 회개하는 마음을 잘 묘사하고 있습니다. 하나님께서 다윗을 들어 쓰신 것은 그가 의인이었기 때문이 아니라 죄를 지을 때마다 주저하지 않고 하나님 앞에서 회개하는 사람이었기 때문입니다.

"의인은 없나니 하나도 없으며", "모든 사람이 죄를 범하였으매 하나님의 영광에 이르지 못하더니." 그래요, 우리 가운데 죄 없는 사람이 어디 있습니까? 그런데 처음 예수 믿을 때에는 그렇게 열심히 회개하던 사람도 몇 년이 지난 다음에는 점점 죄의식이 희박해집니다.

이것은 큰 잘못입니다. 바울이 나는 '죄인의 괴수로다'라고 고백한 것은 바울이 우리보다 죄가 많아서가 아니라 그의 죄의식이 우리보다 강하기 때문입니다.

반대로 화인 맞은 양심을 가지고 있는 사람들은 오히려 죄가 없다고 생각합니다. 죄란 하나님의 뜻을 어기거나 혹은 선인 줄 알면서도 행하지 않는 것이 다 죄입니다. 그러므로 우리는 날마다 회개하는 생활을 해야 합니다. 그때에 하나님은 우리를 깨끗하게 용서하실 뿐 아니라 하나님의 종으로 우리를 써주신다.

맺는말

하나님은 어느 시대에나 사람들을 택하여 그 시대를 개혁하고 음직이고 쓰십니다. 문제는 내가 하나님의 마음에 합한 사람인가 아닌가에 있습니다. 그런데 하나님의 마음에 합한 사람은 자기의 일에 충실한 사람, 신앙의 사람, 회개하는 사람, 의리의 사람입니다. 이제 저와 여러분들은 하나님의 마음에 합한 사람이 되어 하나님의 뜻을 이루어드리는 사람들이 되기를 축원합니다.

하나님을 알려면

(요14:8-14)

1. 하나님을 아는 것과 하나님에 대해서 아는 것의 차이점

많은 사람들은 하나님에 대해서 좀 알고 있습니다. 그리고는 이것으로 하나님을 안다고 착각하고 있습니다. 그러나 하나님을 아는 것과 하나님에 대해서 아는 것은 다릅니다.

하나님은 인격이시기 때문에 객관적 지식만 가지고는 알 수가 없습니다. 우리가 중매결혼을 위험하게 생각하는 것은 객관적인 조건은 좋은데 실제로 살아보니 성격이 안 맞고 뭐가 어떻고 해서 결국 이혼하는 것을 보기 때문입니다.

저에게 가끔 상담이 들어오는데 그 내용을 공개할 순 없지만 외적으로는 좋아서 결혼했는데 하고 보니 속은 것을 알았다 하는 그런 내용입니다. 그것은 인격적 존재인 인간은 외적 조건만으로는 알 수가 없기 때문입니다. 따라서 인격적 존재를 아는 비결은 객관적 지식도 중요하지만 더욱 중요한 것은 만나 보고 얘기해 보고 사귀어 보는 것밖에는 없습니다. 하나님도 마찬가지입니다.

어떤 분들은 만나서 얘기해 보면 경건에 대해서 많이 알고 있으면서도 하나님을 모르는 경우가 있습니다. 이것이 문제입니다.

2. 하나님을 아는 사람의 특징

(1) 큰 힘을 소유

다니엘 11:32절에 보면 "하나님을 아는 백성은 강하여 용맹을 발하리라"고 했습니다. 이것은 당시 다니엘과 그의 세 친구의 경우를 보면 아주 분명하게 나타납니다. 이들은 당시 바벨론의 포로로 잡혀 있으면서도 느브갓네살과 벨사살 왕의 권위에 굴하지 않고 불경건과 배교행위를 하지 않았던 것입니다. 이런 힘은 자신에게서 나온 것이 아니고 하나님을 아는데서 나온 것입니다.

(2) 영적 세계에 대한 지식과 하나님의 사상

인간은 물질적 세계와 영적 세계의 두 사이에서 살고 있습니다. 그러나 하나님을 아는 사람만이 영적 세계에 대해서 알고 있을 뿐입니다. 더구나 하나님의 높고 고상한 사상은 세속적 눈으로 알 수 없습니다. 하나님을 아는 사람만이 알 수 있습니다. 그래서 잠언은 "여호와를 경외하는 것이 지식의 근본"이라고 하였습니다.

(3) 확신과 담대함을 가지고 일함

하나님을 아는 사람은 자기의 입장이 하나님의 뜻에 합당하다는 것을 알면 담대하게 밀고 나갑니다. 그래서 베드로는 "사람보다 하나님을 순종하는 것이 마땅하다"고 하였고(행5:29) 바울도 "나의 달려갈 길과 주 예수께 받은 사명을 마치려 함에는 나의 생명을 조금도 귀한 것으로 여기지 아니 하느니라"(행20:24)고 하였습니다.

(4) 하나님 안에서 항상 만족

바울이 롬 5:1절에서 말한 것처럼 "믿음으로 말미암아 의롭다 함을 받았으니 우리 주 예수 그리스도로 말미암아 하나님과 더불어 화평이" 있습니다. 롬 8장을 보면 "다른 아무 피조물이라도 우리를 우리 주 예수 그리스도 안에 있는 하나님의 사랑에서 끊을 수 없으리라"(8:35)고 했습니다.

3. 하나님을 알려면?

(1) 내 지식이 부족함을 알아야

무엇보다도 내가 가진 하나님의 지식이 얼마나 피상적이고 부족하다는 것을 알아야 합니다.

우리는 너무 외적으로만 자신을 평가해 왔습니다. 그래서 하나님에 대해서 많이 알고 있기 때문에 하나님을 잘 알고 있다고 착각하고 있습니다. 그러나 얼마나 하나님을 아느냐는 우리가 얼마나 그와 교제하고 있으며 얼마나 그의 사랑을 실천하고 있으며 얼마나 그로 말미암아 기뻐하고 있느냐에 따라 평가되어야 합니다.

(2) 예수님을 알고 사귀고 통해야

예수님을 알고 그와의 사귐을 통하여 하나님을 알아야 합니다.

분명히 예수님은 나를 본 자는 아버지를 보았다고 하셨습니다. 즉 그리스도를 알지 않고는 하나님을 알 수 없으며 주님을 아는 자는 하나님을 안다고 말씀하신 것입니다. 그러면 주님을 어떻게 알 수 있나요? 그것은 말씀을 통해서 인격적 사귐을 통해서 알 수 있습니다. 성경은 루터가 말한 대로 아기 예수님이 누워 있는 말구유이기 때문입니다. 그래서 성경은 "말씀이 육신이 되어"(요1:14)라고 말씀하고 있습니다. 그러나 우리가 성경을 처음 대할 때 우리는 당황합니다. 실제의 체험은 성경이 하나님을 아는데 별 도움을 주지 못하기 때문입니다. 그래서 좀 성경을 읽다가는 과연 이 책을 읽어야 할 가치가 있는지 의아하게 됩니다. 사실 성경과 우리 사이에는 너무도 큰 간격이 있는 것이 사실입니다. 성경에 있는 내용들이 원시적이고 미개하고 농경 중심적이고 비기계적인 수천 년 전의 중동의 세계에 관해서 기록하고 있기 때문입니다. 그래서 성경의 내용이 나와는 거리가 먼 것으로 느껴집니다. 오늘의 세계와 관계가 먼 기록이기 때문입니다. 과연 오늘의 우리에게 이 말씀이 어떤 관계가 있나요? 자기의 경험과 너무도 소외된 것을 발견하게 되기 때문입니다. 그러나 성경과 나 사이에 연결시켜주는 고리는 바로 하나님 자신인 것을 깨닫지 않고는 우리는 성경과 가까워질 수가 없습니다. 하나님은 불변하시고 동일하시기 때문에 우리는 성경을 통해 하나님을 발견할 수 있습니다. 아니 성경을 통해서, 그리고 역사 속에서 살았던 예수님을 통해서만 우리는 하나님을 만날 수 있습니다. 그러면 어떻게 2000년 전의 고전인 성경을 통해서 하나님을 발견할 수 있나요? 무엇보다도 하나님은 변치 않으시기 때문입니다. 첫째로 하나님의 사심은 불변합니다. 그는 영원히 살아계신 분이시기 때문입니다. 둘째로 하나님의 성품은 변치 않으시기 때문입니다. 셋째로 하나님의 진리는 변치 않기 때문입니다. 그래서 이사야 40:6절에 "모든 육체는 풀이요 그 모든 영광은 풀의 꽃과 같으니 풀은 마르고 꽃은 시드나 하나님의 말씀은 영원토록 서리라"고 했습니다. 넷째로 하나님의 방법은 변치 않으시기 때문입니다. 다섯째로 하나님의 목적은 변치 않으시기 때문입니다. 그래서 성경은 "여호와의 도모는 영영히 서고 그 심사는 대대에 이르리로다"(시 33:11)고 했습니다.

끝으로 하나님의 아들 되신 예수님은 변치 않으시기 때문입니다. 히 13:8절에 분명히 말하기를 예수님은 "어제나 오늘이나 영원토록 동일하시니라"고 했습니다.

(3) 하나님을 아는 것은 하나님께 우리가 알려질 때에만 가능

이것을 우리는 흔히 은혜라는 말로 표현합니다. 갈 4:9절에 "이제는 너희가 하나님을 알뿐더러 하나님의 아신바 되었거늘"이라고 하였습니

다. 다시 말해서 하나님을 아는 것은 내가 하나님께 알려진 결과입니다. 렘 1:5절에 보면 "내가 너를 복중에 있기 전에 너를 알았고 네가 나오기 전에 너를 구별하였고 너를 열방의 선지자로 세웠노라"고 하였습니다. 즉 나의 노력만으로는 하나님을 알 수 없습니다. 하나님에게 알려져야 합니다. 이것을 우리는 예정이나 은혜라는 말로 표현합니다.

맺는말

하나님을 안다는 것은 자신을 주시겠다고 하신 하나님의 약속을 기초해서 나를 하나님께 드리는 인격적 관계에서만 하나님을 알 수 있습니다. 하나님을 안다는 것은 그의 자비를 구하는 관계에서만 하나님을 알 수 있습니다. 하나님을 안다는 것은 그의 자비를 구하는 것이고 하나님의 은혜에 자신을 내어맡기는 믿음인 것입니다. 그리고 순종하며 사랑하는 것입니다. 다른 것은 하나님에 대해서 아는 것일 뿐입니다.

슬픔을 극복하기 위한 10가지 방법

(요14:1)

인생이란 날씨와 같이 항상 변합니다. 아침에 햇볕이 비치다가도 오후에 갑자기 소나기가 오기도 합니다. 이처럼 인생도 변화가 많습니다. 그래서 짧은 인생이지만 그 속에는 희로애락이 수없이 서로 교차됩니다. 오늘은 그 중에도 슬픔을 극복하기 위한 방법에 대해서 말씀을 드리겠습니다.

1. 일어난 사건은 현실로 받아들이라

많은 사람들은 불행을 당하면 일어난 사건을 현실로 받아들이지 못합니다. 그럴 수가, 아니야 그럴 리 없어 하고 생각합니다. 여기서 중요한 것은 일어난 사건을 객관적으로 보고 그것을 현실로 받아들이는 것입니다. 이것이 슬픔을 극복하는 첫 번째 일입니다. 사실 과거는 과거입니다. 이미 일어난 사건은 하나님도 어떻게 할 수 없는 것입니다.

2. 슬픔을 밖으로 드러내라

어떤 때는 실컷 우는 것도 도움이 됩니다. 울고 나면 속이 시원해집니다. 슬플 때 억지로 참는 것은 해롭습니다. 자칫하면 화병이 되어 죽을 수도 있습니다. 쓸데없이 성자인 체하고 슬픔을 참을 필요는 없습니다. 슬픔이란 밖으로 내보내면 없어져 버리지만 속에 두면 언젠가는 무섭게 폭발합니다.

3. 새로운 것만 생각하라.

많은 사람들은 슬픔을 당하면 그것만 생각합니다. 노인일수록 더합니다. 그러나 어린아이들은 빨리 슬픔을 잊습니다. 그것은 어린이들은 지난 생각보다는 현재와 미래에 대해 더 생각을 하기 때문입니다. 나는 버마에서 비극적인 참사가 일어났을 때 아이들보다 엄마들이 더 오래도록 슬퍼하는 것을 보았습니다. 그것은 지난 생각에 너무 얽매이기 때문입니다.

4. 남아 있는 것만 생각하라

잃은 것을 생각하는 데서 슬픔은 계속됩니다. 그러므로 현재 남아 있는 것을 생각하면 아직도 그는 많은 것을 가지고 있다는 것을 깨닫게 될 것입니다. 예를 들어 어떤 사람이 교통사고로 한쪽 발을 잃었다고 가정합시다. 그는 과거처럼 뛰어다닐 수도 없고 산과 들을 자유롭게 다닐 수도 없습니다. 과거와 비교할 때는 슬픔은 계속됩니다. 그러나 남아 있는 것을 보면 아직도 내가 많이 가지고 있다는 것을 발견하게 됩니다. 사실 그는 잃은 것보다도 남아 있는 것이 더 많기 때문입니다. 또 어떤 사람이 대학시험에 낙방을 했다고 가정합시다. 그는 대학에 붙은 친구와 비교할 때에는 슬픔이 계속됩니다. 그러나 고등학교도 못 다닌 수많은 사람과 비교하면 그는 얼마나 행운아인지 모릅니다. 그러므로 남아 있는 것만 생각하면 자신이 결코 불행한 것이 아님을 알게 됩니다.

5. 자기 자신을 용서하라

많은 사람들은 실수한 자신을 용서하지 못합니다. 사람이란 누구나 잘못을 범하는 것을 왜 모르나요? 그것이 바로 인간인 것입니다. 우리는 결코 신이 아닙니다. 그러므로 그 어떤 잘못을 범하였다 할지라도 자신을 용서해야 합니다. 하나님께서 용서하시는데 왜 내 자신을 용서 못합니까?

6. 자기 연민에서 벗어나라

우리는 고민해도 안 되지만 나는 불상한 놈이야, 별 볼 일도 없고, 하면서 자기 연민의 정에 빠질 때가 있습니다. 이것도 사탄이 인간을 절망에 빠지게 하여 일어나지 못하게 하는 방법의 하나입니다.

7. 왜라는 의문을 내던져 버리라

물론 우리가 실패를 반성하면 성공에 이르는 경우가 많습니다. 그러나 슬픔을 당할 때에 왜 나에게만 이런 일이 일어나는가? 하나님이 살아계신다고 하면 어떻게 그럴 수 있는가? 하면서 계속적인 의문을 가지면 이것은 도움은커녕 우리를 파멸에 몰아넣게 됩니다. 그러므로 이제 왜 라는 의문을 쓰레기 버리듯 던져 버려야 합니다.

8. 보람 있는 일에 착수하라

사실 슬픔에 잠겨 있는 사람은 정신적인 사치를 하고 있는 것입니다. 인생이란 슬픔에 잠길 만큼 여유가 있는 것이 아닙니다. 바쁜 인생 어느새 세월은 다 가고 맙니다. 그러므로 지체없이 보다 가치 있는 일에 착수해야 합니다. 육체적인 일에 몰두하는 것은 더욱 좋습니다. 그때에 우리는 깊은 수면을 할 수 있고 그러면 슬픔은 안개처럼 사라집니다.

9. 슬픔을 긍정적으로 반응해 보라

우리가 부정적으로 반응을 하면 계속해서 슬픔은 슬픔을 낳습니다. 예를 들어 슬픔이 생겼을 때 나보다 더 슬픈 사람에게 위로를 주고 그의 슬픔을 들어주십시오. 남을 돕는 생활을 하는 사람에게는 슬픔이 머물 시간이 없습니다.

10. 최종적으로 하나님의 존재를 믿어보라

전지전능한 하나님이 나를 사랑하고 계시며 나를 인도해주신다는 것을 믿으십시오. 그러면 모든 슬픔이 해결됩니다. 요 14:1절에서 너희는 마음에 근심하지 말라, 하나님을 믿으니 또 나를 믿으라는 말씀은 바로 믿음을 갖게 될 때에 근심도 슬픔도 사라진다는 말입니다. 슬픔과 믿음은 마치 얼음과 불과 같아서 서로 함께 있을 수가 없는 것입니다. 물론 이 말은 신자에게는 슬픔이 전혀 없다는 말은 아닙니다. 있지만 금방 해결되고 사라진다는 말입니다.

하나님과의 교제

(143:8)

　사람만큼 환경의 영향을 많이 받는 동물도 없습니다. 대개 '맹모삼천 지교'란 말을 모두 알고 있습니다. 즉 맹자의 어머니가 처음에 공동묘지 가까이 살고 있었는데 맹자가 장사지내는 흉내를 냄으로 이사를 갔더니 이번에는 시장 가까운 곳이었다고 합니다. 그랬더니 맹자가 이번에는 물건 파는 흉내를 냄으로 하는 수 없이 글방이 있는 곳으로 이사를 가서 공부를 시켰다는 얘기입니다.

　결국 사람은 어떤 환경에 처해 있느냐에 따라 그의 성품, 취미, 생각, 교우관계, 직업, 마침내는 그의 운명까지 결정된다는 말입니다. 이런 점에서 하나님과 교제하는 사람은 하나님의 성품을 닮게 되고 하나님이 좋아하는 것을 좋아하게 되고, 하나님의 생각을 가질 뿐 아니라 마침내는 하나님과 함께 영원히 하나님 나라에 살게 됩니다. 그래서 하나님과의 교제는 대단히 중요합니다. 그러면 하나님과의 교제에 대해서 살펴보겠습니다.

1. 하나님과의 교제가 주는 영향

　하나님께서는 우리에게 여러 가지의 은사들을 주셨습니다. 그것은 경우에 따라 혹은 영역에 따라 좋을 수도 있고, 나쁠 수도 있게 되어 있습니다. 예를 들면 어떤 사람은 마음이 비단같이 부드러운 사람이 있습니다. 그래서 불쌍한 사람을 보면 도와주지 않고는 견디지를 못합니다. 그 얼마나 좋습니까? 그러나 이런 사람은 또 악에게도 쉽게 감염되는 문제를 안고 있습니다. 선한 일에도 감동이 빠르지만 악한 일에도 감동이 빠릅니다. 그래서 하나님이 주신 모든 은사는 어떻게 이용하느냐에 따라 장점과 단점을 다 같이 안고 있습니다.

(1) 하나님과 교제하는 사람

하나님과 교제를 하는 사람은 자기가 가진 은사들이 좋은 일에만 사용되게 하고 나쁜 일에서는 사용되지 못하도록 만들어줍니다.

(2) 주변 사람과 원만한 조화

둘째로 주변 사람들과 조화를 이루도록 만들어 줍니다. 왜냐하면 올바른 교제를 통해서만 이웃과의 교제는 이루어지기 때문입니다.

(3) 충만한 주님의 은혜 누림

무엇보다도 중요한 것은 우리 주님의 충만함을 우리가 누릴 수 있다는 점입니다. 골로새서 2:9~10에 보면 "그 안에는 신성의 모든 충만이 육체로 거하시고 너희도 그 안에서 충만하여졌으니 그는 모든 정사와 권세의 머리시니라"고 하였습니다. 다시 말하면 주님의 충만함이 하나님과의 교제를 통하여 우리에게 전달된다는 말입니다.

2. 교제의 필수조건

건물을 지으려면 꼭 필요한 자재가 있습니다. 벽돌, 기와, 시멘트, 유리, 나무 등등이 필요하듯이 마찬가지로 하나님과의 교제를 하는데 있어서도 꼭 필요한 요소들이 있습니다. 크게 5가지가 필요합니다.

(1) 시간

교제를 하려면 시간이 없이는 불가능합니다. 그런데 사람들은 이것을 종종 무시합니다. 그래서 친구들과는 만날 약속을 지키고 가족과는 안 지킵니다. 그래서 가족관계가 나쁜 사람들을 종종 볼 수 있습니다. 그러나 교제에 있어서 가장 중요한 것은 시간이라는 필수 조건입니다. 교제하려면 만나야 하고 만나려면 시간을 내야 합니다.

(2) 대화

교제를 하려면 둘째로 대화를 해야 합니다. 의사전달 없이는 교제를 할 수 없습니다. 의사전달은 두말할 필요도 없이 대화를 수반합니다. 그러나 이 대화는 정보만 주고받는 것이 아니고 감정도 주고받아야 합니다. 부부들이 감정을 주고받지 않을 때 서로의 이해는 불가능합니다. 그러면 어떻게 대화를 해야 할까요? 대화에서는 첫째가 듣는 것입니다. 사람들은 일반적으로 자기 얘기만 하고 남의 얘기 듣기를 싫어합니다. 하나님과의 교제도 마찬가지입니다. 반드시 들어야 합니다. 둘째로 그렇다고, 침묵만 해서는 두 사람 사이에 장벽이 생기게 됩니다. 무슨 감정이 있는 것으로 오해를 받습니다. 나는 말하는 것보다는 듣는 것을 좋아하는 편이어서 가만히 있을 때가 많습니다. 그래서 남에게 오해를 받을 때가 한두 번이 아닙니다. 그러므로 가끔 말을 하지 않으면 안 됩니다. 결국 대화는 one way가 아니라 two way입니다.

(3) 환경

중매 결혼하는 사람들이 다방에서 만나 말할 것이 없어서 쩔쩔매는 것을 볼 수 있습니다. 교제는 한 곳에서만 있으면 잘 안 됩니다. 그래서 우리는 지난번 미소정상회담에서 장소를 바꾸어 가면서 만나는 것을 볼 수 있었습니다. 이것은 하나님과의 관계에 있어서도 마찬가지입니다. 다시 말하면 기도방이나 교회에서만 하나님과의 교제가 이루어져서는 안 되고 다양한 곳에서 교제할 때 잘 이루어집니다.

(4) 태도

교제에서 결정적 요소는 상대방의 태도입니다. 상담자의 자질 가운데 가장 중요한 것은 상대방에게 존경심을 가지고 대하는 태도라고 합니다. 바로 이 태도 없이는 하나님과의 진정한 교제는 이루어지지 않습니다.

(5) 목표

아무리 자주 만나도 목표가 분명치 않으면 깊은 교제를 할 수가 없습니다. 하나님과의 관계에 있어서도 마찬가지입니다. 그런데 요 6:38-39절을 보면 "내가 하늘로서 내려온 것은 내 뜻을 행하려 함이 아니요 나를 보내신 이의 뜻을 행하려함이니라"고 하였습니다. 그러므로 우리가 하나님과 바른 교제를 하려면 나의 목적을 이루기 위해서가 아니라 하나님의 뜻을 중심으로 그의 목표가 이루어지도록 해야 합니다.

3. 하나님과 어떻게 교제해야 하는가?

실제로 적용하지 못하는 방법은 공허한 이상론에 불과합니다. 그러므로 하나님과의 교제도 위에서 말한 5가지의 필수조건을 중심으로 실전에 옮길 수 있는 방법이 있어야 합니다.

(1) 경배

하나님은 어떤 분이신가를 깨닫고 인정하는 데서 시작하여 그에게 합당한 경배를 드리는 것입니다.

(2) 기도

히 4:16절의 말씀처럼 "은혜의 보좌 앞에 담대히 나아갈 것이니라." 기도에는 영어로 사도행전을 뜻하는 Acts 즉 adoration(찬양) confession(고백), Thanksgiving(감사), Supplication(간구)가 있어야 합니다.

(3) 하나님 말씀 묵상하기

시 1편에 보면 율법을 주야로 묵상하는 사람이 복이 있다고 하였습니다. 끝으로 이 말씀을 생활에 적용하지 않으면 마음으로만 교제하고 행동으로는 옮기지 못하는 사람과 같습니다. 이제 바라기는 우리 모두가 하나님과의 교제를 중심으로 주님의 충만하심을 맛보고 누리는 우리가 되기를 바랍니다.

하나님은 나의 왕

(시4:1-12)

성경에는 하나님을 여러 가지 은유로 표현하고 있습니다. 예를 들면 하나님은 피란처라, 혹은 하나님은 재판장이시다, 농부시다, 빛이시다, 등등 성경에 많이 있습니다. 그러나 구약에서 가장 중요한 은유는 하나님은 우리의 왕이시다 라는 말이고 신약에서는 하나님은 우리의 아버지시다 라는 말입니다. 이 두 개념은 서로 뗄 수 없는 관계를 가지고 있습니다. 둘 다 하나님은 우리를 돌보아 주시는 분이시며 지켜주시는 분이시며 사랑해주시는 분이시라는 뜻입니다. 물론 신약의 아버지라는 개념이 더 가깝게 느껴지고 부드럽게 느껴지는 것은 사실이지만 그것은 신약시대의 우리를 중심으로 생각할 때에 그렇고 구약시대에는 그렇지 않았습니다. 이제 이 시간에는 하나님은 우리의 왕이시라는 구약의 중심 개념을 가지고 시편 5편에 나타난 하나님의 말씀을 살피면서 함께 은혜를 나누려 합니다.

그러면 우리의 왕이 되시는 하나님은 어떤 분이신가요?

1. 우리 기도에 응답하시는 분이심

1절에 "여호와여 나의 말에 귀를 기울이사 나의 심사를 통촉하소서." 라고 했습니다. 여기서 말이란 기도의 말을 말하고 심사란 기도할 때의 묵상을 말합니다. 묵상은 기도의 최초의 시작이고 기도는 묵상의 결론입니다. 기도란 묵상에서 시작하여 말로 표현되어집니다. 여기서 다윗은 '통촉해주소서'라고 기도한 것은 하나님은 우리의 기도를 통촉해주시는 분임을 말한 것입니다. 그렇습니다. 좋은 왕은 백성의 부르짖음을 항상 듣고 보살펴야 하듯이 하나님은 그의 백성인 성도들의 부르짖음에 항상 듣고 보살펴주고 계십니다. 그래서 다윗은 2절에 "나의 왕, 나의 하나님이여"라고 했고 3절에서는 "여호와여 아침에 주께서 나의 소리를 들으시니 아침에 내가 주께 기도하고 바라나이다"라고 하였습니다. 왜 다윗은 아침에 하나님께 기도하였을까요? 그것은 마치 자녀가 부모에게 아침 인사를 하듯이 하나님의 백성인 성도가 하나님께 아침에 기도하는 것은 당연하기 때문입니다. 스펄 존은 이런 말을 했습니다. '아침에 한 시간 기도하는 것은 저녁에 두 시간 기도하는 것보다 더 효과가 있다. 기도는 그 날의 열쇠요 자물쇠이다.'라고.

정말 우리가 하루의 생활을 성공적으로 살기를 원한다면 우리는 아침에 일어나 기도의 열쇠로 그 날을 열고 잘 때는 기도의 자물쇠로 그 날을 닫아 잠그게 될 때에 사탄은 우리를 이기지 못합니다. 다윗은 기도만 하는 것이 아니라 '바라나이다'라고 했습니다. 기도의 응답을 기다린다는 뜻입니다. 조지 뮬러는 일생에 기도의 응답을 5만 번이나 받았다고 합니다. 과연 여러분들은 얼마나 받으셨나요? 저는 서울 제일교회에 있을 때에 기도와 응답이란 노트를 만들어 구체적으로 적어본 적이 있습니다. 그 때에 일 년 동안에 수십 번의 응답을 받은 것을 기억합니다. 지금은 구체적으로 적지를 않아서 통계가 없으나, 그러나 한 가지 분명한 것은 하나님은 단 한 번도 저의 기도에 응답치 않은 적이 없다는 점입니다. 저는 믿습니다. 하나님은 모든 기도를 응답해 주시는 분이라는 점입니다. 그래서 다윗은 55:17절에서 이렇게 고백하고 있습니다. "저녁과 아침과 정오에 내가 근심하여 탄식하리니 여호와께서 내 소리를 들으시리로다." 이처럼 하나님은 들으시는 분이십니다. 여기서 듣는다는 말은 '아, 그래요'하고 상담자가 듣는 그런 것이 아니고 응답해 주신다는 말입니다.

2. 우리 왕이 되시는 하나님은 어떤 분이신가?

4-6절에 보면 그는 죄를 미워하시는 분이십니다. 4절에 "주는 죄악을 기뻐하는 신이 아니시니 악이 주와 함께 유하지 못하며." 그러면 왜 하나님은 그렇게 죄악을 미워하실까요? 첫째로 하나님은 거룩하신 분이시기 때문에 죄악을 용납치 아니하십니다. 그래서 다윗은 시 97:10절에서 "여호와를 사랑하는 너희여 악을 미워하라"고 하였습니다. 왜냐하면 하나님과 죄는 함께 거할 수가 없기 때문에 하나님은 그의 백성들도 거룩하기를 원하십니다. 그래서 레 11:45절에 "내가 거룩하니 너희도 거룩할지니라."라고 하였습니다. 하나님께서 우리가 거룩하기를 원하는 것은 그의 속성 때문만은 아닙니다. 그의 백성들의 행복을 원하시기 때문입니다. 다시 말하면 인간이 행복해지는 것은 죄를 짓고는 불가능하기 때문입니다. 죄는 하나님과 우리를 단절시키고 교통을 차단합니다. 그래서 죄인은 행복할 수가 없는 것입니다. 5-6절에는 하나님께서 미워하는 5가지 종류의 사람이 기록되어 있습니다. 첫째는 오만한 사람, 둘째는 악을 행하는 사람, 셋째는 거짓말 하는 사람, 넷째는 피 흘리기를 즐기는 사람, 다섯째는 속이는 사람이라고 하였습니다.

3. 다윗의 두 가지 결심

7절에 다윗은 '첫째는 하나님 나는 오직 하나님이 풍성한 인자, 풍성한 사랑을 힘입게 하옵소서. 둘째는 하나님, 주의 집, 성전에 들어가 경배하겠습니다. 그리고 나서 8절에서 두 가지 기도를 드리는데 여기서 우리의 왕이 되시는 하나님은 어떤 분이신가를 알 수 있습니다. 그러면 다윗의 두 가지 기도는 무엇인가요? 첫째는 주의 의로 인도해 달라는 것이고, 둘째는 주의 길을 그의 목전에 환하게 보여달라는 것입니다. 이것은 바로 우리의 왕 되시는 하나님은 우리를 인도해 주시는 분이라는 뜻입니다.

4. 왕이신 하나님은 악인에게는 심판, 의인에게는 축복

끝으로 9절에 보면 악인들의 네 가지 특징을 말씀하고 있습니다.

첫째는 입에 신실함이 없이 일구이언을 한다는 것이고,

둘째는 저희 심중이 심히 악하고, 죄가 득실 득실거린다는 것이며

셋째는 목구멍은 열린 무덤 같고, 송장 썩는 냄새가 나는 무덤, 아무리 많은 시체를 삼키고도 만족할 줄 모르는 무덤 같다고 했습니다.

넷째는 저희 혀로는 아첨을 하나이다. 자기보다 밑에 있는 약한 사람은 억압하고 착취하지만 권력자 앞에서는 아첨을 하는 것이 악인의 특징입니다.

그러면 하나님께서는 이런 사람들을 어떻게 심판하시나요? 첫째는 자기 꾀에 빠지게 하십니다. 둘째는 저희를 쫓아낸다고 하였습니다. 하나님 앞에서 쫓겨난다는 것은 바로 지옥의 심판을 의미합니다. 그러나 반대로 의인들은 4가지 축복을 하신다고 약속하였습니다.

첫째는 기뻐한다고 하였습니다. 희락은 갈라디아서 5:22절에 보면 성령의 열매입니다. 우리가 그처럼 원하는 행복이란 바로 이 기쁨이 충만한 생활을 의미합니다. 바로 이 복을 주신다고 하였습니다.

둘째는 주님의 보호를 받습니다.

셋째는 복을 즉 생명의 면류관, 의의 면류관을 받습니다.

넷째는 은혜로 호위해 주십니다.

이제 문제는 우리가 어떻게 의인이 될 수 있느냐입니다. 선을 행함으로써 과연 가능한가요? 세상의 모든 종교가 선을 행하여 의인이 되라고 가르칩니다. 그러나 실제로 이것은 불가능합니다. 그래서 롬 3:10절에 선언하기를 "의인은 없나니 하나도 없으며"라고 하였습니다. 그러나 주님은 "내가 길이요 진리요 생명이니 나로 말미암지 않고는 아버지께로 갈자가 없느니라"고 하였습니다.

여기서 말한 것은 윤리개념이 아니고 관계 개념임을 명심해야 합니다. 즉 하나님과 바른 관계를 가지는 것을 말합니다. 그러면 누가 하나님과 바른 관계를 가질 수 있나요? 율법으로? 선행으로? 아니오. 오직 믿음으로만 됩니다. 그러나 믿음이 우리를 구원하는 것은 아닙니다. 우리가 믿는 그 예수님이 우리를 구원해주시는 것입니다. 그 주님은 은혜로 우리를 값없이 구원해 주십니다. 그 주님의 십자가를 믿기만 하면 누구든지 구원해주십니다. 믿으시면 다 구원을 받을 뿐 아니라 다 의인이 된 것입니다. 이제는 하나님의 4가지 축복을 받을 줄로 확신합니다.

바라기는 이 믿음을 저버리지 말고 다 하나님의 귀한 축복의 소유자가 되시기를 주님의 이름으로 축원합니다.

하나님은 어떤 분이신가?

(사63:15-64:7)

방금 봉독한 말씀은 유다 백성들이 바벨론으로 포로로 잡혀가 있을 때에 이사야 선지자가 그의 백성들을 대표해서 기도한 중재기도입니다. 우리는 이 기도에서 하나님은 어떤 분이신지를 구체적으로 발견하게 됩니다.

1. 우리가 믿는 하나님은 어떤 분이신가?

(1) 하나님은 거룩하고 영화로우시며 하늘 보좌에 계심

먼저 15절에 보면 하나님은 거룩하고, 영화로우실 뿐 아니라 하늘의 보좌에서 모든 것을 굽어 살펴보시는 분이라고 하였습니다. 우리는 때때로 과연 하나님은 나 같은 것을 보고 계실까? 이 세상에 70억이 넘는 사람의 사정을 어떻게 다 알고 계실까? 하고 의심할 때가 있습니다.

(예화) 어린 소녀가 백혈병으로 병원에 입원하고 있었습니다. 기도하면서 빨리 하나님께 가고 싶으니 아프지 않게 갈 수 있게 해달라고 손수건을 내어 침상에 매달았습니다. 혹시 하나님이 못 보시고 그냥 가면 어떡하나 하여서 표를 해놓은 것입니다. 다음날 이 소녀는 세상에서 가장 평화로운 얼굴을 하고 하나님 나라로 갔습니다. 그러나 성도 여러분, 우리는 이 소녀처럼 표를 해놓을 필요는 없습니다. 하나님은 이 세상의 모든

것을 다 보고 계시기 때문입니다. 본문은 하나님은 거룩하고 영화롭지만 모든 것을 다 굽어 살피고 계시는 전지하신 분이라고 하였습니다. 그러므로 우리의 사정을 하나님은 다 알고 계십니다.

(2) 우리의 아버지가 되심

16절에 보니 하나님은 우리의 아버지가 되신다고 하였습니다. 하나님께서 우리의 아버지가 되신다는 말은 세 가지 점에서 그렇습니다. 첫째는 창조자란 점에서, 둘째는 우리를 사랑하시는 사랑의 대상이란 점에서, 셋째는 우리를 구원하여주시는 분이란 점에서 하나님은 우리의 아버지이십니다.

하나님은 우리의 아버지이시기 때문에 하나님과 우리 사이에는 아무런 제약도 없고 또 어떤 장애물도 없습니다. 그저 필요한 것을 구하면 주시는 기도의 대상이 되는 것입니다.

(예화) 남들은 저에게 무엇을 부탁할 때는 조심을 합니다. 기분을 좋게 하려고 애를 씁니다. 그러나 우리 두 아들은 항상 결론부터 말합니다. '아빠, 나 돈 얼마 줘'라고 말합니다. 무엇에 쓰려고 그러니 하고 물으면 그제야 설명을 합니다. 그것도 비굴하게 요구하는 것이 아니라 마치 맡겨놓은 것을 찾아가듯이 아주 당당하게 요구합니다. 구태여 형식도 필요 없습니다. 이 것이 바로 부자지간입니다. 여러분, 하나님께서 우리의 아버지가 되신다는 것을 절대로 잊지도 말고 의심하지도 마시기를 바랍니다. 물론 구약에도 하나님을 아버지라고 한 부분이 없지 않습니다. 그러나 하나님과 우리의 관계를 부자시간으로 강조한 분은 바로 예수님이십니다. 구약시대에는 하나님과 우리의 관계를 왕과 신하의 관계로, 주인과 종의 관계로, 언급

하고 있으나 예수님은 하나님과 우리의 관계를 아버지와 아들의 관계로 강조하고 있습니다. 그러므로 어떤 어려움이 있든지 간에 우리는 하나님 아버지에게 숨길 것도 없고 못 구할 것도 없습니다. 이 아버지에게 다 맡기시기를 축원합니다.

(3) 우리의 구속자

16절 하반절을 보면 하나님은 우리의 구속자라고 하였습니다. 우리를 죄악에서 건져 구원해 주시는 분이라는 말입니다. 하나님의 구원하시는 모습은 출애굽 사건에서, 또, 바벨론 포로에서 해방시킨 사건에서, 끝으로 죄의 종의 자리에서 해방시켜주신 것에서 역사적으로 잘 나타납니다. 그러므로 우리는 어떤 고난과 역경에서도 괴로워하거나 피할 필요가 없습니다. 하나님은 바로 우리의 구원자이시기 때문입니다.

(4) 심판자

18절에 보면 하나님은 심판자라고 하였습니다. 하나님은 사랑이시지만 그러나 그것만 생각하면 안 됩니다. 하나님은 또한 공의의 하나님이십니다. 우리가 회개하지 않고 계속해서 죄를 짓고 우상을 섬길 때에는 하나님은 마침내 심판하시는 분이십니다. 하나님은 속지 않습니다. 못 보지도 않습니다. 그러므로 우리는 세상에서 때로는 억울하고 괴로워도 심판자 되시는 하나님을 믿고 참고 견디시기를 바랍니다.

2. 우리는 어떤 존재인가?

본문에 보면 두 가지로 말씀하고 있습니다.

(1) 다 부정한 자들

64:6절에 다 부정한 자들이라고 하였습니다. 우리가 의롭다고 자랑하는 것도 다 따지고 보면 거지의 옷처럼 더럽기 한이 없다는 것입니다. 세상에서 가장 더러운 것이 두 가지가 있습니다. 하나는 여자의 월경대

이고 다른 하나는 거지의 발싸개입니다. 그러나 이보다 더 더러운 것이 바로 우리의 죄입니다. 우리가 못 봐서 그렇지 여러분들이 자신의 가슴을 볼 수 있다면 아이고 더러워 하고 침을 뱉을 것입니다.

(2) 실제적 불신자

둘째로 우리는 어떤 존재들인가요? 54:7절에 보니 주의 이름을 부르지 않는 실제적 불신자라고 하였습니다. 교회는 나오고 직분도 맡고 있고 입으로는 믿는다고 말하지만, 그러나 실제로는 하나님의 이름을 부르지 않습니다. 여기서 부르지 않는다는 말은 기도하지 않는다는 말입니다. 기도는 해도 믿지 않는다는 말입니다. 또 하나님을 찬양하지 않는다는 말입니다. 찬양해도 입으로만 할 뿐 마음으로는 하지 않는다는 말입니다. 세상에는 이론적인 무신론자와 실제적인 무신론자가 있습니다. 우리는 이론적 무신론자는 아닙니다. 그러나 실제적인 무신론자라고 성경은 규정하고 있습니다.

3. 우리는 어떻게 해야 하나?

(1) 믿기만 하면

무엇보다도 중요한 것은 나는 죄인입니다. 그 무엇으로도 해결할 수 없는 죄인입니다. 그러나 주님이 나를 위해 십자가를 지심으로 이제 믿기만 하면 우리에게는 구원의 길이 열렸다는 것을 믿어야 합니다. 행 4:12절의 말씀대로 "다른 이로서는 구원을 얻을 수 없나니 천하 인간에 구원을 얻을 만한 다른 이름을 우리에게 주신 일이 없음이니라"고 하였습니다. 이것을 믿으십니까? 예수님만이 나의 구세주시요 그로 말미암지 않고는 아무런 소망도 없는 존재라는 것을 먼저 믿어야 합니다. 믿으시면 아멘 하시기 바랍니다. 그러나 또 한 가지 기억해야 할 것은 우리는 이제 더 이상의 죄인이 아니라 예수님의 보혈로 깨끗이 씻김을 받은 의인이라는 사실을 믿으시기 바랍니다.

(2) 항상 기도해야

둘째로 우리는 항상 기도해야 합니다. 지난 죄는 회개하여 용서받고 받은바 은혜는 하나님께 감사하고 앞으로는 하나님의 뜻대로 살겠습니다 하고 결심을 해야 합니다. 우리가 순간이라도 숨을 쉬지 않고는 살 수 없듯이 기도하지 않고는 우리의 영혼은 살 수 없다는 것을 알고 쉬지 말고 기도하시기 바랍니다. 하나님은 어떤 경우든지 응답하십니다. 이 응답은 세 가지 형태로 주십니다. Yes, No. Wait의 세 가지 형태로 응답하십니다. 또 중요한 것은 하나님은 응답하실 때 하나님의 방법으로 응답하시고 또 하나님이 원하시는 시간에 따라 응답하신다는 점입니다.

(3) 하나님에 속한 자임을 시인

63:19절에서 암시하고 있듯이 우리는 다 하나님에게 속한 존재라는 것을 알고 하나님 앞에서 합당하게 살아야 합니다. 엡 4:1절에 보면 "너희가 부르심을 입은 부름에 합당하게 행하라"는 말씀대로 합당한 생활을 해야 합니다. 그러면 무엇이 하나님 앞에서 합당한 생활인가요? 엡 4:2-3절에 그 해답이 나옵니다. "모든 겸손과 온유로 하고 오래 참음으로 사랑 가운데서 행하고 평안의 매는 줄로 성령의 하나 되게 하신 것을 힘써 지켜라"

맺는말

사람마다 문제가 없는 사람이 없고 괴로움이 없는 사람이 없습니다. 그러나 우리가 믿는 하나님은 우리 아버지십니다. 게다가 그는 무능한 그런 아버지가 아니라 전지전능하시고 또 우리를 구원해주시는 분이시며 마지막에는 심판까지 하시는 그런 하나님이십니다. 그러나 그 대상인 우리는 다 부정한 자들이요, 실제로는 무신론자들처럼 살고 있는 자들입니다. 그러므로 여러분, 우리는 예수님이 우리의 죄의 문제를 해결해주시고 지금은 의인으로 만들어주신 것을 먼저 믿으시기 바랍니다. 믿고 구하시기 바랍니다. 그리고는 남은 삶을 하나님의 자녀로서 부끄럼 없는 삶을 사시기 바랍니다. 우리는 결코 혼자 있는 것이 아닙니다. 전지전능하신 하나님이 우리의 힘이 되어주십니다. 그러므로 두려워말고 날마다 승리자로서 담대하게 살기를 주님의 이름으로 축원합니다.

하나님의 말씀에 영원히 서리라

(사40:6-11)

이사야서는 크게 두 부분으로 나누어집니다. 제1부는 39장까지로서 그 내용은 하나님의 심판에 관한 경고이고, 제2부는 66장까지로서 그 내용은 회복과 위로의 말씀으로 되어 있습니다. 당시 이스라엘은 바벨론의 포로로 잡혀 있었기 때문에 앞날이 캄캄한 가운데 절망 가운데서 하나님의 위로를 기다리고 있었습니다. 이런 이스라엘 백성들에게 하나님은 "너희 하나님을 보라"고 했습니다.

1. 왜 우리는 하나님만 바라보아야 하는가?

거기에는 6가지 이유가 있습니다.

(1) 그리스도께서 우리를 위하여 죽기까지 사랑하기 때문

하나님은 그의 양떼들을 사랑하시기 때문입니다. 시 23:1에 보면 "여호와는 나의 목자시니"라고 했고 요 10장을 보아도 예수님은 우리의 목자장이 되신다고 했습니다. 심지어 양떼를 위하여 생명을 버린다고 했습니다. 사실 나와 여러분은 죽을 수밖에 없는 죄인들이었습니다. 그러나 예수님께서 우리를 대신하여 십자가에서 죽으심으로 내가 받아야 할 심판을 받으심으로 나와 여러분들은 이제 구원을 받게 된 것입니다. 이것이 바로 하나님의 사랑입니다. 롬 5:8절에 "우리가 아직 죄인 되었을 때에 그리스도께서 우리를 위하여 죽으심으로 하나님께서 우리에 대한

자기의 사랑을 확증하셨느니라"고 했습니다. 우리는 때때로 자기 자녀를 미워할 때가 있습니다. 자기 자신을 미워할 때도 있습니다. 그러나 하나님은 한 순간도 우리를 미워하시지 않습니다. 언제나 우리를 사랑하고 계십니다.

(예화) 영국의 소설가 데포가 1719년에 쓴 로빈슨 크루소우에 이런 얘기가 나옵니다.

프라이디 : 하나님은 전능하시고 능력이 많으시다고 하셨죠?

로빈슨 : 그렇고말고.

프라이디 : 그렇다면 어째서 그렇게 능력이 많고 힘이 많은 하나님께서 마귀를 없애버리고 고통과 죄를 없애버리지 않으셨습니까?

로빈슨 : 너 참 지혜로운 말을 하는구나, 그렇지만 왜 하나님은 날마다 악을 행하면서 자기를 불쾌하게 하는 인간을 전부 없애버리지 않으시고 기다리실까?

(2) 하나님은 양떼를 돌보심

하나님은 그의 양떼를 돌보아 주십니다. 하나님이 그의 양떼들을 얼마나 돌보아주시는지 11절에 기록하고 있습니다. "그는 목자같이 양 무리를 먹이시며 어린 양을 그 팔로 모아 품에 안으시며 젖먹이는 암컷들을 인도하시리로다." 또 사 49:10절에는 "그들이 주리거나 목마르지 아니할 것이며 더위와 볕이 그들을 상하지 아니하리니 이는 그들을 긍휼히 여기는 자가 그들을 이끌되 샘물 근원으로 인도할 것임이니라." 사람은 때때로 부모도 자식을 버릴 때가 있습니다. 또 돌보고 싶어도 능력이 없어서 못하는 수가 얼마나 많은가요? 그러나 하나님은 능력이 많으실 뿐 아니라 우리를 사랑하시고 돌보아 주십니다. 지금 여러분들이 하는 일이 잘 안 될지 모르나 그것은 하나님이 여러분들을 버렸기 때문이 아니라 과연 우리가 하나님의 축복을 받을 자격이 있는지 없는지를 시험하시기 위한 시련일 뿐입니다. 하나님은 우리를 돌보고 계십니다.

(예화) 어떤 사람의 꿈 이야기 : 어떤 사람이 꿈을 꾸었습니다. 꿈에 그는 주님과 함께 해변을 걷고 있었습니다. 각 장면마다 그는 모래 위에 두 사람의 발자국이 찍혀 있는 것을 보았습니다. 하나는 자기의 것이고 다른 것은 주님의 것이었습니다. 그의 생애의 마지막 장면이 그 앞에 비쳤을 때 그는 모래 위의 발자국들을 돌아보았습니다. 그는 그의 생애 동안 가끔씩은 한 사람의 발자국이 있는 것을 발견했는데 그때는 가장 힘들고 고통스러웠던 순간들이었습니다. 그래서 그는 주님께 물었습니다. 주님, 당신은 항상 나와 함께 하시겠다고 약속하지 않았습니까? 그런데 제가 가장 고통스러웠을 때 오직 한 사람의 발자국만 있으니 왜 혼자 버려두셨는지 이해할 수가 없습니다. 그때 주님이 대답했습니다. 나의 귀한 아들, 나는 너를 사랑한다. 그리고 너를 결코 버려두지 않았다. 네가 한 사람의 발자국만 발견한 것은 네가 시련을 당하고 있을 때 사실은 내가 너를 업고 다녔느니라. 그래서 발자국이 하나이지라고 대답했습니다. 그러므로 우리는 하나님만을 바라보아야 합니다.

(3) 양떼를 인도하심

하나님은 그의 양떼들을 인도하십니다. 시 23편에 "그가 나를 푸른 초장에 누이시며 쉴만한 물가로 인도하시는도다"라고 했고 시 78:52절에 "자기 백성을 양같이 인도하여 내시고 광야에서 양떼같이 지도하셨다"고 하였습니다. 요 10:3절에 "그가 자기 양의 이름을 각각 불러 인도하여 내느니라"고 했습니다. 그렇습니다. 하나님은 이 광야 같은 세상에

서 우리가 갈 길을 알지 못해 방황할 때에 친히 이름을 부르면서 인도
하여 주십니다.

(4) 양떼를 보호하심

하나님은 그의 양떼들을 보호하십니다. 광야에는 양의 원수인 맹수들
이 많습니다. 그러나 양은 약하고 무지해서 이 맹수들을 당해낼 수가
없습니다. 더구나 지금은 말세지말이 되어서 우는 사자와 같이 마귀가
날뛰고 있어서 우리의 힘만으로는 감당할 수가 없습니다. 그러나 목자
되신 하나님이 우리를 보호하고 계시니 우리는 염려할 필요가 없습니
다. 시 23:4절에 "내가 사망의 음침한 골짜기로 다닐지라도 해를 두려
워하지 않을 것은 주께서 나와 함께 하심이라. 주의 지팡이와 막대기가
나를 안위하시나이다."라고 했습니다.

(5) 양떼를 먹이심

하나님은 그의 양떼를 먹이십니다. 11절에 "그는 목자같이 양 무리를
먹이시며"라고 했습니다. 시 23편을 보면 하나님은 푸른 초장, 쉴만한
물가로 인도하신 후에 양떼들이 배불리 먹도록 돌보시는 하나님이십니
다. 요 6장을 보면 예수님은 심지어 그 자신을 생명의 떡으로 우리에게
주셔서 인류가 사는 길을 마련해 주셨다고 하였습니다.

(6) 양떼를 구원하심

끝으로 하나님은 그의 양떼들을 구원하십니다. 시 23:3절에 "내 영혼
을 소생시키시고"라고 했고 본문 11절에서도 "그는 어린 양을 그 팔로
모아 품에 안으신다"고 했습니다. 왜 우리가 하나님을 바라보아야 하나
요? 그것은 하나님은 우리의 목자가 되셔서 우리를 사랑하시고 돌보아
주시고 인도하시고, 보호해주시고 먹이시고 구원해주시기 때문입니다.
비록 지금 세상이 어둡고 괴로워도 하나님이 우리와 함께 계시는 한 하

나도 두려울 것이 없습니다.

2. 하나님만 바라본다는 말의 뜻

그것은 하나님만 믿는다는 말이요 하나님만 의지한다는 말입니다. 그것은 또 하나님의 말씀만 믿고 의지하고 그 말씀에 영원히 선다는 뜻입니다. 본문 8절에 보면 인간의 생명은 풀처럼 겨울이 오면 말라버리고 인간의 영광이란 것도 풀의 꽃처럼 시들고 말지만 하나님의 말씀만이 영원히 불변하다고 했습니다. 이 말씀은 하나님의 약속은 영원하다는 말씀입니다. 그러므로 사랑하는 형제들이여 우리는 하나님의 말씀만 믿고 그 말씀에 영원히 섭시다. 공연히 잠깐 있다가 없어지는 것을 붙들고 살 것이 아니라 영원한 하나님의 말씀을 굳게 붙들고 그 말씀대로 우리의 목자가 되시는 하나님만을 바라보시기를 주님의 이름으로 축원합니다.

주님께서 설정하신 성찬식

(고전11:23-29)

이 시간에는 우리 주님께서 설정하신 성찬, 좀더 정확하게는 성만찬의 의미는 무엇이며 또 이 성만찬에 참여할 때 어떤 태도를 가지고 참여해야 하는지를 살펴보면서 오늘 저녁에 가지게 될 성찬이 참으로 의미 있는 성찬식이 되기를 먼저 주님의 이름으로 축원합니다.

1. 성만찬

한마디로 말해서 주님께서 설정하신 거룩하신 예식입니다. 천주교에는 7가지 거룩한 예식이 있는데 우리 개신교에서는 그중에서 오직 두 가지만 즉 세례와 성만찬만 인정하고 지킵니다. 그러나 로마 가톨릭 교회에서는 이 두 가지 외에 견신례(영세를 받은 후 신앙고백을 하고 교회의 정회원이 되는 예식), 고해성사(영세를 받은 신자가 범한 죄를 뉘우치고 사제에게 고백하여 용서를 비는 것), 종부성사(죽을 위험이 있는 신자가 받음), 성직임명과 결혼식까지 성례로 지킵니다. 그런데 개신교에서 오직 두 가지만 성례로 지키는 이유는 첫째로 주님께서 이 두 가지만 꼭 지키라고 말씀을 하셨기 때문이고, 둘째는 구원에 있어서 이 두 가지만은 없어서는 안 될 것이기 때문입니다. 그러나 다른 다섯 가지는 구원사역과는 관계가 없습니다. 단순한 예식일 뿐입니다.

2. 성만찬의 성격

성만찬은 구약의 유월절과 관련되어 있습니다. 그래서 요한복음

18:28을 보면 예수님께서 유월절 어린양이 죽임을 당하는 날(유월절 양을 잡는 금요일) 오후에 죽으셨다고 기록하고 있습니다. 즉 구약의 성도들은 유월절 양을 잡아먹으면서 출애굽 사건에 참여하였던 것입니다. 그러므로 신약의 성만찬은 구약의 유월절의 연속이요 완성이라고 할 수 있습니다. 이제 성만찬의 의미를 살펴보면 다음 네 가지의 성질을 가지고 있습니다.

(1) 주님의 죽음을 기념

성만찬은 주님의 죽음을 기념하는데 의미가 있습니다. 나를 위해 십자가 위에서 속죄양으로서 방울방울 피흘려 주신 십자가의 사건을 기념하는 데 의미가 있습니다. 다시 말하면 십자가 사건의 반복인 것입니다.

(2) 은혜의 수단

성만찬은 은혜의 수단이 됩니다. 하나님께서는 두 가지 종류의 세상을 우리에게 주셨습니다. 하나는 이 세상이고 다른 하나는 하나님의 나라입니다. 그리고 이 두 세계를 알게 하기 위해서 이성과 신앙을 주셨습니다. 그리고 은혜의 수단으로 귀로 듣는 말씀과 눈으로 보는 말씀인 성만찬을 주신 것입니다. 그러므로 성만찬에 참여하면 은혜를 받습니다.

(예화) 나폴레옹이 세인트헬레나 섬에 유배되어 있을 때 그는 세상의 허무함을 깨달았습니다. 전에는 종교에 대해서 관심도 없었으나 유배된 뒤에는 열심히 예배를 드렸습니다. 한번은 누가 그에게 질문을 하였습니다. 당신의 일생에서 가장 기쁘고 보람 있었던 때가 언제냐? 전쟁에서 승리했을 때인가? 아니면 황제로 즉위했을 때인가? 그러나 나폴레옹은 고개를 저으면서 아니오, 제가 처음으로 성찬식에 참여했을 때입니다 라고 대답했다고 합니다.

(3) 연합시키는 줄

연합시키는 줄이 된다. 먼저 주님과 연합하는 줄이 되고(임재의 체험) 다음은 이 성만찬에 참여하는 모든 성도들과 연합하는 줄이 된다(형제의 식을 느낌). 마치 한 가족이 함께 식사를 나눔으로써 사랑이 더 두터워지고 가까워지듯이 우리가 함께 성만찬에 참여함으로써 성도들간의 연합이 더욱 두터워집니다.

(4) 혼인잔치 참여 예행연습

앞으로 있게 될 어린양의 혼인잔치를 위한 예행연습이 됩니다. 천국 잔치는 신부되는 성도들이 의의 세마포 옷을 입고 신랑 되신 예수님의 혼인잔치에 참여하여 참 기쁨을 누립니다. 그러나 여기서도 우리는 그 맛을 보는 것입니다.

3. 성만찬 참여자

다음 네 종류의 사람만이 성만찬에 참여해야 합니다.

(1) 주님의 사랑을 갈구하는 자

아, 나는 사랑이 너무 없구나. 어떻게 하면 더 주님의 사랑을 가질 수 있을까? 하면서 더 큰 주님의 사랑을 갖기를 간절히 원하는 사람입니다.

(2) 주 앞에 봉사하고자 하는 자

하나님께 좀 더 봉사하고 싶으나 육신이 약하여 감당할 수 없어 하나님의 능력을 받기를 원하는 사람입니다.

(3) 거룩하기를 원하는 죄인

죄 있는 사람, 그러나 주여 '나는 참으로 거룩하기를 원합니다.' 하면서 거룩해지기를 원하는 사람은 참여해야 합니다.

(4) 고난중 참 안식을 원하는 자

세상의 여러 가지 일로 고통을 당하면서 주여 참된 안식을 원하나이다 하면서 참 안식을 원하는 사람은 이 성만찬에 참여할 수 있고 또 해야 합니다.

4. 성만찬 참여 부적격자

(1) 죄 지은 자

죄를 지으면서도 거기에서 즐거움을 느끼고 이 죄를 버리기를 원치 않는 사람은 성만찬에 참여할 수 없습니다. 참여해도 은혜가 안 됩니다.

(2) 오만한 자

나는 선하다, 부족한 것이 없다고 생각하는 사람은 참여할 자격이 없습니다. 그런 사람은 자격이 없습니다. 그러나 그 밖의 사람들은 다 자격이 있습니다.

5. 성만찬 참여자의 갖출 태도

1) 과거의 죄는 회개하고

2) 받은바 은혜에 감사하고

3) 미래의 바른 삶을 위해 결심하면서

4) 기도하는 마음으로 참여해야 할 것입니다.

그러나 그밖에 몇 가지를 더 말씀드리겠습니다.

① 겸손해야 합니다. 왜냐하면 우리는 성만찬에 참여해야 할 자격이 없으나 주님의 은혜로 참여하기 때문에 우리는 먼저 겸손해야 합니다.

② 믿음을 가지고 참여해야 합니다. 어린아이와 같은 순수한 신앙을 가지고 참여해야 합니다. 의심을 가지고 참여하는 자는 아무 은혜를 받을 수 없습니다.

③ 진심을 가지고 겸허히 참여해야 합니다. 형식적으로 참여하는 사람에게는 형식적으로 끝나기 때문입니다.

④ 경건한 마음을 가지고 참여해야 합니다. 왜냐하면 주님께서 우리

244 기회를 잃은 자의 최후

가운데 임재하고 계시기 때문입니다.

⑤ 정규적으로 참여해야 합니다. 바쁘다고 안 하고 손님 왔다고 안 하고 해서는 안 됩니다.

⑥ 기쁨으로 참여해야 합니다. 왜냐하면 이 성만찬은 앞으로 있게 될 하늘나라에서의 어린 양의 혼인잔치에 참여할 것에 대한 예표이기 때문입니다.

6. 성찬에 참여한 자의 평소생활

1) 무엇보다도 화해의 삶을 살아야 합니다. 주님과 화해되었으니 이 제는 이웃과 화해하는 삶을 살아야 하는 것입니다.

2) 주님께 헌신하는 삶을 사는 것입니다. 떡과 포도주가 우리의 뱃속에 들어가 자취도 없이 사라져서 우리의 에너지가 되었듯이 우리도 주님께 완전히 바쳐지는 삶을 살아야 하는 것입니다.

3) 성만찬이란 주님과의 친교를 뜻합니다. 따라서 성만찬에 참여한 사람들은 기도를 통하여, 사랑을 통하여 주님과 교제를 나누는 생활을 하여야 합니다.

4) 주의 만찬에 기념한다는 말은(anamnesis) 하나님께서 메시야와 그의 언약을 기억하시고 그 나라를 회복시켜 주신다는 약속이므로 우리는 항상 중재의 기도를 쉬지 말고 드려야 합니다.

맺는말

이제 바라기는 귀로 듣는 말씀뿐 아니라 눈으로 보는 성찬을 통하여 주님의 임재를 체험할 수 있기를 주님의 이름으로 축원합니다.

성령을 좇아 행하라

(갈5:16-26)

이 세상에는 세 가지 종류의 사람이 있습니다. 하나는 자연인 즉 불신자가 있고 두 번째는 기독교인이라는 간판은 있으나 실제로는 육체를 좇아 행하는 사람이 있습니다. 끝으로 성령을 좇아 행하는 사람이 있습니다. 이 시간에는 성령을 좇아 행하는 성도가 되기를 바라면서 함께 은혜를 나누려고 합니다.

1. 기독교인이면서 육체를 좇아 행하는 사람

이런 사람의 특징과 그 일을(열매라고 표현하지 않은 것은 중요하다) 살펴보면, 첫째로 자신의 노력으로 선을 행하려고 합니다. 둘째는 율법이나 의식의 행위를 중심으로 삽니다. 셋째는 자유주의자입니다. 즉 자기생각대로 삽니다. 요즘 '하면 된다'는 말이 새마을운동과 함께 많은 사람들에게 영향을 주었습니다. 우리로 하여금 가난을 물리치는 원동력이 되기도 했지만, 그러나 이것은 우리 국민들에게 좀 과잉된 자신감을 심어주었습니다. 이 철학이 조작도 하면 된다는 생각을 심어준 것입니다. 세상에는 해서 안 될 일이 얼마든지 있습니다. 어떻게 하면 될 수 있을까요?

그러면 육체를 따라 사는 사람의 결과는 무엇인가요? 육체를 따라 사는 사람이란 옛 성품을 따라 사는 것이요 중생을 받지 못한 삶을 의미합니다. 19-21절에 보면 육체의 열매는 15가지가 있다고 하였습니다. 이것을 범주별로 나누면 크게 넷으로 나눌 수 있습니다.

(1) 음행 호색

본능 특히 성욕에 따라 사는 것(3가지:음행, 추행, 호색.)

(2) 우상숭배

종교적인 범주에 속하는 것(2가지:우상숭배와 술수) 미신에 따라 사는 것을 의미 합니다.

(3) 사회적 악행

사회적인 범주에 속하는 것(8가지:원수 맺음, 분쟁, 시기, 분냄, 당짓기, 이간질, 이단, 투기.)

(4) 음주 방탕

음주에 관한 것(2가지:술 취함, 방탕.) 여기서 주목해야 할 것은 아무리 기독교인이라 해도 이런 육체적 소욕을 좇아 행하는 사람은 롬 8:8절에 하나님을 기쁘시게 해드리지 못한다고 하였고 본문에 보면 하나님의 나라를 유업으로 받지 못한다고 하였습니다.

2. 성령을 좇아 행하는 신자

구약에 보면 하나님과 동행한 사람으로서 대표적인 사람이 에녹입니다. 동행한다는 말은 깊은 교제의 관계를 가지는 것을 말합니다. 이런 사람은 무엇보다도 성령의 능력으로 말미암아 내면에 그리스도의 성품이 생깁니다. 즉 예수님을 닮아가도록 변화가 일어난다는 말입니다. 성령의 인도를 받는 사람의 특징은 다음과 같습니다.

(1) 영적 자유인

18절에 "율법 아래 있지 아니하리라." 이것은 영적 자유를 누린다는 말입니다. 억지로 무엇을 하는 것이 아닙니다.

(2) 육체적 자유인

육체의 일들(19-21절에 나오는 15가지)을 혐오하게 된다.

(3) 말씀 사랑

삼위일체 하나님을 사랑하고 말씀을 사랑합니다(롬7:22).

(4) 성령의 열매

성령의 열매가 생활 속에 주렁주렁 달립니다(22-23).

(가) 하나님과의 관계에서 세 가지의 열매를 맺습니다=사랑(맨 앞에 나오는 것은 가장 중요하다는 뜻. 이것은 모든 기쁨의 뿌리가 됨), 희락(하나님과의 사랑에서 옴, 용서와 교제, 봉사에서 옴), 화평(하나님과의 화해에서 오는 평화. 종적 평화가 이루어지면 횡적 평화도 옴).

(나) 이웃과의 관계에서 세 가지의 열매를 맺습니다=오래 참음(환란과 핍박 속에서 수동적으로 참는 힘). 자비(남에게 선을 행하고 싶어 하는 마음). 양선(마음으로만 아니라 그것을 실천적으로 행함).

(다) 나 자신과의 관계에서 세 가지의 열매를 맺습니다=충성(신앙과 같은 단어로 되어있음. 한문의 뜻을 보면 '중심으로 말씀을 이루는 것'). 온유(남에게 악한 일을 당할 때에 하나님께서 갚아주실 것이라고 믿고 대항하지 않음. 물이 바로 온유의 상징임. 본래의 뜻은 맹수를 길들이는 것을 말함). 절제(죄가 유혹할 때 자기를 억제함).

맺는말

롬 8:6-7절 "육신의 생각은 사망이요 영의 생각은 생명과 평안이니라. 육신의 생각은 하나님과 원수가 되나니 이는 하나님의 법에 굴복치 아니할 뿐 아니라 할 수도 없음이라."

최초의 목격자

(요20:1-18)

오늘은 우리가 잘 아는 대로 주님이 부활하신 날입니다. 놀라운 것은 주님이 부활하신 것을 목격한 최초의 목격자는 수제자인 베드로가 아니고, 열두 제자도 아니고 바로 막달라 마리아였다는 것은 우리들에게 많은 것을 생각나게 합니다.

1. 부활하신 주님을 만나지 않으면

우리는 먼저 부활하신 주님을 만나지 않으면 예수님의 열두 제자처럼 비겁하고 두려워하고, 갈팡질팡하는 생활을 할 수밖에 없습니다. 그러므로 우리는 먼저 부활의 주님을 만나야 합니다. 그래야 소망이 생기고, 힘이 생기고, 기쁨과 즐거움이 생깁니다. 부활의 주님을 만날 수 있는 비결이 무엇일까요?

(1) 간절한 사랑을 가져야

주님께 대한 간절한 사랑을 가져야 합니다. 이 세상에서 사랑만큼 놀라운 역사를 하는 것이 없습니다.

(2) 믿음을 가져야

다음은 믿음을 가져야 합니다. 그런데 믿음에는 두 가지가 있습니다. 무서워서 믿는 것과 다음은 사랑하기 때문에 믿는 것이 있습니다. 막달라 마리아에게는 사랑하기 때문에 믿는 그런 믿음이었습니다. 무서워서 믿는 사람들은 마치 장애물 경주를 하는 사람처럼 항상 불안하고 힘이 듭니다. 그러나 사랑하기 때문에 믿는 사람은 모든 것을 기쁨으로 하기 때문에 힘이 들지 않습니다. 저와 여러분들도 바로 막달라 마리아와 같은 그런 믿음의 소유자가 다 되기를 축원합니다.

(3) 헌신적인 신앙의 소유자여야

마리아는 헌신적인 신앙의 소유자였습니다. 예수님에게 장례식을 준비하기 위해 향유를 부어 발랐습니다. 가룟 유다를 비롯해서 다른 제자들은 그것을 300데나리온에 팔아서 가난한 자들을 주지 왜 이렇게 허비하느냐고 비판을 하였습니다. 어떻게 보면 대단히 이성적이고, 구제에 관심이 많은 것 같으나, 그러나 이것은 비신앙적 생각이요 행위입니다. 참된 신앙은 계산하지 않습니다. 참된 사랑도 계산하지 않습니다. 우리가 자녀들을 기를 때 투자가 얼마이며 앞으로 얼마만큼의 유익이 있을 것이라고 계산하지 않습니다. 그냥 무조건 주는 것입니다. 그런데 이것은 부모와 자식 간에는 있지만 타인과의 사이에 이런 헌신적인 사랑을 갖는다는 것은 쉽지 않습니다. 그러므로 저와 여러분들이 정말 부활의 주님을 이 시간에 만나기를 원한다면 우리는 바로 이런 헌신적 신앙을 가져야 합니다.

(4) 새벽을 깨우는 사람이어야

무엇보다도 중요한 것은 새벽을 깨우는 사람이 주님을 만납니다. 20:1절에 보면 막달라 마리아는 아직 어두울 때에 주님이 묻힌 묘지를 찾아갔던 것입니다. 누가 부활의 주님을 만납니까? 새벽에 나오는 신자입니다.

2. 부활의 주님을 만난 후는 어떻게 해야 하나?

(1) 랍오니여! 하고 불러야

먼저 '랍오니여' 하고 불러야 합니다. 이것은 선생님이란 뜻입니다. 예수님과 우리의 관계가 이루어지지 않으면 안 됩니다. 그것은 선생과 제자의 관계가 이루어져야 한다는 말씀입니다.

(2) 주를 보았다고 증거해야

다음은 "내가 주를 보았다"고 증거해야 합니다. 부활을 체험한 사람들은 누구나 빚진 자인 것을 알아야 합니다. 왜 우리가 금년에 배가 운동을 합니까? 교인 수가 부족해서가 아닙니다. 주일 출석을 부르게 했더니 일부에서는 오해를 하고 있는데 아셔야 할 것은 그것은 바로 사랑의 표시인 것을 믿으시기 바랍니다. 위해서 기도해 주고, 좋은 의미에서 서로 격려하고, 관심을 표시하는 것입니다. 그래서 우리 모두가 부활의 증인이 되는 것입니다.

증인이란 말은 말투스 즉 순교자란 뜻입니다. 우리가 죽을 각오 없이는 절대로 부활의 증인이 될 수 없습니다. 누가 죽을 각오를 합니까? 부활의 주님을 만난 사람입니다. 그러기까지는 무서워서 못하고, 힘들어서 못합니다. 그래서 우리는 이 새벽에 주님을 만나야 합니다.

하나님의 네 가지 질문

(창3:9; 13; 4:9; 왕상19:9)

하나님은 우리에게 4가지의 질문을 하십니다.

1. 아담아 네가 어디 있느냐?

첫 번째 질문이 "아담아 네가 어디 있느냐?"하는 질문입니다. 여기서 아담이란 말은 '인생'이라고도 번역을 할 수 있습니다. 따라서 인생아 네가 어디 있느냐? 라는 질문은 우리 한 사람 한 사람에게 네가 지금 어디 있느냐는 실존적 질문이기도 합니다. 과연 우리는 지금 어디 있는 가요? 이 질문은 영적 현주소의 질문입니다. 이것은 다음 4가지의 질문으로 나눌 수 있습니다.

(1) 내 위치는?

나는 지금 어디 있나요? 사회적으로는 물론 신앙적으로 지금 어디 있는가 묻는 것입니다.

(2) 내 가정은?

내 가정은 지금 영적으로 어디 있나요? 장로의 가정으로서 부끄러움은 없는가 확인하는 것입니다.

(3) 내 교회는?

내 교회는 지금 어떤가? 입니다. 우리 교회는 예외입니다 하면서 설마설마하다가는 사람 잡습니다. 과연 지금 내 교회는 영적으로 어디 있는가를 묻는 것입니다.

(4) 내 나라는?

지금 내 나라는 어디 있나요? 영적으로 이 나라는 어디에 위치하고 있으며 인생의 좌표가 무엇이냐고 물으시는 것입니다. 주님은 영적 번지수가 어디냐고 물으시는 하나님이십니다. 이에 대해 우리는 무엇이라고 대답할까요? 아담은 이렇게 대답하였습니다.

"내가 벗었으므로 두려워하여 숨었나이다."(창3:10)

지금 우리는 숨어 있다는 것입니다. 소라가 그 껍질 속에 숨어 있듯이 우리는 지금 '나'라는 껍질 속에 숨어 있다는 말입니다. 왜 숨어 있나요? 두려워서, 손해볼까 봐 두렵고, 건강에 자신 없어서 두렵고, 이 핑계 저 핑계로 우리는 두려운 것입니다. 그래서 숨어 있습니다. 교회의 중책을 맡고 있는데도 숨어 있는 것입니다. 왜 많은 사람들이 대교회를 좋아하는지 아십니까? 인간 숲에 숨어 있기가 쉬워서입니다.

우리 아이들 자랄 때 이불장 속에 자주 숨는 것을 보았습니다. 아이들은 숨는 것을 좋아합니다. 어른이 되어서는 숨바꼭질의 종류만 달라졌습니다. 교회에서도 될 수 있는 한 책임을 안 맡고 그럭저럭 살려고 하고, 또 교회는 사회에 참여하지 않고 제자들이 변화산에서의 체험을 한 뒤에 여기가 좋사오니 하는 식으로 산 밑으로 안 내려가려고 한 것처럼 사회에 참여하지 않고 영적 세계에만 숨어 있으려고 합니다. 그러나 하나님은 이런 우리에게 아담아 네가 어디 있느냐 하시면서 영적 현주소를 묻는 것입니다.

2. 네가 어찌하여 이렇게 하였느냐

하나님의 두 번째 질문은 "네가 어찌하여 이렇게 하였느냐?" 하는 질문입니다.

하나님은 아담이 선악과를 따먹은 이유를 물은 것입니다. '어찌하여' 이렇게 하였느냐? 그런데 아담은 아내에게 핑계를 댔습니다. 하와도 뱀에게 핑계를 댔습니다. 우리는 네가 어찌하여 이렇게 하였느냐는 질문에 솔직하지 못하고 핑계대기에 급급합니다. 다른 장로들도 다 그런데, 아니 누구도 그런데 하고 핑계를 댑니다. 사람은 누구나 자기의 행동에 책임을 져야 합니다.

남에게 그 책임을 미룰 수는 없습니다. 내가 지금 이 위치에 있는 것은 나의 책임입니다. 내 가정에 문제가 생긴 것도 바로 나의 책임입니다. 아내의 책임도 아니고 바로 나의 책임입니다. 이번 에스더, 한나 여전도연합회 집회를 인도하면서 전화도 많이 받았으나 상담도 많이 받았는데 놀라운 것은 교회적으로 존경을 받는 분들의 가정에 문제가 많다는 점이었습니다. 저는 여러분들의 가정에 왜 그런 문제가 있는지 묻지 않습니다.

그러나 하나님은 물으십니다. 네가 어찌하여 이렇게 하였느냐? 아담은 분명히 내가 교만하여 그렇게 하였나이다. 혹은 내가 불신하므로 그렇게 하였나이다 라고 대답했어야 했습니다. 그러나 아담은 "하나님이 주셔서 나와 함께 하게 하신 여자, 그가 그 나무실과를 내게 줌으로 내가 먹었나이다"라고 대답했고 하와는 "뱀이 나를 꾀므로 내가 먹었나이다" 어느 한 사람도 '나 때문에'라고 대답지 않았습니다. 다 남 때문이라고 대답한 것입니다. 우리 가정에 문제가 있는 것은 내 아내 때문이고 친척 때문이고, 또 내 사업이 잘 안 되는 것도 누구 때문이고 우리 교회에 문제도 누구 때문이고, 이 나라가 이렇게 되는 것도 누구 때문이고 모두들 나는 잘못한 것이 없는데 그 누구 때문에 문제가 있다고들 말합니다. 바로 이것이 죄악입니다. 핑계가 바로 우리의 죄악입니다. 사실 모든 것은 나 때문입니다. 오늘의 내가 바로 살지 못하는 것도 나 때문이고 내 가정의 문제도 나 때문이고, 내 교회의 문제도 나 때문이고, 이 나라가 어지러운 것도 사실은 나 때문입니다. 내가 빛이라면 어떻게 이렇게 되며 내가 소금이라면 이 사회가 어떻게 이렇게 되겠습니까?

3. 네 아우 아벨이 어디 있느냐?

창 4:9절에 "네 아우 아벨이 어디 있느냐?"고 질문하셨습니다. 이것은 사랑의 좌표를 질문하신 것입니다. 그런데 가인은 대답하기를 "내가 알지 못하나이다. 내가 내 아우를 지키는 자니까?" 이것은 첫째로 거짓말입니다. 분명히 8절에 그들이 들에 있을 때에 가인이 아벨을 쳐 죽이니 라고 하였습니다. 그런데 가인은 내가 알지 못한다고 대답한 것입니다. 얼마나 낯이 두꺼운 사람인가요? 얼굴에 철판을 깔고 사는 사람이 바로 나요, 우리들입니다. 가인은 거짓말만 한 것이 아니라 이번에는 하나님께 항의까지 하였습니다. 내가 내 아우를 지키는 자니까? 가인의 항의는 내가 왜 동생을 보호해야 합니까? 하는 항의요 내가 왜 교회를 책임지고 보호해야 합니까? 하는 항의요, 내가 대통령도 아닌데 왜 이 나라의 문제를 책임져야 합니까? 하는 항의입니다. 이 얼마나 뻔뻔스러운 항의입니까?

그러면 네 아우 아벨이 어디 있느냐? 라는 질문의 핵심은 무엇인가요? 이것은 내 옆에 있는 사람이 내 형제고 내 아우고 내 형님인데 이것을 깨닫지 못하고 있다는 질책입니다. 우리는 다 그리스도 안에서 한 형제입니다. 그런데 우리 장로들끼리 과연 얼마나 가까웠는가? 정말 우리는 하나였는가? 아니면 너는 너고 나는 나다 하는 생활을 해오지는 않았는가? 네 아우 아벨이 어디 있느냐? 라는 하나님의 질문은 너는 지금 사랑을 나누어 주어야 할 사람들에게 사랑을 나누어주고 있느냐는 질문입니다. 사랑의 좌표를 질문한 것입니다. 그러면 여러분들의 사랑의 좌표는 무엇인가요? 나의 사랑은 국경선이 없어야 합니다. 그런데 우리는 울타리를 두르고 살듯이 사랑의 울타리를 내 가족에 국한시킵니다. 내 교회에 국한시킵니다.

사실 충현은 우리 교단에서 그 영향력이 절대적입니다. 심지어 교회에서의 설교는 다른 교인들에게까지 전달이 될 정도입니다. 그런데 충현교회 장로님들은 교회 밖의 사정에 대해서는 전혀 깜깜합니다. 교단이 죽어가는 데도 모르고 있습니다. 좋게 말하면 순진한 것이지만 사실은 이것은 무관심하기 때문입니다.

우리 사랑의 좌표가 무엇인가요? 네 아우 아벨이 어디 있느냐? 우리의 형제들이 지금 당하고 있는 고통을 들어야 하고 알아야 합니다. 함께 울어주어야 하고 슬픔을 함께 나누어 주어야 합니다. 그런데 담을 쌓고 나는 관심 없어 합니다. 그러나 하나님은 네 아우 아벨은 어디 있느냐고 물으십니다.

4. 네가 어찌하여 여기 있느냐

네 번째 하나님의 질문은 왕상 19:9절에 "엘리야야 네가 어찌하여 여기 있느냐"는 질문입니다. 이때 엘리야는 이세벨이 두려워서 로뎀나무 아래 숨어 있었습니다. 하나님께서 함께하시고 지켜주심을 잊고 있었던 것입니다. 갈멜산에서의 일을 잊은 것입니다. 이렇게 인간은 모든 것을 잘 잊습니다. 잊어야 할 것은 잘 안 잊고 잊지 말아야 할 것은 잘 잊습니다. 그래서 성경에 기억하라는 말이 많이 나옵니다. 우리 말 번역에는 '생각하여'란 말로 번역된 경우가 많다.

네가 어디서 떨어진 것을 생각하여, 에베소 교회에 하신 말씀입니다. 그러나 원문에는 기억하여 라고 되어 있습니다. 기억하는 것이 이렇게 중요합니다. 우리가 낙심하는 것은 과거의 하나님의 은혜를 잊어버리기 때문입니다. 엘리야가 낙심한 것은 자기 혼자서만 외롭게 투쟁한다고 생각하였기 때문이었습니다. 바알에게 무릎을 꿇지 않는 7,000명이 있다는 것을 그는 몰랐습니다. 혼자서 외롭게 투쟁한다고 생각하여 피곤하여진 것입니다. 그러나 결코 나 혼자가 아닙니다. 여기저기 숨어 있는 많은 남은 자들이 있습니다.

그러므로 우리는 영의 눈을 뜨고 남은 다른 형제들과 함께 우리에게 맡겨주신 사명을 감당해야 합니다. 충현은 이 교단의 남은 희망이요 뿌리입니다. 우리가 개교회주의로 흘러 버리면 모든 것은 끝나게 됩니다. 이 시간 우리는 하나님께서 우리에게 주신 4가지의 질문, 즉 영적 현주소는 어디인가? 영적으로 이탈하게 된 이유는 무엇인가? 우리의 사랑의 좌표는 무엇인가? 여기서 실망하고 좌절하는 이유가 무엇인가?를 물으면서 새롭게 우리의 영적 좌표를 설정하는 저와 여러분들이 되기를 축원합니다.

하나님의 두 가지 명령

(창1:28; 마28:18-20)

　사람은 누구나 자기만이 해야 할 일이 있습니다. 그런데 이 일은 내가 누구냐 하는 것을 발견할 때 구체적으로 그 일의 내용이 결정됩니다. 그러면 저와 여러분들은 누구인가요? 영어에 understand란 말이 있지요. 이해한다는 뜻인데 문자적인 뜻은 '밑에서 본다'는 말입니다. 누가 이해하는가? 밑에 서볼 때 이해합니다. 저는 한 달에 몇 번은 버스나, 택시나, 전철을 타봅니다. 요즈음같이 더운 때 에어컨 있는 자가용을 타지 않고 구태여 이런 것을 타는 이유는 인생을 알기 위해서 즉 밑에서 보기 위해서입니다. 위에서는 잘 안 보이던 것이 밑에서 보면 참 잘 보입니다. 택시 기사와 얘기를 해보면 우리 사회의 곪은 데가 어디인지, 우리 사회에 무엇이 문제인지 훤하게 알 수 있습니다.

　그러나 죄송한 얘기지만 위에 있으면 안 보입니다. 문제가 안 보이고 모든 것이 다 잘되어 가는 것처럼 보일 뿐입니다. 그러나 물구나무서기를 하고 세상을 거꾸로 보면 참 잘 보입니다. 밑에서 보면 잘 보입니다. 저도 교수로서 목사로서 살다 보니 자연히 상류층 분들과 많이 접촉하게 되어서 일반서민들의 아픔이 무엇인지 모를 때가 있습니다. 그래서 버스를 타봅니다. 그러면 '나'라는 소라의 껍데기에서 벗어날 수가 있습니다. 나라는 섬에서 벗어날 수가 있습니다. 그래야 세상이 보입니다.

이웃이 보입니다.

그러면 나는 누구이며 여러분들은 누구인가요? 저는 인생을 고상하게 정의하지 않습니다. 제가 인생을 깨달은 것은 처음 예수를 믿게 되었을 때이고 좀 더 구체적으로 자각을 한 것은 미국에서 고학을 하며 공부를 했을 때입니다.

(예) 인생은 똥입니다. 일반 서민뿐 아니라 대학교수도, 국회의원도, 다 똥입니다. 그러나 비록 냄새나는 똥이지만, 그러나 자신이 썩고 썩어져서 밭에 거름으로 쓰일 때 채소를 자라게 하고 곡식을 자라게 하는 귀한 존재로 사용됩니다. 그렇다면 우리가 무엇을 해야 할 것인가가 분명해집니다. '그 무엇인가를 위해 사용되는 존재'라는 것입니다.

나 자신만으로는 아무것도 아닙니다. 그러나 하나님을 위해 쓰이고 이 민족을 위해서 사용되면 귀한 존재가 된다는 말입니다. 인간의 가치는 그 자체에 있는 것이 아니라 그 무엇을 위해 쓰이느냐에 있다는 말씀입니다. 그러면 우리는 무엇을 해야 하나요? 두말할 필요도 없이 인간을 창조하신 하나님의 명령에 따라 살아야 합니다. 본문에는 두 가지의 명령이 나옵니다. 첫째는 소위 문화명령이고, 둘째는 복음전파의 명령입니다. 복음전파의 명령은 너무 잘 아는 말씀이기 때문에 오늘은 특별히 문화명령을 중심으로 말씀을 드리려고 합니다.

창 1:28절에 "땅을 정복하라"는 말씀은 사실은 땅을 경작하라는 뜻입니다. 땅을 culture하라는 뜻입니다. 즉 문화를 만들라는 명령입니다. 문화가 무엇인가요? 저는 여기서 문화와 문명의 차이점 같은 학문적 말씀을 드리려고 생각지 않습니다. 그러나 간단하게 구별한다면 인간의 활동 가운데 외적이고 물질적인 것을 흔히 문명이라고 말하고 문화는 내적인 정신적 활동의 소산을 말합니다. 그러나 좀 더 쉽게 정의한다면 자연이 아닌 것은 다 문화라고 할 수 있습니다. 성경에서 말하는 문화란 내적인 것뿐 아니라 외적인 것을 포함하는 넓은 의미에서 말씀하고 있는 것입니다. 그런데 그냥 문화를 형성하라는 것이 아니라 하나님의 문화를 형성하라는 말씀입니다. 창세기를 보면 이것은 좀 더 분명해집니다.

> (예) 아벨이 죽은 뒤 셋에게 계승이 됨. 그런데 6:2절에 보니 혼합주의가 생기게 됨. 그래서 노아의 홍수심판이 생기게 됨. 그 후에도 인간은 계속해서 바벨탑을 쌓아 마침내 언어는 혼잡해지게 됨. 이것이 오순절 때 하나가 되는 역사가 나타남.

성경이 말하는 하나님의 문화란 무엇을 의미하나요? 그것은 정치를 하나님의 뜻대로 하고 경제활동도 하나님의 뜻대로 하고 예술도 하나님의 뜻대로 하고 인생살이 모두를 하나님의 뜻대로 하라는 말씀입니다. 그러면 어떻게 하나님의 문화를 형성해갈 수 있을까요? 여기서 우리는 리차드 니버의 「그리스도와 문화」란 책에서 언급된 문화관을 한번 살펴볼 필요가 있습니다.

그는 다섯 가지 유형을 말하고 있습니다. of, against, above, in tension, as a reformer로서 언급하고 있습니다. 여기서 처음 두 가지 유형의 문화관은 너무 극단적입니다. 세 번째의 유형은 세상에서의 악의 영향을 너무 단순하게 취급하고 있습니다. 네 번째 유형의 문화관은 해결이 없습니다. 그러므로 우리는 다섯 번째 유형의 문화관을 가지고 임해야 합니다.

왜 국회의원이 되고 또 국회의사당에서 일하게 되는가요? 이유는 간단합니다. 나 자신을 위해서가 아닙니다. 나는 똥입니다. 나 자체는 냄새나는 무가치한 존재이지만, 그러나 이 민족을 위해서 쓰일 때 그 때 큰 열매를 맺게 된다는 말씀입니다. 그러면 민족을 위해서 쓰인다는 것은 무엇인가요? 하나님의 뜻을 정치라는 복잡하고 어려운 분야에 이루어가는 것입니다. 자신의 권력이나 누리고 부귀영화나 누리기를 원하는 분들은 좀 죄송하지만 조용히 농사나 지으면서 사는 것이 서로를 위해 좋습니다. 공연히 권력이란 아편에 중독되어 미친 사람처럼 허우적거리다가 죽어간다면 그 사람은 참 불쌍한 사람입니다. 내가 어떻게 정계에서 하나님의 뜻을 이룰 수가 있나요? 그것은 불가능하다고 생각한다면 그만 두어야지요. 왜 국회의원이 되고 여기서 일하는가요? 김지하의 오적이란 시에 보면 국회의원들을 도적떼들이라고 욕하고 있는데 거수기나 되고 권력의 똥냄새나 풍기려면 왜 욕이나 먹는 국회의원이 됩니까? 저는 목사가 되는 이유가 꼭 한가지입니다. 광야에서 양심의 소리를 말할 수 있기 때문에. 저도 그 역할을 못할 때에는 시골에 가서 농사나 지을 생각입니다.

그러나 또 한 가지 중요한 일이 있습니다. 그것은 바로 복음을 전파하는 사명입니다. 각 나라는 그 나라대로의 사명이 있지요. 영국은 민주주의를 통해서 세계에 공헌했고 미국은 달러를 통해서, 아랍 국가들은 기름을 통해서, 불란서는 예술을 통해서, 독일은 철학을 통해서, 일본은 장사를 통해서, 그러면 우리나라는 무엇을 통해서 공헌을 할 수 있나요? 복음전파입니다. 세계에 어디를 가도 순수한 복음을 가진 나라는 한국밖에 없습니다. 한국 사람들은 지금 98나라에 흩어져 살고 있는데 어디를 가든지 교회를 짓고 예배를 드립니다. 세계선교사상 한국처럼 복음이 빨리 전파된 나라도 없습니다. 이스라엘과 가장 비슷한 역사를 가진 나라도 한국밖에 없습니다. 왜냐? 제2의 선민이 되게 하기 위해서라고 믿습니다. 저는 기도하는 제목 가운데 하나님 청와대에서 찬송 부르고 기도하는 날을 주옵소서 하고 기도합니다. 국회에서 찬송하고 기도하게 하여 주시옵소서 하는 기도를 응답해준 것을 개인으로는 무한한 영광으로 생각합니다. 언제인가 청와대에서도 예배 드리는 날을 주실 것으로 믿습니다. 바로 여러분들을 통해서 이루어질 것입니다. 끝으로 여러분들에게 주신 기회를 잘 선용해서 하나님의 두 가지 명령을 잘 이루어가는 여러분들이 되시기를 주님의 이름으로 축원합니다.

하나님을 찬양할 때

(행2:42-47)

예배의 삼대요소는 말씀과 기도와 찬양입니다. 오늘은 특별히 찬양에 대하여 말씀드리겠습니다. 히 13:15절을 보면 찬송은 입술의 열매라고 하였습니다. 세상의 모든 것은 다 열매를 맺어야 합니다. 입술도 열매를 맺어야 입술을 만드신 하나님께서 기뻐하십니다. 그것은 바로 찬양이라고 하였습니다.

1. 찬양의 목적

첫째로 하나님을 경배하는데 있습니다(대하23:18).

우리 하나님은 음악을 아주 좋아하십니다. 그래서 세상을 만들기 전에 천사들을 창조하셔서 성가대를 구성하셨습니다. 또 세상을 만들 때도 모든 만물들로 하여금 찬양을 하도록 하신 것입니다. 새들은 물론이고, 바람소리, 물소리, 심지어는 곤충들까지도 다 하나님을 찬양합니다. 그 중에서도 사람은 최고의 악기입니다. 그러므로 우리는 최고의 하나님께 최고의 찬양을 해야 합니다.

둘째로 찬양은 우리의 기쁨을 표현하는데 그 목적이 있습니다.

마 26:30절에 보면 성찬식이 끝난 다음에 예수님은 제자들과 함께 감람산으로 가시면서 찬양을 했다고 하였습니다. 바로 기쁨의 표현이었던 것입니다.

셋째로 복음증거를 위하여 찬양을 합니다(행15:25).

물론 복음증거의 수단으로써 찬양이 말씀보다 앞설 수는 없지만 그러나 누구나 들을 수 있고 편견 없이 들을 수 있다는 점에서 설교가 가지고 있지 못한 장점까지 가지고 있습니다. 더욱이 음악은 현대에 와서 사탄이 가장 많이 사용하는 무기입니다. 특히 록 음악을 들으면 사탄의 것임을 여러 가지로 확인할 수 있습니다.

이것은 청년들이 음악을 좋아하기 때문입니다. 저는 어려서 시골에서 자라고 또 6.25전쟁 속에서 음악교육을 제대로 받지를 못해서 늘 아쉬워하고 있습니다. 그래서 우리 아이들에게는 음악교육을 정성을 다해서 시켰습니다. 그 이유는 내가 못 배웠기 때문에 아이들에게만은 시키겠다는 데도 이유가 있지만 현대에 있어서 음악이 차지하는 비중이 대단히 크기 때문입니다. 그래서 사탄도 총력을 다해 음악을 통하여 젊은이들을 유혹하고 있습니다.

2. 하나님을 찬양할 때 주시는 복

첫째로 교회가 부흥합니다(47절)

'하나님을 찬미하며, 또 온 백성에게 칭송을 받으니 주께서 구원받는 사람을 날마다 더하게 하시니라'고 하였습니다. 왜냐하면 찬송은 마음과 마음을 연결시켜주는 역할을 해서 설교를 들을 수 있는 옥토와 같은 마음을 만들어 주기 때문입니다. 또 찬송을 통하여 주시는 메시지는 영원히 잊지 않게 하여 줍니다.

둘째로 행 16:7절에 보면 옥문이 열리는 이적이 일어났다고 했습니다. 무슨 옥문이 열리게 합니까? 먼저 마음의 옥문이 열립니다. 다음은 편견의 옥문이 열립니다. 무엇보다도 지옥의 문이 열립니다. 사탄이 가두어 두었던 영혼들이 해방되고 구원함을 받는 역사가 일어나는 것입니다.

세 번째로 슬픔을 이기게 하고, 고통을 참게 하고, 마침내는 승리케 하는 힘이 생겨집니다.

3. 어떻게 찬양할까?

엡 5:19절에 보니까 '시와 찬미와 신령한 노래들로 서로 화답하며 너희의 마음으로 주께 노래하며 찬송하라'고 하였습니다. 이것은 크게 구약의 시편을 가지고 찬양하고, 찬송가를 통하여 찬송하고, 복음송을 통하여 하라는 것입니다. 중요한 것은 이것이 바로 성령 충만을 받은 자의 열매라고 하였습니다.

또 중요한 것은 시편 150:3-5절에 보면 모든 악기를 총동원하여 찬양하라는 것입니다.

이제 설교를 마치려고 합니다. 찬양은 곡조 있는 기도입니다. 우리에게는 때때로 기도가 안 나올 때가 있습니다. 꼭 해야 하는데 기도가 안 나옵니다. 그러나 찬양을 할 수 있습니다. 이 찬양은 형식적 기도보다 은혜가 있습니다. 위로가 됩니다. 그러므로 많은 찬송을 외워서 부르시기를 바랍니다. 얼마나 역사하는 힘이 강한지 알 수가 없습니다. 여러분, 세상에서 가장 아름다운 기도를 듣고 싶습니까? 시편과 찬송가입니다. 이것보다 더 아름다운 기도는 세상에 없습니다. 여기에는 능력이 있고 기쁨이 있습니다. 우리는 이런 찬송을 통하여 하나님께는 영광이 되고 자신에게는 은혜가 되고, 남들에게는 전도가 될 수 있기를 축원합니다.

부활의 능력

(고전15:20-22, 행9:22)

오늘 새벽에 우리 주님은 죄와 사망의 권세를 이기시고 부활하셨습니다. 바라기는 오늘 이 시간에 부활의 주님을 만나고 그의 음성을 듣는 시간이 될 수 있기를 축원합니다. 22절에 보면 놀라운 말씀이 나옵니다. 바울이 "유대인을 굴복시키니라" 어떻게 바울이 유대인을 굴복시키는 그런 일을 할 수 있었을까요? 그것은 바로 주님의 부활의 능력 때문이었습니다. 그래서 오늘 부활주일에는 '부활의 능력'이라는 제목으로 함께 은혜를 나누려고 합니다.

1. 부활의 의미

(1) 메시야시며 하나님의 아들이심을 증명

예수님의 부활은 그가 참 메시야시오 하나님의 아들이심을 증명해 줍니다. 이 세상의 어떤 사람도 죽었다가 다시 살아난 사람은 없습니다. 물론 예수님의 권능으로 살아난 나사로 같은 사람이 있지만 예수님처럼 무덤에서 부활한 사건은 역사적으로 주님 외에는 없습니다. 그것은 그가 보통 사람이 아니라 하나님의 아들이란 것을 증명해 줍니다.

(2) 부활을 믿는 자는 구원함

주님의 부활을 믿는 자는 다 구원함을 받을 뿐 아니라 영생의 소유자로서 하나님 나라에서 영원한 삶을 산다는 것이 보증수표가 됩니다.

(3) 부활은 생명을 구함

또 그 부활은 그가 생명이요 부활이심을 증명해 줍니다. 주님은 나사로를 살리시는 과정에서 "나는 부활이요 생명이니 나를 믿는 자는 죽어도 살겠고, 살아서 나를 믿는 자는 영원히 죽지 아니하리라"고 말씀하셨습니다.

이것이 바로 사망에 대한 주님의 승리를 말씀한 것입니다. 다시 말해서 주님의 부활을 통해서 우리는 다 죽음의 문제를 해결하게 된 것입니다.

(4) 빛이 어둠을 물리침

끝으로 주님의 부활은 빛이 어두움을 물리쳤을 뿐 아니라 진리가 거짓을 밟았고, 생명으로 사망을 삼켰음을 선포한 것입니다. 따라서 주님의 부활은 우리들에게 인생의 의미를 새롭게 해주었고, 역사가 구원사로서의 의미가 있고, 목적과 방향이 있음을 보여준 것입니다. 그러므로 주님의 부활은 우리들에게 영원한 소망을 줍니다.

2. 부활을 어떻게 믿을 수 있는가?

오늘 저는 8가지의 증거를 말씀드리려고 합니다.

(1) 예수님의 예언

예수님이 부활에 대한 예언을 하셨기 때문입니다(마12:40).

주님은 세 번이나 그의 십자가와 부활에 대한 예언을 하여주셨습니다. 첫 번은 가이샤랴 빌립보에서 다음은 변화산에서의 변모 후에, 끝으로 예루살렘으로 가는 길에서 예언했습니다. 그러므로 주님의 부활은 확실한 것입니다.

(2) 천사의 증거가 있음(마28:5-6).

천사는 무덤에 와서 주님을 찾는 여인들에게 말씀하셨습니다. "그가 여기 계시지 않고 그의 말씀하신 대로 살아나셨느리라."

(3) 빈 무덤

부활을 반대하는 자들에게는 기절설, 이거설, 도적설을 만들어냈습니다. 그러나 빈 무덤은 오직 부활로만 설명이 가능합니다.

(4) 파수꾼의 증거와 대제사장의 음모

파수꾼들의 증거와(마28:11), 대제사장들의 음모(12절)가 바로 예수님의 부활을 증거해 줍니다. 이 파수꾼들은 대사장들에게서 돈을 먹고, 성경에 보면 "돈을 많이 주고"라고 했습니다. 군병들은 제사장들을 위해서 일하는 사람들입니다. 그들이 대제사장들에게 보고한 주님의 부활은 사실이 틀림없습니다. 또 제사장들이 장로들과 함께 모여 의논을 하고 모의를 한 것은 주님의 부활이 역사적인 사실이기 때문입니다. 무엇이라고 모의했습니까? "잘 때에 시체를 도적질하여 갔다"는 모의였습니다.

(5) 무덤에 찾아온 여인들의 증거(마28:9-10).

예수님은 여인들을 만나 말씀했습니다. "평안하뇨. 무서워 말라. 가서 내 형제들에게 갈릴리로 가라하라. 거기서 나를 보리라."

(6) 주님을 만난 500명이 넘는 증인들

성경에 보면 적어도 11곳에 그 증거가 나옵니다. 제일 먼저 예루살렘의 마리아에게 나타나셨습니다. 다음으로 길에서 여인들에게 나타나셨습니다. 베드로에게 나타나셨습니다. 엠마오로 가는 두 제자에게 나타나셨습니다. 다락방에서 10제자에게 나타나셨습니다. 예루살렘에서 11제자에게 나타나셨습니다. 또 갈릴리에서 500여 형제에게 나타나셨습니다. 심지어 승천하신 후에도 스데반과 바울과 사도 요한에게 나타나셨습니다. 이런 증거들을 단순히 환각 작용이라고 할 수는 없습니다.

(7) 제자들에게 큰 변화가 일어 남

다음은 제자들에게 큰 변화가 일어 난 것을 통해서 주님의 부활을 알 수 있습니다. 예수님의 제자들이 얼마나 비겁했습니까? 시몬 베드로는 세 번이나 주님을 부인했습니다. 다른 제자들은 도망갔습니다. 그런 제자들이 갑자기 태도가 변했습니다. 순교하는 것을 조금도 주저하지 않았습니다. 이것은 무엇인가 큰 변화가 일어났다는 증거입니다. 바로 예수님의 부활을 제자들이 체험했기 때문입니다.

(8) 교회라는 공동체를 일으킨 것으로 주님의 부활 증명

어떤 거짓도 2000년을 계속할 수는 없습니다. 그런데 기독교는 계속해서 확장되고 있습니다. 만약 기독교가 부활이란 거짓 위에 세워졌다면 가말리엘의 말대로 스스로 무너지고 말았을 것입니다.

3. 부활을 믿는 자의 축복

(1) 주님의 부활에 동참

기독교는 부활의 종교라고 말합니다. 주님의 부활로 시작된 종교이기 때문입니다. 따라서 주님의 부활을 우리가 믿으면 다 같이 그 부활에 참여하는 축복을 받습니다. 믿습니까? 믿으시기를 바랍니다.

부활에 동참한다는 말은 중생함을 받고, 장차 육체 부활에 참여한다는 뜻입니다.

(2) 죽음을 이기는 능력을 가짐

부활의 신앙은 산을 옮기는 힘이 있습니다. 세상에서 가장 무서운 것이 죽음입니다. 그러나 부활의 신앙을 가진 사람은 죽음을 조금도 두려워하지 않습니다. 그러므로 부활 신앙을 통해서 죽음을 이기는 능력을 소유할 수 있기를 축원합니다.

(3) 제자들이 주님보다 더 큰 일을 함(요14:12).

주님은 제자들에게 말씀했습니다. "나를 믿는 자는 나의 하는 일을 저도 할 것이요, 또한 이보다 큰 것도 하리니 이는 내가 아버지께로 감이니라"(14:12)고 했습니다. 아버지께로 간다는 말이 무슨 뜻입니까? 부활 승천하셔서 보혜사 성령을 보내어 주신다는 뜻입니다. 성령의 권능을 받으면 주님께서 하신 일보다 더 큰 일도 할 수 있다는 뜻입니다. 아닌 게 아니라 베드로는 하루 3천 명을 회개시켰고, 그들에게 세례를 주었습니다(행2:41). 빌리 그레함의 전도 집회를 보면 수십만 혹은 백여만 명이 모여서 수많은 사람들이 결신하는 것을 보면 정말 보혜사 성령을 받으면 주님이 하셨던 것보다 더 큰일을 할 수 있다는 말씀이 문자적으로 이루어지는 것을 볼 수 있습니다. 또 사도행전 5장에 보면 사도들은 그림자만으로도 병을 낫게 하는 일도 하였습니다(행5:15).

또 바울의 손수건을 병자에게 얹었을 때에 병이 낫는 역사도 나타났습니다(행19:12).

(4) 하나님이 기뻐하는 삶을 살 수 있음

하나님께 영광을 돌리는 삶을 산다는 말씀입니다. 그것은 역사의 중심인 십자가와 부활의 주님을 만났기 때문입니다.

4. 부활을 믿는 우리가 해야 할 일은?

(1) 나사로처럼 얼굴의 수건을 벗어야 함

우리의 수건은 무엇입니까? 자신의 의를 사랑하는 율법적 행위입니다(고후3:14). 세상의 물질이 우리들이 가지고 있는 수건입니다(민22장). 세상의 쾌락이 바로 우리가 가진 수건입니다(창19장). 위선과 체면이 수건입니다. 이런 수건을 다 벗어야 합니다.

어떻게 벗습니까? "언제든지 주께 돌아가면 이 수건이 벗어지느니라"

(고후3:16). 여기서 돌아간다는 말은 회개의 뜻을 가지고 있습니다. 그러므로 우리들이 회개하고 주께로 돌아가면 영적 무지와 불신의 수건을 벗게 됩니다. 믿습니까?

(2) 우리의 수족을 풀어야

다음은 나사로의 경우에서 볼 수 있듯이 우리들의 수족을 풀어야 합니다. 수족이 묶여 있는 사람은 아무런 일도 할 수 없습니다. 죽은 사람과 같습니다. 우리의 수족을 묶는 끈이 무엇입니까? 죄입니다. 세상의 정욕입니다. 게으름입니다. 무엇이 이 수족을 풀어줍니까? 하나님의 말씀입니다(히4:12). "하나님의 말씀은 살았고 운동력이 있어 좌우에 날선 어떤 검보다도 예리하여 혼과 영과 및 관절과 골수를 찔러 쪼개기까지 하나니"라고 했습니다.

(3) 옛 사람의 수의를 벗음

옛 사람의 옷인 수의를 벗고 새 사람의 옷, 의의 옷을 입어야 합니다 (엡4:22-24). 로마서 13:14절에서는 "오직 주 예수 그리스도의 옷 입고"라고 했는데, 여기서 새 사람의 옷은 바로 그리스도 자신입니다. "내가 그리스도와 함께 십자가에 못박혔나니 그런즉 이제는 내가 산 것도 아니요. 오직 내 안에 그리스도께서 사신 것이라. 이제 내가 육체 가운데 사는 것은 나를 사랑하사 나를 위하여 자기 몸을 버리신 하나님의 아들을 믿는 믿음 안에서 사는 것이라."

그러므로 우리는 다 부활신앙을 가질 수 있기를 바랍니다. 그래서 부활의 능력을 가지고 날마다 승리하는 삶을 살뿐 아니라 함께 기뻐하면서 하나님께 영광을 돌리는 삶을 살 수 있기를 축원합니다.